Karl von Lumm

Die Entwicklung des Bankwesens in Elsass-Lothringen seit der Annexion

Karl von Lumm

Die Entwicklung des Bankwesens in Elsass-Lothringen seit der Annexion

ISBN/EAN: 9783742812872

Hergestellt in Europa, USA, Kanada, Australien, Japan

Cover: Foto ©ninafisch / pixelio.de

Manufactured and distributed by brebook publishing software
(www.brebook.com)

Karl von Lumm

Die Entwicklung des Bankwesens in Elsass-Lothringen seit der Annexion

Die Entwickelung des Bankwesens in Elsaſs-Lothringen seit der Annexion.

Von

Dr. Karl von Lumm.

JENA
VERLAG VON GUSTAV FISCHER.
1891.

Herrn Professor

Dr. Eugen Philippovich von Philippsberg,

meinem hochverehrten Lehrer,

in Dankbarkeit

zugeeignet.

Vorwort.

Durch den Anschluß Elsaß-Lothringens an Deutschland wurde nicht nur seine politische Verwaltung den neuen Verhältnissen angepaßt, es fand auch eine Aenderung in zahlreichen Beziehungen des wirtschaftlichen Lebens statt. Auf dem Gebiete des Bank- und Kreditwesens griff vornehmlich die Veränderung in der Centralbank sowie das Entstehen großer Privataktienbanken entscheidend ein. Infolgedessen hat das Kredit- und Bankwesen einen schweren, mit mancherlei Härten verbundenen Uebergang durchmachen müssen und hat außerdem in den letzten zwanzig Jahren eine Entwickelung erlebt, welche von anderen Grundlagen ausging, als jene waren, auf welchen es vor dem Jahre 1870 fußte. Es ist daher auch nicht zu verwundern, wenn diese Entwickelung Besonderheiten aufweist. Die Stellung der Banque de France vor 1870, ihre Ersetzung durch die Preußische- und die Reichsbank, deren Verhältnis zu den Privatbanken und zu den einzelnen Kreditbedürftigen, die Aufgaben und das Wirken der Privatbanken und endlich der Zusammenhang des Bankwesens mit der Volkswirtschaft: das sind die Momente, in welchen die Eigenart dieser Entwickelung zu Tage tritt. Ihre Darstellung setzt sich die vorliegende Arbeit zum Ziel. Die Spuren, welche die Geschichte des Landes in seiner Kreditorganisation hinterlassen hat, traten mir dadurch besonders klar vor Augen, daß ich während einer achtjährigen Thätigkeit als Bankbeamter zunächst in Altdeutschland, dann an der Reichsbankhauptstelle in Straßburg i. E. die Bankpraxis aus unmittelbarer Anschauung kennen lernte. Indem ich die Vorgänge des täglichen Geschäftes zugleich mit den Augen des Nationalökonomen betrachtete, bildete sich mir die Ansicht, daß eine Schilderung meiner Beobachtungen in der Form einer wirtschaftsgeschichtlichen Untersuchung dem weiteren Kreise derer nicht unwillkommen sein dürfte, die Interesse für Bank- und Kreditwesen haben, aber des Einblickes in dasjenige Material ermangeln, das nur die Praxis zu liefern vermag.

Meine Bestrebungen fanden die wirksamste wissenschaftliche Unterstützung durch Herrn Professor Dr. Eugen Philippovich von Philippsberg in Freiburg i. B. Ihm vor allen sage ich auch an dieser Stelle meinen aufrichtigen Dank für das außerordentliche Interesse, das er der vorliegenden Studie gewidmet, und für die warme Anteilnahme, mit der er das Zustandekommen derselben gefördert hat. In dankbarer Verehrung gedenke ich ferner des verstorbenen Präsidenten der Reichsbank Herrn von Dechend, sowie des Kaiserlichen Bankdirektors Herrn Stage in Straßburg, die beide durch dienstliches Entgegenkommen den Fortschritt meiner Arbeit in ausgiebiger Weise erleichterten.

Straßburg i. E., im März 1891.

Der Verfasser.

Uebersicht.

	Seite
Einleitung	1
I. Die Bank- und Kreditorganisation in Elsaß-Lothringen vor der Annexion	8
1. Die Bank von Frankreich und ihr Einfluß auf die Kreditverhältnisse in Elsaß-Lothringen	8
2. Die Privatbanken und die Wechselmakler	20
3. Die Gestaltung des Bodenkredits	25
II. Die Preußische Bank in Elsaß-Lothringen . .	30
1. Die Kreditnot infolge des Krieges 1870/71 und die Gründung von Zweiganstalten der Preußischen Bank	30
2. Verfassung und Geschäftsführung der Preußischen Bank und deren Anpassung an die besonderen Bedürfnisse Elsaß-Lothringens	42
3. Wirtschaftliche Uebergangszustände und ihr Einfluß auf die Preußische Bank	58
a) Die Disparität der Wechselkurse infolge der Kontributionszahlungen	58
b) Der Zwangskurs der französischen Banknoten	63
c) Die Anwendung deutscher Wirtschaftsgesetze in Elsaß-Lothringen	67
4. Die Entwickelung der Geschäftsthätigkeit der Preußischen Bank (1871—1875)	71
III. Die Reichsbank in Elsaß-Lothringen	78
1. Der Uebergang der Preußischen Bank in die Reichsbank .	78
2. Die Diskontpolitik und das Diskontgeschäft der Reichsbank in Elsaß-Lothringen	80
3. Der Giroverkehr der Reichsbank und seine Entwickelung in Elsaß-Lothringen	95
4. Das Lombardgeschäft der Reichsbank in Elsaß-Lothringen .	113

— X —

	Seite
IV. Die Privatbanken in Elsaß-Lothringen	116
1. Die Veränderungen in der Organisation des Privatbankwesens seit der Annexion	116
2. Die Entwickelung einiger hervorragender Banken im Besonderen	125
a) Die Aktiengesellschaft für Boden- und Kommunalkredit in Elsaß-Lothringen	125
b) Die Allgemeine Elsässische Bankgesellschaft	146
c) Die Bank von Elsaß und Lothringen	153
d) Die Bank von Mülhausen	156
e) Die Straßburger Bank Ch. Staehling, L. Valentin & Co.	159
3. Beurteilung der Thätigkeit der Privatbanken	160
V. Die Geschäftsthätigkeit der Banken in Elsaß-Lothringen unter dem Einfluß der allgemeinen wirtschaftlichen Lage	174
1. Der Geschäftsbetrieb der Banken als Maßstab der allgemeinen wirtschaftlichen Lage	174
2. Von der Krisis 1873 bis zur Zollreform 1879	179
3. Von der Zollreform bis zur französischen Börsenkrisis 1882	184
4. Von der französischen Börsenkrisis bis zum Jahre 1886	191
5. Vom Jahre 1886 bis zur Gegenwart	201
Anhangstafeln I—X	209

Berichtigungen.

Seite 13 Zeile 21 v. o. ist das Wort wieder zu streichen.
„ 17 „ 9 v. u. lies 40 statt 4.
„ 58 „ 11 v. u. „ rief statt rie.
„ 61 „ 4 v. o. „ Thlr. 7997.20.—. statt Thlr. 7997,20.
„ 61 „ 6 v. o. „ Thlr. 222.10.—. statt Thlr. 222,10.
„ 168 „ 9 v. u. „ lich statt ich.
„ 201 „ 12 v. o. „ Staehling statt Stachling.

Einleitung.

Fünfundzwanzig Jahre lang hat die Bank von Frankreich, vertreten durch drei Zweiganstalten, einen hervorragenden Einfluß auf die Entwickelung des elsaß-lothringischen Handels und Verkehrs ausgeübt. Ihre Einrichtungen und Gebräuche hatten sich durch eine lange Praxis bewährt. Sie waren bei den Handeltreibenden bekannt und beliebt geworden, und als die Preußische Bank berufen war, die Filialen der Banque de France in den Reichslanden zu ersetzen, konnte sie sich in ihrer Politik nicht ganz dem Einflusse entziehen, den jene auf die elsaß-lothringischen Kreditverhältnisse ausgeübt hat. Die Erfolge, welche sie und ihre Nachfolgerin — wenn diese Bezeichnung gestattet ist — die Reichsbank, auch in den Reichslanden zu verzeichnen haben, sind schwierigen Verhältnissen abgerungen worden. Es galt nicht nur, den Interessen der Geschäftswelt, welche bisher auf anderem Wege befriedigt worden waren, einen neuen, auf abweichenden Prinzipien aufgebauten Organismus dienstbar zu machen durch möglichste Anpassung desselben an fremdnationale Gewohnheiten, es mußten auch aus politischer und nationaler Erregtheit stammende Schwierigkeiten durch Schonung und doch auch wieder unter Festhalten der eigenen politischen Stellung überwunden werden. Es bietet die Geschichte der Preußischen bezw. der Reichsbank in den Reichslanden daher Besonderheiten, welche sowohl vom volkswirtschaftlichen Standpunkte aus — indem sie uns die Individualisierung des Bankwesens an einem hervorragenden Beispiel zeigen — wie ihrer politischen Bedeutung nach von Interesse sind.

Die Bank von Frankreich bildete den beherrschenden Mittelpunkt des gesamten Kredit- und Zahlungswesens in Elsaß-Lothringen. Sie war die nie versiegende Quelle, aus welcher die zahlreichen Privatbanken die Mittel schöpften, um die Kreditbedürfnisse von Handel und Industrie zu befriedigen. Aber das ist eben das Besondere an der Stellung der Bank von Frankreich, daß es bei ihr in höherem

Maße, als bei irgend einer anderen Centralbank, eines Bindegliedes zwischen ihr und den kreditbedürftigen Kreisen der Volkswirtschaft bedarf, ja daß ein unmittelbarer Verkehr mit den letzten Kreditnehmern in den meisten Fällen direkt ausgeschlossen ist. Zahlreiche Privatbanken bildeten in Elsaß-Lothringen als Einzelunternehmungen und Aktiengesellschaften in ihrem lokal begrenzten Wirkungskreis, der ihnen den Überblick über Kreditbedürfnis und Kreditwürdigkeit der Handeltreibenden erleichterte, die Bindeglieder zwischen der Bank von Frankreich und dem wirtschaftlichen Verkehr. Außerdem kam neben ihnen dem Institut der agents de change oder Wechselmakler eine besondere Bedeutung zu. Diese vermittelten den Abschluß von Kreditgeschäften der Privatbanken untereinander oder mit den Vertretern von Handel und Industrie. So waren daher in der Kreditorganisation Elsaß-Lothringens vor der Annexion deutlich mehrere Kreise zu unterscheiden, die in gewissen Beziehungen zu einander standen, die Bank von Frankreich, die Privatbanken und die Wechselmakler. Gänzlich unabhängig hiervon tritt uns die auf selbständiger Grundlage aufgebaute Organisation des Bodenkredits entgegen.

Wie gestalteten sich die Kreditverhältnisse in Elsaß-Lothringen, als aus dieser Organisation der zusammenhaltende Stift, die Bank von Frankreich, entfernt und durch die Preußische Bank ersetzt wurde? Diese Frage bildet den Kern für jede Untersuchung der Entwickelung der Bankverhältnisse in den Reichslanden seit der Annexion. Aber ihre Beantwortung ist nicht denkbar ohne die Betonung eines charakteristischen Momentes der elsaß-lothringischen Kreditwirtschaft, das sie der langwährenden Angliederung an die französische Volkswirtschaft zu verdanken hat. Wir meinen die in Handel und Verkehr zu vollkommener Einbürgerung gelangte Wechselcirkulation.

Es ist eine erfahrungsgemäß erhärtete Thatsache, daß die Erscheinungsformen des Kredits sich unter dem Einflusse der wirtschaftlichen und rechtlichen Zustände in den einzelnen Kulturstaaten in verschiedener Weise entwickeln. Genießt eine bestimmte Form des Kredits im ganzen Lande seit langer Zeit einen einheitlichen Rechtsschutz, so wird ihre Anwendung in allen Kreisen der Bevölkerung bei gleichen wirtschaftlichen Verhältnissen eine allgemeinere sein, als in einem Lande, wo ein einheitlicher Rechtsschutz gar nicht oder erst seit kurzer Zeit wirksam geworden ist. Die Bedeutung, welche einer der wichtigsten Repräsentanten des Kredits, der Wechsel, in Frankreich im Laufe der Zeit erlangt hat, bildet einen klaren Beweis für das Gesagte. Während bis zum sechzehnten Jahrhundert die Italiener den Wechselverkehr beherrschten und für die Ausbildung seiner rechtlichen Normen am meisten thätig waren, übernahm im siebzehnten Jahrhundert Frankreich auf diesem Gebiete die Führung. Hier bildete sich nach Savary seit 1620 hauptsächlich das in Italien erfundene Indossament formell und materiell aus, begünstigt durch den in hoher Blüte stehenden Handel und Verkehr[1], der sich in den leichten Formen der Inhaberpapiere bewegte[2]. Unter Mitwirkung des ausgezeichneten Sachkundigen Jacques Savary wurde vom Minister Colbert im Jahre 1673 unter dem (abgekürzten) Titel „ordonnance pour le commerce" ein allgemeines Handels- und Wechselgesetz verfaßt, in welchem auch zuerst das Indossament Anerkennung fand[3]. Durch verschiedene Deklarationen ergänzt und erweitert, diente die Ordonnanz von 1673 vielen europäischen Wechselgesetzen zum Vorbilde und wurde die Grundlage des weit über Frankreich hinaus verbreiteten code de commerce, welcher, am 20. September 1807 publiziert, mit dem 1. Januar 1808 Gesetzeskraft erhalten hat[4]. Die Ordonnanz erkannte den Eigenwechsel (billet de change) als besondere Wechselart an, während der code de commerce neben den Wechselbriefen, für welche die distantia loci vorgeschrieben ist, den eigenen Wechsel als ein billet à ordre gelten läßt und die für Tratten gegebenen Vorschriften darauf anwendet[5].

Diese Rechtsentwickelung trug sicherlich nicht wenig dazu bei, daß der Wechsel in Frankreich in höherem Maße als in anderen Staaten zum abstrakten Repräsentanten des Kredits geworden ist. Die bezüglichen Rechtssätze, die sich aus langjähriger Gewohnheit eines ausgebildeten Handels herleiten, fanden in ihrer frühzeitigen Kodifikation eine kräftige Stütze. Der französische Handelsstand erkannte, daß er sich weit besser dabei befinde, wenn er beim Verkauf statt der Buchforderung einen Wechsel besitze, und selbst im kleinsten gewerblichen Verkehr hat sich die Anwendung des Wechsels als Zahlungs- und Kreditinstrument völlig eingebürgert. Der Krämer wie der Handwerker bezahlt stets sein zum Betriebe notwendiges Material mit einem kurzfristigen billet à ordre[6]. Für den Verkäufer bietet sich dadurch

---

1) Vgl. Savary: „Parfait négociant", S. 588, 602.
2) Die billets en blanc, signatures en blanc waren schon frühzeitig im Gebrauche, wie sich aus einzelnen Verboten 1604, 1611 ergibt. Vgl. Hartmann: „Das deutsche Wechselrecht", S. 249.
3) Vgl. Savary: „Dictionnaire universel de commerce", Bd. III, S. 356 ff. Hier ist auch der Inhalt der Ordonnanz von 1673 angegeben.
4) Vgl. Borchardt: „Sammlung der Wechsel- und Handelsgesetze aller Länder", Bd. I., S. 143 ff.
5) Code de commerce, Art. 187, 188.
6) Aus dem Erfordernis der distantia loci für den gezogenen Wechsel erklärt sich dessen seltene Anwendung im mittleren und kleinen Verkehr. Dort ist das billet à ordre

die Möglichkeit, den von ihm gewährten Warenkredit durch Diskontierung des vom Käufer ausgestellten billet zu mobilisieren[1]), der Käufer arbeitet mit seinem Kredit, und, ist der Wechsel fällig, kann er ihn bereits mit dem Erlös der Ware bezahlen. So bedarf der Kaufmann in Frankreich zu seinem Geschäftsbetriebe verhältnismäßig geringerer Mittel als dort, wo besonders im Kleinverkehr noch vielfach langfristige Buchkredite gewährt werden. Er ist demzufolge auch in der Lage, seine Geschäfte mehr auszudehnen, als dies anderwärts der Fall ist. „Der Wechsel erhöht die Kaufkraft, wirkt somit günstig auf die Produktion, günstiger als der Buchkredit vermöge seiner größeren Beweglichkeit." Zufolge dieser von Mill[2]) bereits hervorgehobenen Vorzüge steigert der Wechsel die Konkurrenzfähigkeit, daneben bietet er dem Verkäufer den Vorzug größerer Sicherheit als die Buchschuld, steht jenem doch gegen den säumigen Wechselschuldner das beschleunigte Verfahren der prozessualen Wechselstrenge zur Seite. Der Käufer aber ist durch seine Unterschrift an eine bestimmte Zahlungsfrist gebunden. Hält er sie nicht ein, so hat er die Entziehung des ihm gewährten Kredits zu gewärtigen. Nur so kann das gegenseitige Vertrauen, die Grundlage des Kredits, festen Boden gewinnen.

Naturgemäß hat die Praxis, daß jedes, auch das kleinste Geschäft seinen Ausdruck im Wechsel findet, in Frankreich einen bedeutenden Einfluß auf die Anzahl und die durchschnittliche Größe der umlaufenden Wechsel ausgeübt. Die Wechselcirkulation des Landes erfährt aber dadurch noch eine wesentliche Steigerung, daß nicht nur im Verkehr der Handeltreibenden untereinander mehr Wechsel entstehen als in anderen Kulturstaaten, sondern auch dadurch, daß bei der Inanspruchnahme von Bankierkredit seitens des Handelsstandes der Wechsel eine ausgiebigere Anwendung findet als irgendwo anders. Ganz ungedeckte sogenannte Blankokredite, wie sie im Westen Deutschlands so oft über die vom Schuldner bestellte Sicherheit hinaus, lediglich im Vertrauen auf dessen Zahlungsfähigkeit, seitens des Bankiers gewährt werden, sind in Frankreich ungewöhnlich. In all den Fällen, wo der Schuldner nicht in der Lage ist, die ganze Summe des von ihm benötigten

---

die weitaus gebräuchlichste Form bei Regulierung einer Schuld. Letzteres entspricht unserem eigenen Wechsel; es fehlt zwar das Wort „Wechsel", jedoch finden nach Art. 187 des Code de commerce die Bestimmungen des französischen Wechselrechtes auf dasselbe Anwendung. Das den Bestimmungen des code de commerce unterworfene „effet de commerce", d. i. Wechsel im weiteren Sinne umfaßt auch das billet à ordre. Vgl. Art. 110, 187, 188. — Bezüglich des allgemeinen Gebrauchs des Wechsels im Kleinverkehr Frankreichs vgl. Lexis: „Der Handel" in Schönberg's Handbuch, Bd. II, S. 678.
1) Vgl. Horn: „Das Kreditwesen in Frankreich" 1857, S. 87.
2) „Politische Oekonomie", übersetzt von Soetbeer, S. 203, 204.

Bankierkredits durch Hinterlegung von Werten oder Leistung von Bürgschaften sicherzustellen, läßt sich der Bankier in Höhe dieses reinen Personalkredits Solawechsel (billets à ordre) des Kunden geben. Auch dann, wenn die erfolgte Sicherstellung in ihrer Qualität zweifelhaft erscheint, tritt neben jene, gleichsam als subsidiäre Garantie, das billet à ordre des Schuldners. Diese Papiere, welche im Unterschiede zu den im Warenverkehr gebräuchlichen billets à ordre der Sprachgebrauch als crédit-billets bezeichnet, werden gewöhnlich auf drei Monate an die Ordre des kreditgebenden Bankiers ausgestellt und bei diesem zahlbar gemacht. Bei Verfall werden sie erneuert, so lange als das Schuldverhältnis das gleiche bleibt. Neben dem besonderen Rechtsschutz, welchen das crédit-billet dem Bankier als legitimiertem Inhaber gegen den säumigen Schuldner erteilt, verleiht es ihm die Möglichkeit, im Bedarfsfalle den einem andern gewährten Kredit durch Weiterbegebung des billet für sich selbst in Anspruch zu nehmen, ein Vorteil, von welchem der französische Bankier in geldknappen Zeiten gerne Gebrauch macht. Es genießt also der Bankier durch den Kreditwechsel des Kunden die gleichen Vorteile wie der Warenverkäufer durch den Warenwechsel des Schuldners, und es herrscht auch thatsächlich dasselbe Verhältnis. Der Kredit ist nichts anderes als die Ware des Bankiers. Der Wechsel mit zwei Unterschriften (des Käufers und des Verkäufers) ist das Resultat eines bereits vollzogenen Geschäfts. Während seine Diskontierung die Mobilisierung einer bereits verkauften Leistung ermöglicht, und hierbei ein Unterschied zwischen dem Bankier und dem Warenverkäufer nicht hervortritt, zeigt sich ein solcher, sobald es sich um die Mobilisierung einer noch nicht verkauften Leistung handelt. Diese ist aber beim Bankier ausgeschlossen; er ist einen Schritt weiter als der Warenverkäufer, denn seine Leistung ist mobil, sie ist das Geld selbst. Anders beim Handeltreibenden, der in die Lage kommen kann, bereits vor dem Verkauf das in seine Ware hineingesteckte Kapital mobilisieren zu müssen. Das Mittel dazu bietet ihm in Frankreich der Lagerschein oder Warrant.

Dem Warrant fällt in der Organisation des eigentlichen Warenkredits die Rolle zu, welche der Wechsel in der Organisation des Geschäfts- und Personalkredits einnimmt[1]). Er wird selbst zum Wechsel, sobald ihm das erste Indossament beigesetzt ist[2]). Der französische Warrant wurde vom Kreditpapier zum Bankpapier weiter-

---

1) Vgl. Gust. Leonhardt: „Der Warrant als Bankpapier." Wien 1886. S. 6.
2) Art. 11 des französischen Warrantgesetzes vom 28. Mai 1858 lautet: Oeffentliche Kreditanstalten können Warrants ebenso wie Handelspapiere (effets de commerce) an-

gebildet. Die Möglichkeit hierzu bot einmal sein wechselrechtlicher Charakter, sodann die Heranziehung des Personalkredits durch die Forderung von Indossamenten seitens der öffentlichen Diskontanstalten. Verhältnismäßig früh erhielt der Warrant in Frankreich die gesetzliche Sanktion. Als im Jahre 1848 eine große Krisis den Kredit ins Wanken brachte, hat die französische Regierung mit Erfolg öffentliche Lagerhäuser in allen größeren Städten ins Leben gerufen und gab so dem bedrängten Handelsstande ein Mittel in die Hand, bereits vor dem Verkauf der Ware durch Negoziierung des Lagerscheines bei den ebenfalls neu begründeten Diskontkontoren sich Kapitalien zum Weiterbetriebe der Fabriken zu beschaffen. Indes steht das aus dem Gesetz von 1848 resultierende Verfahren mit Rücksicht auf Zweckmäßigkeit und Einfachheit des Mechanismus weit hinter dem englischen System zurück. Die Krisis von 1857 bewog daher die Regierung, das bestehende Gesetz abzuändern. Als Richtschnur hat dabei das englische System gedient, ohne daß es genau nachgeahmt worden wäre.

Nach französischem Recht ist der Wechsel nicht von seiner materiellen causa losgelöst [1]). Der Lagerschein, welcher diese materielle causa dokumentiert, erhöht die Sicherheit der zugehörigen wechselmäßigen Forderung. Beim Verkauf des Warrant gewährt das Eigentum desselben dem Erwerber neben dem Forderungsrecht, das ihm aus dem Wechsel als Formalakt zusteht, ein Pfandrecht an der Ware, durch deren Mobilisierung oder Verkauf der Warrant entstand. Die Verbindung des Realkredits mit dem Personalkredit im Warrant steigert also bei der Diskontierung seinen Wert durch Verminderung der im Zinsabzug enthaltenen Risikoprämie.

Es kann uns nicht Wunder nehmen, daß in Frankreich diese kreditwirtschaftliche Entwickelung den weitgehendsten Einfluß auf das Bankwesen ausgeübt hat. Der bedeutende Wechselverkehr läßt das Diskontgeschäft bei den französischen Kreditbanken eine Ausdehnung erreichen, die den Umfang des von den gleichartigen deutschen Instituten betriebenen Diskontgeschäftes bei weitem übertrifft. Da aber erfahrungsmäßig die Anwendung des Wechsels in fast allen Kulturstaaten im kaufmännischen Großbetriebe eine ganz allgemeine ist, so muß dieser Mehrbetrag auf Rechnung der dem gewerblichen Kleinverkehr entsprungenen Kreditpapiere gesetzt werden. Daß dies so

nehmen, und zwar mit Erlafs einer der Unterschriften, welche durch ihre Statuten vorgeschrieben sind.

1) Die Valutaklausel ist ein wesentlicher Bestandteil des Wechsels; vgl. code de commerce Art. 110, 115—117, 187, 188.

ist, geht aber aus der großen Anzahl der von der Banque de France angekauften, auf ganz kleine Beträge lautenden Wechsel hervor. Unter den $3^3/_{10}$ Millionen Wechseln, welche im Jahre 1874 durch die Banque de France diskontiert wurden, befanden sich $2^8/_{10}$ Millionen Stück im Betrage von mehr als 100 Frcs., 286 000 Stück im Betrage von 51 bis 100 Frcs., 156 000 Stück im Betrage von 10 bis 50 Frcs. und 4000 Stück im Betrage von 1 bis 10 Frcs.[1]). Ebenso giebt uns die geringe Durchschnittsgröße aller von der Bank von Frankreich angekauften Wechsel im Vergleich zu den Centralbanken anderer Länder einen weiteren Beleg für unsere Behauptung. Die durchschnittliche Größe aller angekauften Wechsel betrug 1874 bei der französischen Bank 1296 M., bei der Preußischen Bank 2010 M. und bei der österreichischen Nationalbank sogar 4378 M.[2]).

Wie in ganz Frankreich, so lagen auch die Dinge in Elsaß-Lothringen. Die Wechselcirkulation der Reichslande war stets stärker als diejenige Altdeutschlands. Sie war aber nicht bloß stärker in Bezug auf ihre Größe, sie war auch tiefer eingedrungen in das Wirtschaftsleben des Volkes. Weitere Kreise als in Altdeutschland waren daran beteiligt, so daß auch die Kreditorganisation viel ausgedehntere Beziehungen zu pflegen hatte. Ein bedeutender kreditwirtschaftlicher Verkehr lehnte sich daher an die früher erwähnte Bankorganisation an, bildete ihr belebendes, erhaltendes Element, wurde aber auch andererseits nur durch sie ermöglicht. Hat an dieser Art und an der Größe des kreditwirtschaftlichen Verkehres der Eintritt der Preußischen Bank und die Angliederung an die deutsche Volkswirtschaft etwas geändert? Und wie haben die geänderten wirtschaftlichen Beziehungen und rechtlichen Verhältnisse auf das Privatbankwesen, das aus den Bedürfnissen dieses Kreditverkehres hervorgewachsen war, zurückgewirkt?

Ueber diese und die anderen oben aufgeworfenen Fragen soll die folgende Darstellung aufklärenden Aufschluß geben. Zugleich wird sie uns in der Schilderung der hochentwickelten Kreditverhältnisse Elsaß-Lothringens einen Maßstab zur Beurteilung der volkswirtschaftlichen Bedeutung der Reichslande gewähren.

---

1) Vgl. A. v. Studnitz: „Die österreich. Nationalbank, die Preuß. Bank und die Bank von Frankreich" im Deutsch. Handelsblatt v. 1876, Nr. 13.
2) Vgl. ebendaselbst.

I. Die Bank- und Kreditorganisation in Elsaſs-Lothringen vor der Annexion.

1. Die Bank von Frankreich und ihr Einfluſs auf die Kreditverhältnisse in Elsaſs-Lothringen.

Bereits im Anfange der vierziger Jahre dieses Jahrhunderts hatte der Produktenhandel im Unterelsaß eine solche Ausdehnung erreicht, daß die Gründung eines größeren Kreditinstitutes, welches den Bedürfnissen des gesteigerten Verkehres gerecht zu werden vermochte, dringend notwendig erschien. Es kann nicht Wunder nehmen, daß der Handelsstand seine Augen zunächst auf das mächtige französische Centralinstitut richtete. Die Handelskammer von Straßburg suchte bei der Regierung um die Errichtung einer Zweiganstalt der Bank von Frankreich nach. Auch im Oberelsaß, wo die gegen Mitte des vorigen Jahrhunderts entstandene Baumwollenindustrie sich bedeutend entwickelt und eine beherrschende Stellung auf dem Weltmarkte errungen hatte, waren die gleichen berechtigten Wünsche laut geworden. Nach einigem Zaudern gab die Regierung dem Drängen des Handelsstandes nach. Die Zweiganstalt der französischen Bank in Mülhausen konnte ihre Thätigkeit bereits am 2. Januar 1844, diejenige in Straßburg am 20. August 1846 beginnen. Als im Jahre 1848 die Departementalbanken in Frankreich aufgehoben worden waren und dadurch die Bank von Frankreich den gesamten Geldverkehr in ihrer Hand konzentriert hatte, glaubte sie mit der Gründung von Filialen etwas freigebiger sein zu dürfen[1]). Am 29. Juni 1849 erhielt auch der lothringische Handel und die sich daselbst mehr und mehr entwickelnde Eisenindustrie durch Errichtung eines französischen Bankkontors in Metz eine kräftige Stütze.

---

1) Vgl. Horn, a. a. O. S. 56.

Mit der stetigen Entwickelung der Verkehrsmittel hielt die Ausdehnung und das Wachstum der elsaß-lothringischen Handelsbeziehungen sowie der beiden Hauptindustriezweige gleichen Schritt. Von Jahr zu Jahr mehrten sich die von den drei Filialen der Bank von Frankreich in Elsaß-Lothringen erzielten Umsätze und Gewinne. Die Umsätze betrugen beispielsweise [1]):

	1863 Frcs.	1864 Frcs.
in Straßburg	113 172 100	129 297 300
„ Mülhausen	117 615 100	125 034 000
„ Metz	33 704 400	30 115 800
„ Elsaß-Lothringen	264 491 600	284 447 100

Wie sehr der Handel Straßburgs an Ausdehnung zunahm, erhellt aus der Thatsache, daß bezüglich des Gesamtumsatzes die daselbst wirkende Zweiganstalt im Jahre 1868 trotz einer Verringerung gegen die 1867 erzielten Resultate unter den 60 Succursalen der Bank von Frankreich die fünfte Stelle einnahm. Ihre Operationen bezifferten sich 1867 auf 211 820 300 Frcs., 1868 auf 191 235 300 Frcs. [2]).

Die Organisation der elsaß-lothringischen Bankanstalten war die gleiche wie die aller Succursalen. Die staatliche Beeinflussung war eine bedeutende und unmittelbare. Der an der Spitze einer jeden Succursale stehende Direktor wurde von der Regierung ernannt. Ebenso erfolgte seit 1841 die Ernennung der ihm zur Seite stehenden Interessenvertretung der Aktionäre in Gestalt von 6 bis 12 Administratoren durch die Regierung auf Grund einer Liste, welche von der Versammlung der fünfzig meistbeteiligten Aktionäre des Ortes unterbreitet wurde. Eine besondere Ueberwachung seitens der Regierung wurde durch einen oder mehrere Inspekteure ausgeübt, die zur Vornahme außerordentlicher Revisionen befugt waren. Dagegen lag die laufende Kontrolle der Geschäfte in den Händen dreier Censoren, die vom Generalrate der Zweiganstalt gewählt wurden. „Der Regierungseinfluß war somit bei den Zweiganstalten noch stärker vertreten als bei der Nationalbank selbst, wo nur der Gouverneur und die zwei Untergouverneurs von der Regierung ernannt, hingegen die fünfzehn „régens" und die Censoren, welche im Vereine mit den drei Gouverneurs den Generalrat der Bank bildeten, von den Aktionären gewählt

---

1) Maurice Block: „Annuaire de l'économie politique et statistique", 1865, S. 202.
2) Block: Annuaire 1871/72. Den größten Umsatz erzielte 1868 wie fast alljährlich Marseille; es folgte Lille, Lyon, Bordeaux und Straßburg.

wurden"¹). Bei den Zweiganstalten bildeten die Administratoren und Censoren den conseil d'administration, welcher mindestens zweimal jährlich unter dem Vorsitz des Direktors zur Generalversammlung zusammentrat. Der conseil d'administration nahm den Bericht über die Geschäfte entgegen, faßte Beschlüsse über interne Verordnungen, ohne daß dadurch jedoch die durch den conseil général der Hauptbank erlassenen Verfügungen berührt werden durften. Die Administratoren gliederten sich in drei Ausschüsse, das comité des escomptes, das comité des livres et portefeuilles und das comité des caisses. Die Organisation dieser Ausschüsse wurde bei den Succursalen auf Vorschlag des conseil d'administration vom conseil général geregelt. Um die Verwaltung am finanziellen Ertrag der Bank zu interessieren, sowie zur Sicherstellung der Bank, mußte vom Direktor vor Antritt seiner Thätigkeit der Besitz von fünfzehn Bankaktien, von jedem der Administratoren und Censoren der von vier Aktien, die während der Amtsdauer unveräußerlich und für die Verwaltung haftbar waren, nachgewiesen werden.

So schwerfällig diese Organisation war, so bot sie doch dem Publikum ausreichende Vorteile, und als die Bank von Frankreich gezwungen wurde, in Elsaß-Lothringen ihre Thätigkeit einzustellen, da schien ihr Verlust dem Handelsstande geradezu unersetzlich. Sie war damals das bedeutendste Centralbankinstitut des europäischen Kontinents. Bis zum Jahre 1806 hatte der Staat keinen Anteil an der inneren Verwaltung der Bank gehabt, sie war eine „Finanzrepublik" innerhalb des Staates gewesen ²), von welchem sie nur bezüglich des von ihm erteilten Notenprivilegs und bezüglich des Schutzes, den er ihr gewährte, abhängig war. Seit 1806 aber war sie unter die direkte Staatsleitung gestellt worden, und seit der Beseitigung der Departementalbanken im Jahre 1848 besaß sie das Notenmonopol und beherrschte und regelte den französischen Geldmarkt. Ihre Organisation wurde überall als musterhaft gepriesen, ihre Stellung war eine stolze, ihre Erfolge glänzend, ihre Verluste verschwindend. Aber gerade diesen Lichtseiten standen starke Schatten gegenüber. Nicht mit Unrecht wurde ihr schon früh der Vorwurf gemacht, daß eine allzu große Rücksichtnahme auf ihre Sicherheit sie die ihr zufallende wirtschaftliche Mission vergessen mache. Sie sei mehr Aktienunternehmung als Nationalbank ³). Es unterliegt keinem Zweifel, daß dieser Vorwurf gerechtfertigt war.

---

1) Vgl. Horn, a. a. O. S. 57.
2) Motive des Gesetzentwurfes vom 22. April 1806.
3) Vgl. Horn, a. a. O. S. 70.

Im Gegensatze zur Preußischen Bank bezw. zur Reichsbank hat die Banque de France bei Errichtung von Zweiganstalten stets mehr das Rentabilitätsinteresse als die Rücksicht auf die Wohlfahrt des Landes zur Richtschnur erhoben. Anstatt ihr nicht unbedeutendes Aktienkapital im Diskont- und Lombardverkehr ausschließlich dem Handel zu gute kommen zu lassen, schien es ihr vorteilhafter, einen Teil desselben in Staatsrenten, die ihr allerdings einen gleichmäßigen, verhältnismäßig hohen Zinsgenuß sicherten, festzulegen [1]). „Flüssig gemacht, würde es ihr diese sicheren Interessen nicht bringen, aber sie könnte dann in regelmäßigen Zeiten ihren Geschäftskreis erweitern und den Schwierigkeiten kritischer Epochen leichter und besser begegnen" [2]). Weniger gerechtfertigt erscheint es uns indes, der Bank von Frankreich daraus einen Vorwurf zu machen, daß sie nicht dem mittleren und kleinen Verkehr unmittelbar diente, sondern erst indirekt durch Vermittelung der Privatbanken, und daß sie dadurch den Kredit nicht unerheblich verteuerte [3]). Die Thatsache läßt sich allerdings nicht wegleugnen, aber sie ist bedingt durch die Organisation des Bankwesens in Frankreich. Eine monopolisierte Zettelbank, die unter staatlicher Leitung steht, kann in ihrer Politik nicht den lokalen Bedürfnissen in einem Maße Rechnung tragen, wie dies Provinzialzettelbanken mit ihrem verhältnismäßig begrenzten Wirkungskreis möglich ist. Es ist hier nicht der Ort, zu untersuchen, ob es nicht gerade mit Rücksicht auf die Organisation der französischen Kreditwirtschaft richtiger gewesen wäre, wenn man im Jahre 1848 die freien Departementalbanken nicht beseitigt hätte. So wie sich die Verhältnisse einmal entwickelt haben, ist die Wirksamkeit der Bank von Frankreich zwar überall, aber meist nur mittelbar zu spüren. Die meisten Privatbanken sind genötigt, zum wenigsten einen großen Teil ihrer Wechselbestände bei ihr zu rediskontieren, und nicht mit Unrecht bezeichnet ein französischer Nationalökonom die Privatbanken als die Trabanten, die um die Bank von Frankreich als Brennpunkt ihre Kurven ziehen und

---

1) In Ausführung des Gesetzes vom 9. Juni 1857, welches das Notenprivileg der Bank von Frankreich bis zum Jahre 1897 verlängerte, hat die Bank dem Staate 100 Millionen Frcs. unkündbar gegen Inskription von französischen Renten geliehen. Aufserdem hat sie seit 1848 dem Staate ein stehendes Darlehen von 60 Millionen Frcs. gegeben, das man in der Enquête mehrfach als Gegenleistung der Bank für die durchschnittlich 175 Millionen Frcs. betragenden Staatsdepositen bezeichnete. Vgl. Courcelle-Seneuil: „Traité théorique et pratique des opérations de banque", S. 591 ff., und Wolowski: „La question des banques", S. 284, 303, 451.
2) Horn, a. a. O. S. 69.
3) Horn, a. a. O. S. 66, 67.

ihr notgedrungen dahin folgen müssen, wohin es ihr beliebt, sie zu führen ¹).

Die Durchführung ihres Prinzips, mit den Vertretern des mittleren und kleinen Verkehrs nicht unmittelbar in Berührung zu treten, bedingte in ihren einzelnen Geschäftszweigen seitens der Kreditnehmenden die Erfüllung einer großen Zahl umständlicher Formalitäten, welche die Inanspruchnahme des Zettelkredits einigermaßen erschweren sollten.

Das wichtigste Aktivgeschäft einer Notenbank ist die **Wechseldiskontierung**, und die Organisation dieses Geschäftszweiges ist daher auch bei der Bank von Frankreich bestimmend für ihre Stellung der Handelswelt gegenüber. Wie fast alle großen Zettelbanken, hatte auch die französische Bank die Maximallaufzeit der diskontabeln Wechsel auf 90 Tage gesetzt. Die Zahl der auf ihnen befindlichen „notorisch guten"²) Unterschriften mußte wenigstens drei sein. Handelspapiere mit zwei Unterschriften waren nur dann zur Diskontierung zulässig, wenn die fehlende dritte Unterschrift durch Uebertragung (transfert) von Bankaktien, Hinterlegung von Lagerscheinen der magasins généraux ³), oder von im Lombardverkehr der Bank beleihbaren Effekten ersetzt wurde ⁴). Die Zulassung zum direkten Diskontverkehr bei der Bank galt als besonderer Vorzug. Wer als „présentateur" in den Genuß dieser Fähigkeit zu treten wünschte, hatte ein von drei mit der Bank bereits in Verbindung stehenden Bankiers oder Kaufleuten unterzeichnetes Zeugnis, zu welchem die Bank die Formulare lieferte, und in dem die Versicherung abgegeben war, daß die betreffende Persönlichkeit guten Leumundes sei, guten Kredit genieße und ihren Verpflichtungen stets prompt nachgekommen sei, dem Direktor der betreffenden Zweiganstalt einzureichen. Der Conseil beschloß, ob dem Antrage entsprochen werden sollte. Die Zulassung konnte ohne Angabe des Grundes verweigert werden. Die eingereichten Wechsel wurden dem conseil d'escompte, welcher in den elsaß-lothringischen Anstalten sich dreimal wöchentlich und außerdem an den Stichtagen

---

1) Courcelle-Seneuil, a. a. O. S. 244. „Nulle concurrence n'est possible contre elle et la plupart des banques privées qui existent, réduites à réescompter chez elle au moins une partie de leur portefeuille, ne sont que ses satellites et la suivent forcément partout où elle les entraine."
2) „notoirement solvables".
3) Gesetz vom 21. März 1848 und Dekret vom 26. März 1848.
4) Gesetz vom 16. Januar 1808 und 13. Januar 1869: „transfert ou dépôt, soit d'actions de la Banque, soit de valeurs sur lesquelles elle fait des avances".

versammelte, vorgelegt und konnten nur mit dessen Genehmigung angekauft werden. Der Direktor der Filiale hatte das Vetorecht [1]). Diesem schwerfälligen und vielen angesehenen Firmen unangenehmen Geschäftsgange ist es wohl zuzuschreiben, daß verhältnismäßig wenig présentateurs vorhanden und unter diesen wiederum etliche waren, die vielleicht mehr einen indirekten Nutzen aus ihrer Diskontberechtigung ziehen wollten, wogegen sich andere respektable Firmen zurückhielten. So ist die Banque de France seit 1814 mehr die Bank der Bankiers geworden als diejenige der Kaufleute [2]). Die comptoirs d'escompte mit der Fähigkeit, unter gewissen Umständen Wechsel mit einer Unterschrift zu diskontieren, die Aktienbanken und Bankiers haben sich als Verbindungsglied zwischen die Banque de France und den Handelsstand eingeschoben. Besonders trifft das zu für den mittleren und kleinen Verkehr, während im Bezirke der Großindustrie vielfach auch die Produzenten in direktem Verkehr mit der französischen Bank standen. Aber fast immer waren es nur große, leistungsfähige Firmen, die das Hauptkontingent der diskontberechtigten Personen bei der französischen Bank bildeten. In ihren Statuten vom 16. Januar 1808 weist die Bank auf die Vermittlung von Bankhäusern im Verkehr mit dem kleinen Handelsstande hin [3]). Naturgemäß wurde aber durch das Dazwischentreten der Bankiers den Kreditsuchenden, deren Wechsel sie diskontierten und bei der Bank von Frankreich wieder rediskontierten, der Kredit verteuert.

Der Bestimmung, Wechsel mit zwei Unterschriften dann im Diskontverkehr zuzulassen, wenn als Ersatz für die dritte fehlende Unterschrift entweder die Ueberschreibung (transfert) französischer Rente auf die französische Bank oder die Hinterlegung der im Lombardverkehr zugelassenen Effekten tritt, lag ursprünglich die Idee zu Grunde, die Begebung der im Warenverkehr entstandenen billets à ordre zu erleichtern, sie kam indessen auch den Bankiers bei Bege-

---

[1] Die Vereinigung des comité des escomptes fand in den Provinzen nicht wie in Paris täglich statt, es richtete sich dieselbe nach der Ausdehnung des Diskontogeschäftes in den einzelnen Anstalten. Jedenfalls wurde jedoch an den Stichtagen, d. h. an allen durch 5 teilbaren Tagen, am Ultimo und am 1. des Monats diskontiert. Die meisten der in Frankreich umlaufenden Handelspapiere waren billets à ordre und einem alten Gebrauche entsprechend an einem Stichtage fällig.

[2] „Depuis 1814 la Banque de France a été la banque des banquiers plus que celle des commerçants, à plus forte raison que celle des industriels, comme en Ecosse." Courtois, „Histoire de la Banque de France", S. 149.

[3] Art. 15 der Statuten sagt: „Il sera pris des mesures pourque les avantages résultant de l'établissement de la Banque se fassent sentir au petit commerce de Paris, l'escompte sur deux signatures avec garantie additionelle qui se fait par un intermédiaire quelconque de la Banque, n'ait lieu qu'au même taux que celui de la Banque elle même.

bung ihrer auf „ouverture de crédit" basierenden Kreditwechsel (crédit-billets) zu gute. Diese sogenannten crédit-billets waren infolge der Deckung, welche die Bank erhielt, eine hinreichend sichere Anlage [1]). Die transferierten oder als Faustpfand der Banque de France übergebenen Werte dienten als Sicherheit für alle Unterschriften, die sich von seiten des Transferenten bezw. Sicherheitstellenden im Portefeuille der Bank befanden.

Ein Minimalabzug für die von der französischen Bank diskontierten Wechsel existierte 1870 noch nicht, jedoch wurden bei der Zinsberechnung mindestens 10 Tage in Anrechnung gebracht [2]).

Hiermit kann der äußere Rahmen, in dem sich das Diskontgeschäft der französischen Bank im Augenblick der Annexion Elsaß-Lothringens bewegte, als abgeschlossen betrachtet werden, und es erübrigt noch die Darstellung der Art und Weise, in der sich die Kreditgewähr gegenüber den présentateurs seitens der Bank vollzog. Der ausgedehnte Wechselverkehr, die große Menge der auf ganz kleine Beträge lautenden Appoints erschweren die Beurteilung der Kreditwürdigkeit der Verpflichteten ungemein. Und doch ist es Hauptaufgabe einer Bank, stets des Ueberblicks über die bestehenden Engagements ihrer Schuldner sicher zu sein, sich aus ihren Büchern in jedem Augenblick das klare Bild der schwebenden Verpflichtungen und Guthaben auf das genaueste fixieren zu können.

Wie hat es nun die Bank von Frankreich ermöglicht, sich den Überblick zu sichern, ohne daß die Klarheit des Bildes getrübt worden wäre?

Nicht etwa dadurch, daß sie durch hohe Minimalsätze die auf kleine Beträge lautenden Wechsel von der Diskontierung ausschloß oder für die Einziehung derselben eine hohe Provision erhob; dadurch hätte sie diese Wechsel überhaupt ihrem Portefeuille entzogen, und sie selbst bildete dann nicht den großen Centralpunkt, in dem direkt oder indirekt die kreditwirtschaftlichen Bedürfnisse einer ganzen Nation

---

[1]) Der Ersatz der dritten Unterschrift durch Sicherheiten findet sich zuerst in den Statuten von 1808: Art. 12, 13. Vgl. auch Ges. v. 21. März, 26 März 1848 und 13. Januar 1869.

[2]) Seit dem 10. September 1879 ist bei der Banque de France ein Minimalabzug von 10 Cs. für jedes Appoint eingeführt, wobei für Wechsel von Paris auf die Zweiganstalten und umgekehrt, sowie für Platzwechsel eine Minimalzinsberechnung von 5 Tagen, für Wechsel von den Zweiganstalten auf die Zweiganstalten eine solche von 10 Tagen zur Anwendung kommt. Vgl. „Banque de France, ses opérations à Paris et dans les succursales", Paris 1880. Auch Checks werden heute zu dem erwähnten Minimalsatze im Diskontverkehr von der Banque de France in den durch das Gesetz vorgeschriebenen Präsentationsfristen angekauft, wenn sie so zeitig eingereicht werden, daß sie noch am Abend vor dem Zahltage an ihren Zahlort gelangen können.

ihre Befriedigung finden. Sie machte vielmehr die Berechtigung, in ihren Bureaux Wechsel diskontieren zu dürfen, gewissermaßen zu einem Privilegium Weniger, deren Kreditverhältnisse ihr als gut und sicher fundiert bekannt waren, und knüpfte an die Erlangung dieses Privilegiums die bereits geschilderten Formalitäten, deren Erfüllung den Einen schwierig, den Anderen unangenehm, Dritten endlich als eine Zumutung erschien, gegen die sich ihr Stolz sträubte. Die Diskontkontore, die Aktienbanken und Bankiers traten ihrerseits mit leichteren Diskontbedingungen als présentateurs der französischen Bank zwischen diese und den Kleinhandel. Dadurch wurde die Stellung der Banque de France auf eine erhöhte Stufe gerückt, ihr Charakter gegenüber dem Handelsstande ein wesentlich vornehmerer.

Nur durch die geschilderte Art der Arbeitsteilung wurde es der Banque de France möglich, der beherrschende Mittelpunkt des ungeheuern Wechselverkehrs zu sein, den die französische Kreditwirtschaft täglich hervorbringt. Sie arbeitete nur mit verhältnismäßig wenigen Personen, deren Verhältnisse ihr genau bekannt waren, sie schenkte ihnen volles Vertrauen, und lediglich auf dem Kredit der présentateurs beruhte der Ankauf sämtlicher Wechsel durch die Bank, indem sie diesen überließ, ihrerseits die Bonität der übrigen kleineren Wechselverbundenen zu prüfen. Dabei wurden die den Wechseln zu Grunde liegenden Transaktionen nicht außer Acht gelassen. Kreditwechsel ohne transfert oder Deckung wurden bei Erneuerung zurückgewiesen, und die Bank richtete ihr besonderes Augenmerk darauf, daß das Engagement sich auf möglichst viele Personen verteilte. In die von der Banque de France aufgestellten Kreditlisten wurden allerdings außer den présentateurs auch noch andere kreditwürdige Personen eingetragen, jedoch nur, um die Qualität der Wechsel jederzeit prüfen zu können. Nach Vermögen, Ruf, Moralität und Zahlungsfähigkeit waren sie in fünf Klassen eingeteilt. Das System der Kreditgewähr bei der Bank von Frankreich steht in seiner Eigenartigkeit als das Ergebnis der nationalen Entwickelung der Kreditwirtschaft einzig da [1]).

---

[1]) Für die Gestaltung des Filialnetzes der französischen Bank sind die beschriebenen leitenden Prinzipien im Diskontverkehr gewifs nicht ohne Einfluſs gewesen, indem sie eine Ausbreitung der Bank auch auf kleinere Handelsplätze überflüssig erscheinen lieſsen. Im Jahre 1871 belief sich die Zahl der Filialen der französischen Bank auf 61 (Wagner: „Zettelbankpolitik", S. 605, Anm. 105), während diejenige der Preuſsischen Bank 163 (Verwaltungsbericht der Preuſs. Bank 1871) betrug. Es ist dabei keineswegs zu verkennen, dafs diese grofse Divergenz in der Ausdehnung des Filialsystems der beiden Banken nicht einzig und allein aus der den nationalen Zuständen der Kreditwirtschaft sich anschlieſsenden Diskontpolitik entspringt. Bestimmend für die geringe Ausdehnung des französischen Filialnetzes sind neben hemmenden Einschränkungen der

Aber es hat sich bewährt! Die Bank von Frankreich ist seit ihrem Bestehen nicht von nennenswerten Verlusten betroffen worden, die ihren Ursprung in der inneren Organisation des Diskontgeschäfts gehabt hätten.

In kritischen Zeiten, bei äußerster Spannung der Geld- und Kreditverhältnisse, wo die Schwachen stürzen und die Stellung der Starken wankend machen, da hat die französische Bank sicher und unberührt durch deren Sturz gestanden, da hat — unterstützt durch eine weise Diskontpolitik — ihre Organisation die größten Triumphe gefeiert. So hat denn auch in Konsequenz des geschilderten Systems die Praxis der französischen Bank die Frage, ob eine Inanspruchnahme des Kredits, die das Vermögen des Kreditnehmers überschreitet, sich mit der nötigen Solidität in Widerspruch befindet, mit nein beantwortet. Die Centralisation des Diskontgeschäfts in den Händen weniger Bankiers am Sitze der Zweiganstalten (auswärtige Häuser konnten gewöhnlich ihre Wechsel nicht direkt begeben) bedingte, daß deren Engagements weit höhere waren, als dies z. B. bei der Preußischen Bank möglich gewesen wäre. Die Wechsel waren aber gut und auch vielfach ohne die Unterschrift der présentateurs diskontabel.

Der eigenartig ausgebildeten Kreditwirtschaft entspricht eine un-

Statuten (Statuten v. 1808: Art. 10. — Bezl. der Ausführungsbestimmungen vgl. Dekret vom 18. Mai 1808) und später erlassenen Gesetzen (Ges. v. 30. Juni 1840, Art. 6; vgl. auch Ordonnanz v. 25. März 1841, Art. 1—5; Dekret v. 27. April 1848, Art. 1), welche die Errichtung. bezw. Aufhebung von Bankkontoren von einer auf Verlangen des conseil général erlassenen königlichen Ordonnanz abhängig machen, vor allem fiskalische, bezw. Rentabilitätsinteressen, die von der französischen Bank oft gegen eine Vermehrung ihrer Zweiganstalten geltend gemacht worden sind. (Vgl. Wagner: „System der Zettelbankpolitik", S. 603.) Erst das Gesetz vom 9. Juni 1857 bestimmte, dafs zehn Jahre nach dem Erlafs des Gesetzes jedes Departement wenigstens mit einer Filiale versehen werden sollte, eine Bestimmung, die jedoch erst viel später erfüllt worden ist, obgleich das Bedürfnis einer Vermehrung der Filialen mehrfach in der Pariser Enquête anerkannt worden war. In frühzeitiger, richtiger Erkenntnis ihrer allgemeinen kreditwirtschaftlichen Aufgabe ist dagegen die Preufsische Bank stets auf eine größtmögliche Ausdehnung ihres Filialnetzes bedacht gewesen, obgleich die gesetzlichen Bestimmungen über die Errichtung von Zweiganstalten auch bei ihr nicht ausreichten. (Vgl. Bankordnung von 1846, §§ 39, 40, 100—111. Die Errichtung von Kommanditen und Agenturen war dem Chef der Bank, diejenige der Kontore dem König überlassen.) Bei der Preufsischen Bank wie später bei der Reichsbank trat das Rentabilitätsinteresse in den Hintergrund gegenüber den sozialpolitischen und kulturellen Vorteilen, die ein hochentwickeltes Filialnetz dadurch bietet, dafs die Begebung von Wechseln auch auf kleinere Plätze erleichtert, und die Konkurrenzfähigkeit derselben im Vergleich mit den im Kreditverkehr so sehr begünstigten Hauptplätzen erhöht wird. Gewifs verdient die frühzeitige Entwickelung des Filialsystems der Preufs. Bank die größte Anerkennung, indes mufs auch die französische Bankpolitik mit ihrer entgegengesetzten Tendenz zum Teil als berechtigt anerkannt werden, wenn man sich die leitenden Grundsätze im Diskontgeschäft und die sich daraus ergebende Stellung der Centralbank zu Handel und Industrie vergegenwärtigt.

gewöhnlich große Inanspruchnahme des Bankkredits und eine umfassende Thätigkeit der französischen Bank im Diskontgeschäft. Darin, daß sie gleichsam den großen Behälter bildet, in den sich fast alle und selbst die kleinsten Ausflüsse der nationalen Kreditwirtschaft, die großen direkt, die kleinen, nachdem sie sich in den einzelnen Becken der Privatbanken gesammelt haben, ergießen; sowie darin, daß dieser gleiche Behälter auf umgekehrtem Wege einen großen Teil der Kreditbedürfnisse des Landes speist; in dieser harmonischen Wechselwirkung liegt ein wesentlicher Grund für die Entwickelung des nationalen Wohlstandes in Frankreich.

An den drei elsaß-lothringischen Zweiganstalten der französischen Bank war das Diskontgeschäft in Beschaffenheit und Anzahl der eingereichten Wechsel der Art und Ausdehnung der Hauptzweige von Handel und Industrie in Elsaß-Lothringen entsprechend. Bei den elsaß-lothringischen Anstalten trat der conseil d'escompte dreimal wöchentlich zusammen und zwar in Straßburg Montag, Mittwoch und Freitag, außerdem an allen Stichtagen. Infolge des daraus resultierenden Umstandes, daß die Diskontanten nur ungefähr an drei bis vier Tagen der Woche Geld für die diskontierten Wechsel erheben konnten, waren sie genötigt, stets ein ziemlich bedeutendes Giroguthaben zu halten. Bankhäuser und Geschäfte des Unterelsasses, welche nicht in Straßburg selbst ihren Sitz hatten, sind nie zur dortigen Anstalt in direkte Beziehungen als présentateurs getreten, da sich an eine sichere Beurteilung der Kreditwürdigkeit auswärtiger Häuser stets größere Schwierigkeiten knüpfen.

Im Jahre 1870 belief sich die Zahl der présentateurs in Straßburg auf 58 Personen resp. Firmen, worunter an erster Stelle ungefähr 15 Banken und Bankiers zu nennen sind, durch deren Beziehungen zur Filiale der französischen Bank der bei weitem größte Teil ihrer Umsätze erzielt wurde. Die Zweiganstalt in Mülhausen hatte circa 4 présentateurs aufzuweisen, unter denen neben den Bankiers auch die Hauptvertreter der Großindustrie der Bank nennenswerte Gewinne zuführten. Einen ähnlich ausgedehnten Geschäftskreis hatte die Metzer Zweiganstalt. Als nach der Uebergabe von Straßburg der Civilkommissar für Elsaß-Lothringen die Liquidation der in den jetzigen Reichslanden thätig gewesenen Filialen der französischen Bank angeordnet hatte, fand die mit der Liquidation betraute Kommission in Straßburg ein Portefeuille von $17^1/_2$ Millionen Frcs., in Mülhausen ein solches von 2 Millionen Frcs. und in Metz eines von 4 Millionen Frcs. vor.

Lombarddarlehen wurden von der Bank überhaupt erteilt auf Barren und Münzen, sowie auf Wertpapiere, die bei ihr hinterlegt oder auf sie überschrieben waren, und zwar auf französische Staatspapiere, Eisenbahnobligationen und Schuldverschreibungen der Stadt Paris, sowie des Crédit foncier de France. Der Vorschuß wurde 1870 auf 60 Tage[1]) gegeben und durfte bei Effekten $4/5$ des Kurswertes nicht übersteigen. Waren belieh die französische Bank nicht in natura, sie war jedoch ermächtigt, Warrants unter den gleichen Bedingungen wie Wechsel zu diskontieren, wenn als Ersatz der geforderten dritten Unterschrift der eigentliche Lagerschein (récépissé) mit der Unterschrift des Deponenten und der Magazinsverwaltung bei der Bank als Deckung hinterlegt wurde[2]). Der Schwerpunkt lag also im Gegensatz zu der bei der Niederländischen Bank eingeführten Beleihung von Warrants bei der Bank von Frankreich im Diskontieren der Warrants, wobei das Recepisse nur als supplementäre Deckung fungierte[3]). Die comptoirs d'escompte in Frankreich besaßen die Ermächtigung, Warrants mit zwei Unterschriften zu diskontieren und konnten das Recepisse als Ersatz einer dieser Unterschriften annehmen[4]). Gold und Silber in Barren und Münzen wurden von der französischen Bank nach ihrem Werte zu einem festen Zinssatz von 1 % beliehen, wobei sie als Minimum 36 Tage Zinsen in Anrechnung brachte, falls das Unterpfand vorher zurückgezogen wurde[5]). Der Abschluß aller Lombardgeschäfte war in Paris an die Zustimmung des conseil geknüpft, in den Succur-

---

1) Die Dauer der Verpfändung ist mittlerweile auf neunzig Tage erhöht worden.
2) Ges. v 28. Mai 1858, Art. 11: „Les établissements publics de crédit peuvent recevoir les warrants comme effets de commerce avec dispense d'une des signatures exigées par leurs statuts. Vgl. auch Wagner, a. a. O. S. 655, und M. Block, „Dictionnaire de l'Administration", S. 216, Sect. V, Art 42 –45, sowie „Banque de France, ses opérations à Paris et dans les succursales", Paris, Paul Dupont, S. 8.3.
3) Leonhardt: „Der Warrant als Bankpapier", S. 74, 75. „Die Aktion der Bank von Frankreich hinsichtlich der Kreditgewährung auf Warrants beginnt erst dann, nachdem der Warrant mit allen, die Bankfähigkeit eines Papieres begründenden Eigenschaften versehen, d. h. wenn der von den magasins généraux ausgestellte Warrant von dem Eigentümer der Ware für einen bestimmten Betrag an die Ordre eines Darlehnsgebers (Bankiers) indossiert, dieses Indossament vom Lagerhaus registriert ist und der Warrant nunmehr mit dem weiteren Indossament des Bankiers bei der Bank zur Eskomptierung präsentiert wird."
In den Ausweisen der französischen Bank erscheinen die Warrants nicht apart, sondern in der Rubrik des Diskontgeschäftes.
4) Daß eine solche Bestimmung eine ungleich größere Gefahr des Verlustes in sich schließt, liegt auf der Hand, und die traurigen Konsequenzen derselben sind im März 1889 durch den Zusammenbruch des internationalen Kupferringes beim comptoir national d'escompte in Paris in geradezu überraschender Weise zum Ausdruck gekommen, als der Kupferpreis, der zeitweise sich auf die enorme Höhe von 110 £ per ton erhoben hatte, bis unter 38 £ gesunken war.
5) M. Block: „Dict. de l'administr.". S. 216, Sect. VI.

salen war dazu die Gegenwart mindestens eines administrateur erforderlich, ein Formalakt, der nicht gerade dazu beitrug, den Lombardverkehr beim großen Publikum einzuführen. Auf bestimmte Werte, z. B. französische Rente, konnte allerdings ein Darlehen bis zu einer gewissen Höhe auch ohne jene Zustimmung erteilt werden; in diesem Falle mußte sie jedoch bei der nächsten Versammlung nachgeholt werden.

Nach dem in Frankreich zu Recht bestehenden Steuergesetze soll jeder Vertrag auf Stempelpapier vollzogen werden. Dieser Vertrag ist als geschlossenes Ganze zu betrachten, beim Pfandgeschäft also der ursprüngliche Pfandvertrag. Jede Aenderung an demselben, mit Ausnahme der auf die ursprüngliche Schuld geleisteten Abschlagszahlungen, wird als neuer Vertrag angesehen und muß wieder auf einem neuen Stempelbogen ausgestellt werden. Daher kann während der Dauer des Pfandgeschäftes die wiederholte Entnahme von Darlehen nicht erfolgen, auch kann beim Sinken der Kurse der lombardierten Werte eine Verstärkung des Unterpfandes auf ein und demselben Pfandschein nicht vorgenommen werden. In all solchen Fällen ist vielmehr die Kreierung eines neuen Pfandvertrages auf besonderem Stempelbogen erforderlich[1]). Die Prolongation des Faustpfandvertrages ist indes zulässig. Diese Schwerfälligkeit im Lombardgeschäft hat der freien Entwickelung und Ausdehnung dieses Geschäftszweiges in Frankreich eine hemmende Schranke gesetzt[2]).

Die Eröffnung eines Giro-Konto (compte courant) unterlag den gleichen Formalitäten wie die Zulassung zum Diskontverkehr. Jedem présentateur wurde zwar eo ipso eine laufende Rechnung eröffnet, jedoch umgekehrt nicht jeder Konteninhaber zum Diskontieren zugelassen. Danach unterschied die Banque de France das „compte courant simple" und das „compte courant avec faculté d'escompte". Eine Zinsvergütung in laufender Rechnung wurde seitens der Bank nicht gewährt. Für die Höhe der jeweiligen Guthaben war, dem ausgedehnten Notenprivileg der Bank entsprechend, keine Bestimmung getroffen. Der Konteninhaber konnte vielmehr ohne jede Einschränkung über dasselbe verfügen, da ihm die Bank, abgesehen von der damals

---

1) Ges. v. 13. brumaire VII (Bulletin des lois, 2. Série. No 2136), Art. 23.
2) Neuerdings hat die Bank von Frankreich diese Schwierigkeit dadurch zu beseitigen gewußt, daß sie ihren Kunden die Möglichkeit zur Eröffnung eines „compte courant d'avances" bietet. Gegen Hinterlegung von Werten wird dem Kaufmann in laufender Rechnung Lombardkredit gewährt, dessen jeweilige Höhe mit dem Kurse der hinterlegten Werte schwankt und über den durch Ausstellung von Checks verfügt wird. Vgl. das „Règlement pour les comptes courants d'avances".

noch kostenfreien Einziehung der Platzwechsel [1]), kein Aequivalent bot. Diese ihr zur Einziehung übergebenen Platzwechsel setzten sich naturgemäß meist aus solchen zusammen, die, sei es ihrer geringen Sicherheit halber, sei es, weil sie den formalen Anforderungen nicht genügten, vom Diskontverkehr ausgeschlossen waren. Im Giroverkehr der Banque de France sind bereits seit 1824 die Uebertragungsmandate (virements — mandats rouges) von einem Konto auf ein anderes, von Paris auf die Zweiganstalten und umgekehrt durch einfache Ueberschreibung gebräuchlich [2]), und zwar gegen eine Provision von $^1/_4$ $^0/_{00}$. Die gleichen Ueberweisungen wurden auch zwischen Nichtkonteninhabern durch die Bank in Form von billets à ordre vermittelt, welche einer Provision von $^1/_2$ $^0/_{00}$, mindestens 50 Cts., unterlagen [3]). Zum Zwecke der Abhebung baren Geldes erhielten die Konteninhaber weiße Checkformulare, vermittelst deren sie über ihr Guthaben verfügten. Mit kommissionsweisem An- und Verkauf von Effekten befaßte sich die Bank nicht.

2. Die Privatbanken und die Wechselmakler.

Ihrer rechtlichen Natur nach können wir die Privatbankunternehmungen scheiden in Einzelunternehmungen und Aktienbanken. Vor der Annexion war die Form der Einzelunternehmung vorherrschend in Elsaß-Lothringen, die der Aktiengesellschaft war nur hie und da vertreten. Leider stehen uns über die Ausdehnung und den Umfang derjenigen Bankhäuser, welche als Einzelunternehmungen betrieben wurden, so gut wie gar keine statistischen Angaben zu Gebote. Nur die Art

---

1) Bis zum 10. September 1879 hat die Bank die Einziehung der Platzwechsel für Konteninhaber kostenfrei besorgt. Da jedoch bei dem stetigen Anwachsen der Stückzahl der zur Einziehung eingereichten Papiere die durch Annahme von Hilfskassendienern erwachsenden Kosten zu erheblich wurden, erhebt sie seit dieser Zeit eine Provision von von $^1/_4$ $^0/_{00}$ mindestens 25 Cts.; für alle Wechsel unter 400 Frcs. mindestens 10 Cts. pro Appoint.
2) Courtois: „Histoire de la Banque de France", S. 123. „De cette manière il y a moins de danger d'erreur, de perte ou de vol, tant pour les déposants que pour la Banque."
3) Seit 1876 können sowohl „billets" als auch „virements" (vermittelst roter Checks) von einer Succursale auf die andere erteilt werden, was bis dahin nach den Statuten nur mit ausdrücklicher Genehmigung des Generalrates gestattet war. In Nachahmung des Giroverkehres bei der deutschen Reichsbank wurde vom 10. September 1879 ab die Einrichtung getroffen, daß die Giro-Interessenten sowohl in Paris wie in den Succursalen ohne Kosten auf ein anderes Giro-Konto Summen übertragen lassen können in Höhe der Wechsel, die von ihnen bei der Bank diskontiert werden, oder deren Einziehung die Bank übernommen hat (da für diese letzteren seit dem 10. September 1879 ebenfalls Provision bezahlt wird). Das Recht der Konteninhaber, durch rote Checks über die so entstandenen Guthaben zu verfügen, dauert fünf Tage hindurch mit Ausschluſs des Diskontierungstages bezw. des Einreichungstages der Giro-Incassowechsel.

ihrer Thätigkeit und die Stellung, welche sie in der Kreditorganisation des Landes einnahmen, ist bekannt, und weiter oben versuchten wir bereits darzulegen, wie diese Institute gleich den privaten Aktienbanken einerseits die Thätigkeit der Nationalbank ergänzten, andererseits sich bei Ausführung ihrer Operationen auf jene stützten. In Straßburg waren im Augenblicke der Annexion 15 Privatbanken thätig, die Ausdehnung ihres Geschäftskreises war im Verhältnis zu den jedem einzelnen Institut zu Gebote stehenden Mitteln eine durchaus verschiedene; die Höhe der ihnen seitens der Bank von Frankreich gewährten Normalkredite schwankte damals zwischen 29000 Frcs. und 1536000 Frcs.

Nicht ganz so lückenhaft sind die Mitteilungen, die wir über die wenigen, damals in Elsaß-Lothringen bestehenden Aktienbanken machen können. Für die Entwickelung des Aktienbankwesens in Elsaß-Lothringen ist die Handelskrise des Jahres 1848 von großer Bedeutung gewesen. Mehrere Bankinstitute hatten ihre Zahlungen einstellen müssen, der Kredit war auf das äußerste angespannt, und um der darniederliegenden Industrie und dem Handel wieder emporzuhelfen, schuf die provisorische Regierung die magasins généraux und zugleich 65 comptoirs nationaux d' escompte [1]). Die öffentlichen Lagerhäuser sollten die Mobilisierung der Warenvorräte erleichtern. Die Diskontkontore kauften die dabei ausgestellten indossierbaren Warrants dem Handelsstande ab und rediskontierten sie bei der zu diesem Geschäft durch Dekret vom 26. März 1848 ermächtigten Bank von Frankreich. Während der ganzen Dauer der Krisis haben diese Institute dem Handel bedeutende Dienste geleistet. So entstanden 1848 fünf Diskontkontore in Elsaß-Lothringen und zwar in Mülhausen am 30. März, in Straßburg am 4. April, in Colmar am 12. April, in Markirch am 15. April und in Metz am 21. April. Das Grundkapital der Kontore, die unter staatlicher Garantie in Form von Aktiengesellschaften gegründet waren, wurde zu gleichen Teilen vom Staat, von der betreffenden Kommune und von Privaten aufgebracht. Der Staat kontrollierte sie und bestimmte ihren Wirkungskreis durch Statuten. Indes war diese Organisation nur eine vorübergehende, denn als die Krisis überstanden war, zogen sowohl der Staat wie die Kommunen die Subvention zurück. Die Diskontkontore zu Mülhausen und Colmar behielten ihren Charakter als Aktiengesellschaft bei und wurden 1854 genötigt, durch Emittierung neuer Aktien unter dreijähriger staatlicher Garantie ihr Kapital

---

1) Vgl. Courtois, a. a. O. S. 173 ff.

wieder zu ergänzen. Dasjenige des comptoir d'escompte de Mulhouse wurde auf 800000 Frcs., das des comptoir d'escompte de Colmar auf 600000 Frcs. festgesetzt. Das Diskontkontor in Metz wurde in eine Kommanditgesellschaft auf Aktien umgewandelt, die Institute in Markirch und Straßburg konnten sich nicht lange halten und gerieten noch unter französischer Herrschaft anläßlich unkluger Operationen in Konkurs, dasjenige in Colmar fallierte 1884, während das comptoir d' escompte de Mulhouse noch heute in Thätigkeit ist. Während der amerikanischen Baumwollkrisis in den Jahren 1862 bis 1865 haben die beiden letztgenannten Banken der oberelsässischen Großindustrie bedeutenden Nutzen erwiesen und während des Krieges 1870/71 den Fabrikanten die Beschaffung von Geld zur Löhnung der Arbeiter wesentlich erleichtert.

Neben dem Diskontgeschäft, das die überwiegende Thätigkeit der Kontore bildete, befaßten sich dieselben mit der Ausführung anderer Bankoperationen. So gehörte in ihren Wirkungskreis die Beleihung von französischen Staats- und anderen Börsenpapieren zu $^2/_3$ des Tageskurses, die Besorgung von Zahlungen und Einkassierungen innerhalb und außerhalb Frankreichs, der kommissionsweise An- und Verkauf von Wertpapieren, die Annahme von Zeichnungen auf staatliche und kommunale Anleihen, die Pflege des verzinslichen Kontokorrentgeschäftes und endlich die Gewährung von Darlehen an Städte und Kommunen [1]).

Solange die Diskontkontore der staatlichen Aufsicht unterlagen, durften sie unter keinen Umständen für eigene Rechnung Börsenoperationen unternehmen und sich an Geschäften beteiligen, die dem soliden Bankwesen fern liegen. Naturgemäß wurde diese Schranke später durchbrochen, und so hat denn auch eine maßlos wilde Spekulation an der Börse den Ruin des comptoir d'escompte in Colmar und vieler anderer Diskontkontore herbeigeführt.

Nur wenige Banken, welche unter französischer Herrschaft gegründet worden sind, bestehen heute noch. Unter diesen wenigen beanspruchen vor allem die elsaß-lothringischen Filialen der société générale pour favoriser le développement du commerce et de l'industrie en France unsere Aufmerksamkeit, da sie auch heute noch — allerdings losgelöst vom Mutterhause und unter anderer Firma — dem Handel und Verkehr wesentliche Dienste leisten. Schon 1862 hatten

---

1) Horn, a. a. O. S. 78, und Statuten des comptoir d'escompte de Colmar. Vgl. auch Ch. Grad: L'industrie en Alsace, Bd. II, S. 109 ff.

sich in Paris dreißig Bankiers und Kapitalisten zu einem permanenten Syndikat vereinigt, um beim Publikum durch den Betrieb von Bankgeschäften nach Art des crédit mobilier einen Teil der Beliebtheit zu erringen, wie die genannte Gesellschaft sie in ausschließlicher Weise besaß. Der beherrschende Einfluß des crédit mobilier war indes so groß, daß erst am 4. Mai 1864 die Regierung der Umformung des Syndikats in eine Aktiengesellschaft unter der Firma „société générale pour favoriser le développement du commerce et de l'industrie en France" gesetzliche Sanktion erteilte. Das Grundkapital der Gesellschaft wurde auf 120 Millionen Frcs. (zur Hälfte eingezahlt) festgesetzt[1]). Zunächst zum Betriebe crédit-mobilier-artiger Geschäfte bestimmt, hat diese Gesellschaft, wie manche der zu jener Zeit in Frankreich gegründeten Kreditinstitute, der Pflege des verzinslichen Depositengeschäftes nach dem Muster der englischen joint stock banks besondere Aufmerksamkeit gewidmet. Die Hegemonie Englands auf dem Gebiete des Kreditwesens war eine anerkannte. Frankreich zögerte nicht mit dem Versuche, sich die Segnungen des Check- und Depositenwesens, das im Nachbarstaate jenseits des Kanals eine klassische Vollendung erreicht hatte, anzueignen. Allein die Macht langjähriger Gewöhnung stellt selbst den vortrefflichsten Neuerungen große Hindernisse entgegen, und wenn auch nicht behauptet werden darf, daß die verfeinerte Art der Zahlungsleistung oder Zahlungsausgleichung einem Mangel an wirtschaftlicher Einsicht begegnet wäre, so läßt sich doch im Hinblick auf den charakteristischen Entwickelungsgang der französischen Kreditwirtschaft leicht begreifen, daß die neue Erscheinungsform des Checks trotz gesetzlicher Sanktion nicht sogleich große Erfolge aufwies. Anerkennenswert aber bleiben die Bestrebungen derjenigen Institute, die sich in Frankreich besonders um die Einbürgerung des Checkverkehrs, der 1865 eine rechtliche Grundlage erhalten hatte, verdient gemacht haben. Nicht an letzter Stelle steht die société générale. Mit dem 1. Januar 1866 gründete sie eine Filiale in Straßburg, einige Zeit nachher diejenigen in Colmar und Mülhausen[2]).

---

1) Courtois, a. a. O. S. 239, 236—238.
2) Von den heute — wenn auch unter anderer Firma — in Elsaſs-Lothringen bestehenden Privatbankinstituten ist ferner zu nennen in Metz die caisse d'escompte Mayer & Co. (Statuten von 1856). Im Jahre 1856 wurden die Statuten der damals bereits bestehenden caisse d'escompte (société commerciale en commandite et par actions) unter der Firma D. Moralis & Co. erneuert. Die Gesellschaft diente dem Handel und der Industrie durch Diskontierung aller Arten von Handelspapieren, auch erteilte sie Lombarddarlehen. vermittelte Konto-Korrente bei der Banque de France und bei Bankhäusern des In- und Auslandes, besorgte den kommissionsweisen An- und Verkauf von Effekten aller Art.

Neben den Privatbanken, welche neben der Bank von Frankreich die wichtigsten Glieder der elsaß-lothringischen Kreditorganisation bildeten, kam der Institution der Wechselmakler [1]) (agents de change) eine besondere Bedeutung zu. Die Thätigkeit der Wechselmakler in Elsaß-Lothringen verdient um so mehr Beachtung, weil diese eine besondere Erscheinung der französischen Kreditorganisation sind, welche — wie wir später sehen werden — nach der Annexion jede Bedeutung und jeden Einfluß im wirtschaftlichen Verkehr der Reichslande verloren hat.

Die dem französischen Maklerrechte eigentümlichen Grundzüge bestanden im Erfordernis der amtlichen Anstellung und Beeidigung, im ausschließlichen Recht zur Vermittlung von Handelsgeschäften, im Verbot des eigenen Handelsbetriebes, in der vollen Beweiskraft der eidlichen Zeugnisse und in der Verpflichtung zur Führung eines Tagebuches. Das den agents de change zustehende rechtliche Monopol der Geschäftsvermittlung unterlag indes gewissen Einschränkungen. Mit Rücksicht darauf können wir ihre Befugnisse in drei Klassen einteilen [2]), und zwar erstens in solche, die ihr ausschließliches Recht bildeten, und in deren Ausübung sie durch keinen Anderen beeinträchtigt werden konnten. Hierhin gehört das Festsetzen der Kurse von Staatspapieren, Aktien und Schuldverschreibungen privater Gesellschaften, der Wechsel, Münzen u. s. f., zweitens in solche, die an Handelsplätzen, wo sie vertreten waren, nur durch ihre Vermittlung rechtsgültig wurden; z. B. die Umschreibung aller auf den Namen lautenden Effekten, die an Orten, wo keine Wechselmakler vorhanden waren, durch die Notare bewerkstelligt wurde; und endlich drittens in solche, welche eventuell auch durch Privatpersonen ausgeübt werden konnten, die also nur fakultativer Natur waren, so die Vermittlung von An- und Verkauf aller Arten von Inhaberpapieren, Wechseln und Münzsorten. Diese letzteren Befugnisse wurden an Handelsplätzen, wo von der Regierung keine agents de change ernannt waren, frei von Privaten und Kaufleuten ausgeübt. Da nur in Metz eine unbedeutende Effektenbörse bestand, so erklärt es sich, daß die daselbst, sowie in Straßburg und Mülhausen von der französischen Regierung eingesetzten Wechselmakler ihren Hauptgewinn durch die Vermittlung des An- und Verkaufs von Wechseln etc. erzielten.

Solide Warenwechsel selbst mit nur einer Unterschrift waren nicht vom Ankaufe ausgeschlossen. Das Gesellschaftskapital betrug bis 1874 Frcs. 600 000, geteilt in 1200 Aktien à Frcs. 500.

1) Da die Thätigkeit der agents de change sich nicht auf die Vermittelung des An- und Verkaufs von Wechseln beschränkte, so war die Benennung eine unzutreffende.
2) Maurice Block: „Dict. de l'admin.", S. 42 ff.

Jeden Morgen begaben sich die agents de change in ihre Klientel, welche hauptsächlich aus Bankgeschäften bestand, nahmen Aufträge entgegen und suchten die von Anderen als verfügbar angebotenen Kapitalien oder Wechsel unterzubringen. War der Geldstand ein flüssiger, so halfen die Wechselmakler den Bankiers ihre Portefeuilles füllen, machte sich dagegen ein Anziehen des Geldmarktes bemerkbar, so vermittelten sie die Realisierung der Wechselbestände, die sich bei den Banken angesammelt hatten. Die Hülfe der agents de change wurde mit Vorliebe von den Bankiers in Anspruch genommen, wenn es sich um die Unterbringung der in Elsaß-Lothringen so zahlreichen Kreditwechsel (crédit-billets), welche zur Sicherstellung der eröffneten Geschäftskredite dienten, handelte, weil die Bank von Frankreich oft genötigt war, den Ankauf derartiger, nur mit zwei Unterschriften versehener Papiere abzulehnen. Der Umfang der durch die agents de change in Elsaß-Lothringen vermittelten Geschäfte und die Höhe der dabei erzielten Gewinne muß sehr bedeutend gewesen sein, wurden doch noch kurz vor Ausbruch des deutsch-französischen Krieges einzelne frei gewordene Aemter von Wechselmaklern in Straßburg mit 40000 bis 50000 Frcs., in Metz sogar mit 80000 Frcs. käuflich erworben [1]).

3. Die Gestaltung des Bodenkredits.

Die praktische Lösung der bezüglich des Hypothekenwesens vornehmlich durch die Arbeiten Louis Wolowski's [2]) angeregten Fragen, insbesondere die, ob das Recht der hypothekarischen Kreditgewähr das Privilegium eines einzigen Institutes werden sollte, wie die Notenemission der Banque de France, oder ob völlige Freiheit auf diesem Gebiete gestattet sein sollte, giebt das Gesetz vom 28. Februar 1852 [3]). Das Monopol wurde darin anerkannt, indes sollten mehrere Gesellschaften mit räumlich getrennten Wirkungskreisen entstehen. Sie hatten das Recht, Pfandbriefe auszugeben, dagegen gewährten sie Grundbesitzern Hypothekenkredit mit der Möglichkeit der Ablösung in langterminlichen Annuitäten. Zunächst entstand in Paris [4]) die

---

1) Landesausschufverhandlungen vom 21. Dezember 1877. Die Anzahl der Stellen war für jede Stadt gesetzlich fixiert.
2) Aufsätze in der Revue de législation et de jurisprudence ed. Louis Wolowski.
3) Courtois, a. a. O. S. 198 ff.
4) Dekret vom 28. März 1852, Art. 6: „Aucune autre autorisation de Société de crédit foncier ne sera accordée pour le ressort de la cour d'appel de Paris avant l'expiration du délai de 25 années à dater de la publication du présent décret."

banque foncière de Paris. Ihr Geschäftbezirk umfaßte das Ressort des cour d'appel de Paris. Für das Departement des Niederrhein wurde unter dem Präsidium des Präfekten in Straßburg der Statutenentwurf eines „crédit foncier du département du Bas-Rhin" ausgearbeitet nach dem Muster der Pariser Gesellschaft [1]). In der ebenfalls unter dem Vorsitze des Präfekten stattgehabten Versammlung in Straßburg am 1. Juli 1852 wurde der Entwurf, welcher das Gesellschaftskapital auf 2 Millionen Frcs. festsetzte (die Hälfte sollte sofort eingezahlt werden), einstimmig angenommen.

Alle Vorbereitungen zur Gründung des Instituts waren bereits getroffen, als plötzlich durch das Gesetz vom 10. Dezember 1852 die privilegierte Monopolstellung der Pariser banque foncière auf alle Departements, in denen bis dahin noch keine Hypothekenbank gegründet worden war [2]), ausgedehnt, und das Hypothekenbankwesen für das ganze Land einheitlich geregelt wurde [3]). Die Gesellschaft firmierte von nun an „crédit foncier de France". Das Grundkapital, welches bei Gründung der Banque foncière 10 Millionen Frcs. betragen hatte, wurde successive auf 25, 30, 60 und im Jahre 1869 auf 90 Millionen Frcs. erhöht. Es diente als Garantiefonds für die ausgegebenen Pfandbriefe, die im zwanzigfachen Betrage, also bis zur Höhe von 1 800 000 000 Frcs. zur Ausgabe gelangen durften. Die Gesellschaft war ermächtigt, Gelder bis zur Höhe von 80 Millionen Frcs. in Depot bezw. in laufender Rechnung anzunehmen. Unthätige Gelder von Kommunen und öffentlichen Anstalten durften in Obligationen der Gesellschaft angelegt werden [4]).

Die weite Ausdehnung des Wirkungskreises der Bodenkreditgesellschaft, hauptsächlich die Ermächtigung, Darlehen an die Departements, Kommunen und Syndikats-Assoziationen [5]), ferner an Hospitäler, öffentliche, religiöse und Wohlthätigkeitsinstitute [6]) zu gewähren, ließ den ursprünglichen Zweck ihrer Thätigkeit, „hypothekarische Darlehen zu erteilen", mehr und mehr in den Hintergrund treten. „So ließ sich — sagt ein zeitgenössischer Schriftsteller [7]) —

---

1) Statuts du crédit foncier, banque du Département du Bas-Rhin adoptés définitivement et à l'unanimité le 1. Juillet 1852 (Strasbourg ed. Ed. Huder 1852).
2) Es bestanden deren nur 2, in Marseille und in Nevers, die durch Dekret vom 28. Juni 1856 dem crédit foncier de France inkorporiert wurden.
3) Dekret v. 10. Dezember 1852, Art. 2: „Le privilège accordé à cette société par décret du 28 Mars dernier, est étendu à tous les départements où il n'existe pas de société de crédit foncier."
4) Dekret vom 28. Februar 1852, Art. 46.
5) Dekret v. 6. Juli 1860.
6) Dekret v. 26. Februar 1862.
7) Gust. de Puynode: „De la monnaie, du crédit et de l'impôt", Bd. I, S. 395.

unschwer vorhersehen, wie gering die Wirkung sein mußte, welche die neue Gesetzgebung auf die Landwirtschaft ausübte, wie kärglich der Nutzen, den sie dem kleinen Grundbesitz gewährte."

Es ist klar, daß eine so weit gehende Centralisation des Bodenkredits in den Händen eines einzigen Institutes nicht gerade geeignet war, dem ländlichen Kredit die Stütze zu gewähren, deren er auch in Frankreich dringend bedurfte[1]). Ungeeignet, ein Hebel des landwirtschaftlichen Kredits zu sein, wurde der crédit foncier de France vielmehr im Laufe der Zeit ein kostbares Werkzeug zur Förderung der großartigen Baulichkeiten, welche die Herrschaft des zweiten Kaiserreiches gezeitigt.

So kann es nicht Wunder nehmen, daß der crédit foncier lieber die Gründung eines Hilfsinstitutes, des crédit agricole, sah, anstatt selbst der Landwirtschaft Vorschüsse zu gewähren. Diese 1861 ins Leben getretene Gesellschaft hatte in Verbindung mit dem 1863 unter ihren Auspizien gegründeten comptoir de l'agriculture die Erteilung hypothekarischer Darlehne zur Aufgabe; die Mittel hierzu verschaffte sie sich durch Diskontierung ihrer durch Hypotheken und andere Sicherheiten garantierten Effekten beim crédit foncier de France. Sie bildete gewissermaßen das Bindeglied zwischen der Landwirtschaft und dem crédit foncier, analog den Diskontkontoren des Jahres 1848. Der privilegierten Sonderstellung der Bank von Frankreich im Rahmen des kommerziellen Kredits entsprach das Monopol des crédit foncier de France auf dem Gebiete des hypothekarischen Kredits. Der crédit foncier de France habe den Zweck — so führt ein Bericht des Finanzministers Bineau vom 5. Juli 1854 aus — jene Organisation zu sichern, welche der Kaiser Napoleon I. der Bank von Frankreich gegeben, jene in allen Hinsichten vortreffliche Organisation, welche seit fünfzig Jahren so großartige Ergebnisse hervorgebracht[2]).

---

1) Courtois, a. a. O. S. 204, giebt die Verteilung der vom crédit foncier erteilten hypothekarischen Darlehne zu Ende 1873 an:

Darlehne	Stückzahl	Summe
auf städtisches Eigentum	15 875	Frcs. 930 862 792
" ländliches Eigentum	4 666	" 211 610 116
" gemischtes Eigentum	341	" 20 107 200
zusammen	20 882	Frcs. 1 162 580 108

Vgl. auch ibid. S. 202, 203, 205, 206.
2) Horn. a. a. O. S. 94.

So tritt uns eine strenge Centralisation der beiden Hauptarten des Kredits in den Händen zweier Institute in Frankreich entgegen. Beide gleichartig organisiert, gleich groß angelegt. Gedacht als Ausgangspunkte für die Befriedigung der kreditwirtschaftlichen Bedürfnisse der ganzen Nation, zu hoch stehend, um ihre Segnungen unmittelbar dem Kleingewerbe und dem kleinen bäuerlichen Besitze zufließen zu lassen, teilen beide einem zweiten Institute oder einer Gruppe von solchen die Vermittlerrolle zu, in der Funktion dieser Bindeglieder eine Garantie größerer Sicherheit erkennend. Dabei sind aber die Bedürfnisse der Landwirtschaft insbesondere auch jene Elsaß-Lothringens zu kurz gekommen.

Elsaß-Lothringen kann mit Rücksicht auf seine Industrie und auf eine erfolgreiche Bodenkultur als wohlhabend bezeichnet werden. Indes trifft dies wohl am wenigsten zu für jene Gegenden des Oberelsasses, welche den Sitz einer Hausindustrie bilden. Besonders da, wo der Handarbeiter zugleich einen kleinen Grundbesitz bewirtschaftet, hat sich der Mangel einer verständigen Organisation des ländlichen Kredits schon früh fühlbar gemacht, und selbst der Schutz, den die seit Anfang dieses Jahrhunderts bestehenden Wuchergesetze gewähren, reichte nicht aus, die maßlosen Ausbeutungen der Bauern durch Wucherer zu verhindern. Es kann nicht unsere Aufgabe sein, an dieser Stelle das schattenreiche Bild, welches das ländliche Kreditwesen in Elsaß-Lothringen bietet, und das sich erst in allerneuester Zeit durch das wohlthätige Wirken vieler Raiffeisen'schen und Schultze-Delitzsch'schen Kreditvereine, sowie durch die gesetzliche Neuregelung des Hypotheken- und Grundbuchwesens allmählich freundlicher gestaltet, wiederzugeben [1]). Es mag genügen, hervorzuheben, daß Vorschläge zur Besserung der längst erkannten Zustände bereits vor der Annexion gemacht wurden.

Ob die Gründung einer Pfandbriefe ausgebenden Hypothekenbank mit lokal beschränktem Wirkungskreis auf Grundlage des gemeinen Rechts nach Erlaß des Gesetzes vom 24. Juli 1867, das für Frankreich die Freiheit der Aktiengesellschaften gebracht hat, nicht die Thätigkeit des privilegierten Pariser crédit foncier und der société du crédit agricole beeinträchtige, das war eine Kontroverse, deren Lösung für Elsaß-Lothringen nicht mehr praktisch geworden ist. Lauter als anderwärts hat man im Elsaß Decentralisierung der Kreditinstitute,

---

[1]) Vgl. Metz: Der Wucher in Elsaſs-Lothringen (Schriften des Vereins für Sozialpolitik, Bd. XXXV); Aug. Heilmann: Les paysans d'Alsace, l'impôt et l'usure (1853).

Verwendung der Kreditfonds, um dem Ackerbau und der kleinen Industrie Geld zuzuführen, verlangt [1]). Das comice agricole für das Arrondissement Mülhausen hatte gegen Ende der sechziger Jahre die Gründung einer „banque agricole et hypothécaire de Mulhouse" angeregt, zur Förderung des darniederliegenden ländlichen Kredits. Im Anfange des Jahres 1870 unterbreitete Th. Burtz der société industrielle in Mülhausen in seiner Schrift „de la création d'une banque foncière et commerciale à Mulhouse" [2]) einen auf breiterer Grundlage ruhenden Plan. Verfasser führte darin zunächst auf Grund des neuen Aktiengesetzes aus, daß die Gründung eines derartigen Instituts nicht mit den Dekreten betreffend die erwähnten Pariser Gesellschaften kollidiere, indem die Notwendigkeit staatlicher Genehmigung und Ueberwachung nicht mehr vorhanden sei. Die Bank solle mit einem Kapital von drei Millionen (halb einzuzahlen) dotiert werden und drei Zwecken dienen, und zwar erstens als caisse agricole (ländliche Darlehnskasse) für das Arrondissement Mülhausen, zweitens als pfandbriefausgebende Hypothekenbank für einen größeren Wirkungskreis und drittens als Handelsbank (Diskont- und Wechselgeschäft) für die Stadt Mülhausen.

Die Ereignisse des Jahres 1870 sind der Verwirklichung des Projektes vorausgeeilt.

---

1) Elsafs-Lothringen, seine Vergangenheit — seine Zukunft. II. Aufl. Strafsburg bei Trübner, 1877, S. 23.
2) Mülhausen 1870, ed. L. L. Bader.

II. Die Preußische Bank in Elsaß-Lothringen.

1. Die Kreditnot infolge des Krieges 1870/71 und die Gründung von Zweiganstalten der Preußischen Bank.

Bevor die Preußische Bank in Elsaß-Lothringen die Mission, welche die Banque de France seit einem Vierteljahrhundert erfüllt hatte, übernehmen konnte, wurden diese Landesteile einer schweren Prüfung unterworfen.

Von den deutschen Truppen besetzt, mußten sie alle Schrecken des Krieges bis zur Neige durchkosten. Eine ungeheure Kreditlosigkeit, ein drückender Geldmangel machte sich fühlbar und drohte Handel und Industrie zu vernichten. In den Händen des Feindes, abgeschnitten von Frankreich, konnte man von dieser Seite keine Hilfe erwarten, und bei der Unsicherheit der Kriegswürfel hielt sich auch das deutsche Kapital bis nach Abschluß des definitiven Friedens scheu zurück. Die aus Frankreich fließenden Hilfsquellen waren plötzlich versiegt, ohne daß Deutschland sofort in der Lage gewesen wäre, einen Ersatz dafür zu bieten. Diese isolierte Stellung erzeugte in Elsaß-Lothringen auf dem Gebiete des Geld- und Kreditwesens einen Notstand, der unmittelbar durch drei Hauptmomente, durch die Suspension der Succursalen der Banque de France, den Erlaß des französischen Wechselmoratoriums und die Inhibierung der Sparkassen bedingt war. Daß diese drei Störungen ihre Folgen gleichzeitig äußerten, mußte ihre Wirkung um so fühlbarer machen.

Gleich nach der Kapitulation Straßburgs war der Betrieb der französischen Bank suspendiert worden, und die Bankbeamten der Succursale wurden mehrere Wochen lang (bis Anfang November) in Hausarrest gehalten. Die Suspension sowohl wie die Festsetzung der Beamten war die Folge eines Irrtums der deutschen Regierung, welche wähnte, die Banque de France sei, ähnlich der Preußischen Bank, ein reines Staatsinstitut. „War diese Ansicht der Regierung eine unrichtige, — sagt Löning ¹) — so konnte andererseits die entgegengesetzte Behauptung, daß die Bank ein bloßes Privatinstitut sei und von der occupierenden Staatsautorität in jeder Beziehung als ein solches behandelt werden muß, nicht maßgebend sein. Es mußte vielmehr anerkannt werden, daß allerdings die Bank ein Privatinstitut sei, dessen Vermögen den unbedingten Schutz des Privatvermögens zu genießen habe, das aber seit dem Gesetz vom 22. April 1806 in eine unmittelbare Abhängigkeit von dem Staate getreten sei und durch die von ihm ernannten Beamten verwaltet werde. Infolgedessen mußten alle polizeilichen und Aufsichtsrechte, welche der französische Staat der Bank gegenüber besaß, von der deutschen Regierung der occupierten Gebiete ausgeübt werden. Sobald die Regierung den Irrtum ihrer anfänglichen Auffassung erkannt hatte, nahm sie der Bank gegenüber ihre richtige Stellung ein. Sie konnte um so weniger die Bank als eine bloße Privataktiengesellschaft betrachten, da durch das französische Gesetz vom 12. August 1870 die Noten der Bank Zwangskurs erhalten hatten und uneinlösbar, somit förmliches Papiergeld geworden waren. Es war unmöglich, daß die deutsche Verwaltung eine weitere Ausgabe französischer Noten mit Zwangskurs in den occupierten Provinzen gestattete und damit den Kredit des Feindes unterstützte. Eine Schließung der Banksuccursalen zu Straßburg, Metz und Mülhausen würde jedoch nicht nur die Bankaktionäre in ihren Privatinteressen sehr stark geschädigt haben, sie würde auch für den Handel und die Industrie des Landes eine gefährliche Krisis herbeigeführt haben." Die Regierung beschloß deshalb die Liquidation der Banksuccursalen. Am 4. November 1870 verfügte der Civilkommissar Regierungspräsident von Kühlwetter die Liquidation der Succursale der Banque de France in Straßburg, und nach der Besitznahme von Mülhausen und Metz auch die der dort in Thätigkeit gewesenen Succursalen ²). Die Zweiganstalten nahmen zwar ihre Geschäfte wieder auf, jedoch in einem durch die Lage der Dinge beschränkten Umfange. Die wichtigste Arbeit war die allmähliche Realisierung des Wechselportefeuilles, welches in Straßburg etwa 17½ Millionen, in Mülhausen 2 Mill., in Metz 4 Mill. Frcs. betrug. Sämtliche Liquidationen, für welche später durch das Schlußprotokoll zu der Zusatzkonvention vom 11. Dezember 1871

---

1) Edgar Löning: „Die Verwaltung des Generalgouvernements im Elsaſs." Straſsburg, Trübner, 1874. S. 168.
2) Bekanntmachung der Verwaltung der Succursale in Liquidation, in No. 26 der Strafsb. Zeitung vom 5. November 1870. No. 84.

des Frankfurter Friedens eine Frist von 3 Monaten vom Austausch der Ratifikationen an festgestellt wurde, sind ohne Krediterschütterungen und ohne Verluste für die Banque de France abgewickelt worden. Nur in Straßburg, wo sich die Aufgabe als sehr schwierig erwies, zog sich die Beendigung noch kurze Zeit über den 31. Dezember 1871 hinaus [1]).

Zugleich mit Beginn der Liquidation hatten die Succursalen der Banque de France den Diskontverkehr eingestellt. Das große Reservoir des Kredits, aus dem zu schöpfen der Handelsstand seit lange gewohnt war, wurde abgesperrt. Es war unglaublich schwer, Wechsel zu diskontieren. Der Privatdiskonteur hielt seinen Barbestand mit eiserner Hand fest, die Bankiers, selbst auf die Rediskontierung ihrer Bestände angewiesen, weigerten sich ebenfalls, Wechsel anzukaufen, hatten sie doch selbst Verpflichtungen mehr wie genug, als daß es sie gelüstet hätte, sich in neue Engagements einzulassen. Der Lebensfaden des Kredits schien abgeschnitten, und der Notstand steigerte sich noch täglich, so daß ein Zusammenbruch des Kredits in kurzer Zeit erfolgen mußte, wenn nicht etwas geschah, um das dringendste Bedürfnis einigermaßen zu befriedigen.

Zum ersten Male in der Kriegsperiode formulierte die Straßburger Handelskammer am 26. Oktober 1870 in einem Schreiben an den Civilkommissar ihre Wünsche. Ihr Antrag ging dahin, daß der französischen Bank die Wiederaufnahme der Diskontierungen gestattet und ihr zur Durchführung dieser Aufgabe ein hinreichendes Kapital durch die Regierung zur Verfügung gestellt werden solle. Der Geschäftsbetrieb sei völlig gelähmt, jede freie Bewegung des Handels gehemmt, die Waren entwertet oder durch Feuersbrunst zerstört, die Industrie zur Einstellung der Fabriken verurteilt und dabei überladen mit fertigen Produkten, für welche ein Absatzgebiet nicht vorhanden sei; eine zahlreiche Arbeiterbevölkerung sei ohne Aussicht auf Beschäftigung und aller Subsistenzmittel beraubt, eine große Zahl von Kaufleuten und Industriellen außer stande, ihren Verpflichtungen zu genügen; daher sei die Wiederaufnahme der Diskontierungen durch die Banque de France oder die Gründung eines neuen Kreditinstitutes das einzige Mittel, um den Zusammenbruch vieler angesehener Geschäftshäuser zu verhindern. Indes ließen die politischen Ereignisse die Liquidation der Succursale unbedingt notwendig erscheinen, und dem Begehren der Handelskammer konnte deshalb nicht willfahrt werden.

---

1) Schricker: Elsafs-Lothringen im Reichstage, S. 97.

Dennoch traf die Behörde ihre Vorkehrungen zur Ausführung der Liquidation in der schonendsten und vorsichtigsten Weise und gestattete sogar die Aufnahme neuer Diskontgeschäfte insoweit, als dies die allmähliche Abwickelung des Portefeuilles zuließ.

Eine weitere Komplikation der Kreditverhältnisse ergab sich für Elsaß-Lothringen aus der Wirkung des französischen Wechselmoratoriums. Das französische Gesetz vom 13. August 1870[1]) hatte die Protestfrist um einen Monat verlängert; spätere Gesetze schoben dieselbe immer weiter hinaus. Die Wirkung dieser Dekrete machte sich in der unangenehmsten Weise fühlbar. Die in Frankreich wohnenden Wechselschuldner verweigerten die Zahlung der Wechsel, welche als Gegenwert der elsaß-lothringischen Produkte geschaffen worden waren. Dadurch wurden Industrie und Handel Elsaß-Lothringens in hohem Grade betroffen, da Frankreich damals noch das Hauptabsatzgebiet seiner Handelsartikel und Industrieerzeugnisse bildete. Es läßt sich begreifen, daß in elsaß-lothringischen Kreisen der Wunsch laut wurde, das französische Moratorium solle auch hier in Kraft gesetzt werden. Es war in der That nicht zu verkennen, daß in einer so schwierigen Zeitlage bei der Unsicherheit des Verkehrswesens es dem Wechselinhaber zeitweilig unmöglich war, die Vorlegung des Wechsels beim Acceptanten und die Protesterhebung innerhalb der in Artikel 162 des code de commerce so kurz bemessenen Frist zu bewirken und sich dadurch das Regreßrecht zu sichern. Ein Gesetz mußte diese in der Ungunst der Verhältnisse begründeten Mißstände beseitigen, — die nicht etwa als vis maior vom Richter berücksichtigt werden konnten[2]).

Abhilfe sollte schaffen die Verordnung des General-Gouverneurs im Elsaß, Grafen von Bismarck-Bohlen, vom 13. März[3]), des Inhaltes, daß während der auf das Datum der Verordnung folgenden drei Monate die im code de commerce für die Protesterhebung unbezahlt gebliebener Wechsel bestimmte Frist auf 8 Tage verlängert wurde. Diese Maßregel erfüllte jedoch ihren Zweck noch nicht. Infolgedessen bestimmte eine weitere Verordnung vom 20. März 1871 für die in Elsaß-Lothringen

---

1) Journal officiel vom 14. August 1870. Das Gesetz lautet: „Art. 1. Les délais dans lesquels doivent être faits les protêts et tous les actes conservant les recours pour toute valeur négociable souscrite avant la promulgation de la présente loi, sont prorogés d'un mois. Le remboursement ne pourra être demandé aux endosseurs et aux autres obligés pendant le même délai. Les intérêts seront dûs depuis l'échéance jusqu'au payement" Die Frist von 30 Tagen wurde zunächst durch Ges. v. 12./9. bis zum 14./10. 1870 verlängert u. s. w.

2) „Erkenntnisse des Bundes-Ober-Handels-Gerichts", S. 97 und 120.

3) Preußischer Staatsanzeiger vom 16. März 1871 und Straßburger Zeitung No. 62 vom 14. März 1871, No. 340.

fälligen Wechsel ein wirkliches Moratorium, und zwar so, daß die Verfallzeit aller derjenigen Wechsel, welche innerhalb der Zeit vom 13. August bis 12. November 1870 fällig geworden, um 7 Monate — vom Verfalltage an gerechnet — verlängert wurde, und die Verfallzeit der vom 13. November 1870 bis einschließlich 12. April 1871 fälligen Wechsel vom 13. Juni bis 12. Juli 1871 an denjenigen Tagen eintreten sollte, welche dieselbe Ordnungszahl im Monat hätten wie der ursprüngliche Verfalltag. Die Verzugszinsen vom Tage der wirklichen Verfallzeit bis zu dem durch die Verordnung festgesetzten Verfalltage sollte der Wechselschuldner mit 6% des Wechselbetrages dem Gläubiger vergüten. Auch auf diejenigen Wechsel, welche in der Zeit vom 13. März bis zum 21. März bereits protestiert waren, fand die Verordnung Anwendung, jedoch nicht auf diejenigen Wechsel, welche infolge besonderer Vereinbarung zwischen den Kontrahenten nicht verlängert werden sollten [1]).

Diese Verordnung vom 20. März 1871 bildet die äußerste Grenze, bis zu welcher die deutsche Verwaltung in der Hinausschiebung der Wechselverfalltage gehen durfte. Von dem Erlaß einer dem französischen Moratorium gleichkommenden Bestimmung für Elsaß-Lothringen konnte nicht die Rede sein. War erst die Ordnung in Frankreich wiederhergestellt, wandelte Handel und Verkehr daselbst wieder in den gewohnten Bahnen, hatten sich die Kreditverhältnisse Elsaß-Lothringens durch den geordneten Betrieb einer großen Centralbank befestigt, dann mußten die durch das französische Wechselmoratorium bedingten Mißstände verschwinden. Wurde doch schon damals in den französischen Departements von den Vergünstigungen des Moratoriums nur noch in geringfügigem Maße Gebrauch gemacht, die bewilligten Fristen wurden von den anständig denkenden Kaufleuten nicht ausgenützt. Mit Recht gab man sich der Hoffnung hin, daß mit dem Abschluß des definitiven Friedens auch die Initiative des deutschen Kapitals wieder erwachen und der Kreditnot in Elsaß-Lothringen ein rasches Ende bereiten werde.

War die Störung in der Wirksamkeit des Bankmechanismus und des Wechselverkehres vornehmlich für Handel und Industrie fühlbar, so gestaltete sich das dritte der erwähnten kreditstörenden Momente, die Inhibierung der Sparkassen, besonders für den kleinen Mann verhängnissvoll. Das Sparkassenwesen war in Elsaß-Lothringen ein sehr ausgedehntes; so kamen für das Jahr 1868 im Departement:

---

1) Strafsburger Zeitung No. 68 vom 21./3. 1871, No. 355.

Moselle	1 Sparkassenzahler	auf 15 Einwohner mit Frcs. 252,82 Einlage
Bas-Rhin 1	„ „ 21	„ „ „ 338,08 „
Haut-Rhin 1	„ „ 33	„ „ „ 411,76 „

In demselben Jahre zählte die caisse d'épargne in Straßburg 18 280, diejenige in Metz 23 590 Deponenten [1]). In ganz Elsaß-Lothringen aber waren damals 22 Sparkassen in Thätigkeit [2]). Ihre Bedeutung namentlich für die weniger Bemittelten war eine große.

Die Suspension der Rückzahlungen bei Ausbruch des Krieges war lediglich eine Folge der eigenartigen Organisation der französischen Sparkassen, deren Gelder nicht etwa wie in Preußen von diesen Instituten selbst verwaltet werden. Der auch auf diesem Gebiete streng centralisierten Verwaltung entsprechend, werden die Einlagen der Sparkassen in die mit dem Tresor in Verbindung stehenden Staats-Depositen-Kassen (caisses des dépôts et consignations) abgeführt, welche dieselben (damals mit 4 %) verzinsen und entsprechende Summen zur eventuellen Rückzahlung an die Einleger bereit halten. Außer den Sparkassengeldern fließen auch Fonds von Departements, Kommunen, öffentlichen Anstalten jeder Art, Depositengelder aus Fallimenten, Kautionen und Adjudikationen etc. teils in die trésoreries générales, teils in die mit diesen unter einer gemeinsamen Verwaltung stehenden staatlichen Depositen-Kassen [3]). Von all diesen Geldern, die sich nach den Erhebungen der Liquidations-Kommission auf ca. 40 Millionen Frcs. beliefen (darunter 22 110 896,48 Frcs. Sparkassengelder) [4]) fand sich bei der Besitznahme des Landes nichts mehr vor. Die Sparkassen, fast aller ihrer Kapitalien beraubt, waren gezwungen, ihren Betrieb einzustellen. Die bei den gespannten Kreditverhältnissen stürmisch zurückgeforderten Gelder konnten nicht zur Auszahlung gelangen. Einzahlungen wurden ebenfalls nicht angenommen, denn einerseits wußte man noch nicht, ob die deutsche Verwaltung geneigt sein werde, in die gesetzliche Verpflichtung des französischen Staates bezüglich Ver-

---

1) M. Block: „Annuaires de l'économie politique de 1871/1872." Soetbeer, „Die fünf Milliarden", S. 21, sagt: „Sparsamkeit ist eine charakteristische Eigenschaft der grofsen Mehrzahl der französischen Bevölkerung, namentlich in den Provinzen. Es wird berichtet, Sir Robert Peel habe sich einmal dahin geäufsert, dafs — während man in England auf je 5 Besitzer 4 rechnen könne, welche jährlich von ihrem Einkommen zurücklegten — in Frankreich dies Verhältnis sei wie 40 zu 39.

2) Statistisches Handbuch für Elsafs-Lothringen, 1. Jahrgang, 1885. S. 229. — Heute sind 61 Sparkassen in Elsafs-Lothringen thätig.

3) Ueber die Organisation der caisses des dépôts et consignations und der trésoreries générales vgl. das Ges. v. 28/4. 1816, Art. 110, und M. Block: Dict. de l'administration (Paris 1878), S. 315 ff., 517 ff.

4) Statistisches Handbuch für Elsafs-Lothringen, 1. Jahrgang, 1885, S. 229.

zinsung und Rückzahlung der Einlagen einzutreten, andrerseits hegte man an dem Fortbestand der Sparkassen überhaupt Zweifel.

Hauptsächlich um die Notlage der ärmeren Einleger zu beseitigen, gewährte die deutsche Verwaltung den Sparkassen a conto ihrer Guthaben beim französischen Tresor je nach Bedürfnis größere oder kleinere Vorschüsse, die im Laufe des Jahres 1871 die Höhe von 4,2 Millionen Frcs. erreichten und welche die Wiederaufnahme der Rückzahlungen, wenn auch nur in beschränktem Umfange, ermöglichten. So wurde auch die Straßburger Sparkasse durch die Fürsorge der deutschen Verwaltung in den Stand gesetzt, bereits Ende November 1870 ihre Geschäfte in beschränktem Umfange zu eröffnen, und zwar in der Art, daß Einlagen unter 50 Frcs. ganz zur Rückzahlung gelangten, während auf Einlagen über 50 Frcs. einstweilen nur Abschlagszahlungen geleistet wurden, deren Höhe die Verwaltung der Sparkasse bestimmte [1]). Erst gegen Ende des Jahres 1871, als die neue Finanzverwaltung überall geordnet und konsolidiert war, erschien es unbedenklich und durch das Bedürfnis geboten, im Hinblick auf die durch die Friedensverträge sichergestellte Rückzahlung jener Guthaben durch Frankreich, die gesetzlich bestehende Verpflichtung des Staates zur Verwahrung, Verzinsung und Rückzahlung der Einlagen vorbehaltlich späterer anderweitiger gesetzlicher Regelung wieder ins Leben treten zu lassen und den Landeskassen die Funktionen der früheren trésoreries générales resp. der caisse des dépôts et consignations zu übertragen. Zu Beginn des Jahres 1872 ist dies überall mit gutem Erfolg geschehen [2]). Zugleich wurde es durch eine am 13. Januar 1872 erfolgte Abschlagszahlung von 10 Millionen Frcs. auf die Schuld Frankreichs ermöglicht, für das Jahr 1872 stärkere Vorschüsse auf das Guthaben der Sparkassen an Frankreich zur Verfügung zu stellen [3]). Außerdem wurden vom französischen Staate bis Ende des Jahres 1872 ca. 1 230 000 Frcs. an Sparkasseneinlagen durch Ueberweisung von Staatsrententiteln an die Einleger getilgt. Eine weitere Zahlung auf die Forderungen der Sparkassen und Gemeinden ist am 2. Januar 1873 mit 10 500 000 Frcs. in französischen Banknoten geleistet worden. War während des Jahres 1872 der Geschäftsbetrieb der Sparkassen nur durch nam-

---

1) Bekanntmachung der Verwaltung der Sparkasse in Strafsburg v. 26. November 1870. Strafsburger Zeitung No. 45 vom 27. Novbr. 1870, No. 134.

2) Bekanntmachung der Strafsburger Zeitung No. 24 vom 30. Januar 1872, No. 49.

3) Die Strafsburger Zeitung vom 18. Januar 1872 teilt mit: „80 Millionen Frcs. der französischen Kriegsentschädigung sind in Strafsburg eingetroffen und mit 10 Millionen Frcs. von der für die Deckung der Forderungen elsafs-lothringischer Gemeinden bestimmten Summe an die Kgl. Preufs. Bank abgeliefert worden."

hafte Vorschüsse, welche seitens der deutschen Verwaltung den Sparkassen a conto ihrer Guthaben beim französischen Staate gewährt wurden, aufrecht erhalten worden, und hatte sich während dieser Zeit der Verkehr fast ausschließlich auf die Rückzahlung gekündigter älterer Einlagen beschränkt, so wurden jetzt mit der Befestigung und Regelung der politischen Verhältnisse, mit der Rückkehr der Ruhe und des Vertrauens in die Bevölkerung vielfach neue Einlagen geleistet, und bald überstieg der Betrag derselben erheblich die Summe der Rückzahlungen [1]).

Schon im Frühjahr 1871 hatten sich die durch den Erlaß des französischen Wechselmoratoriums hervorgerufenen Kalamitäten wesentlich vermindert, indem — wie wir sahen — die gesetzlich gestatteten Fristen wenigstens in den Departements in vielen Fällen nicht mehr ausgenützt wurden, und auch die Sparkassen hatten zum Teil wieder Rückzahlungen leisten können, um das dringendste Bedürfnis zu befriedigen. Um so brennender gestaltete sich aber von Tag zu Tag die Bankfrage. Ein Ersatz mußte für die Banque de France geschaffen werden, und zwar sehr bald, wenn nicht die bestehende Kreditlosigkeit den völligen Stillstand zahlreicher Fabriken, die Entlassung einer nach Hunderttausenden zählenden Arbeiterbevölkerung und den völligen Zusammenbruch vieler Geschäftshäuser herbeiführen sollte, welche sich bis dahin des besten Ansehens erfreut hatten, eine Katastrophe, die zu vermeiden nicht allein das Interesse der jungen Reichslande dringend erheischte, sondern deren Eintritt für das Wohlergehen des wirtschaftlichen Organismus von ganz Deutschland verhängnisvoll werden mußte. Bereits im Winter 1870/71 war in Voraussicht der bevorstehenden Kalamität im preußischen Abgeordnetenhause der Gedanke angeregt worden, ob es nicht ratsam sei, ein Gesetz zu erlassen, welches der Preußischen Bank gestatte, Filialen in Elsaß-Lothringen zu errichten; indes hatten dringendere Vorlagen die weitere Erörterung dieser Frage abgeschnitten. Da ergriff der Handelsstand der Stadt Straßburg selbst die Initiative.

Mehrere Kapitalisten und Bankiers vereinigten sich zu einem Syndikat, um durch Gründung einer Bank, deren Grundkapital von 30 Millionen Frcs. durch Zeichnungen gesichert war, die Filialen der Banque de France zu ersetzen. Ein kompendiöser „Statutenentwurf der Bank für Elsaß-Lothringen, verfaßt in Gemäßheit der Vorschriften

---

1) Ueber dieses und das Vorhergehende siehe Schricker, a. a. O. S. 105, 106, 164, 165, 173.

des Gesetzes vom 24. Juli 1867 über die kommerziellen und besonders über die Aktiengesellschaften" war bereits im Druck erschienen ¹). „La grande préoccupation, c'est le remplacement de la Banque de France par un établissement de crédit, dont la création devient de jour en jour plus urgente." Die Bank soll gegründet werden, sagt der Entwurf, in der Absicht, den zahlreichen Verlegenheiten abzuhelfen, die sich aus der Unterdrückung der Filialen der französischen Bank in den Städten Straßburg, Mülhausen, Metz und Colmar, die jetzt dem Deutschen Reiche einverleibt sind, ergeben." Sie sollte den Bedürfnissen der annektierten Provinzen entsprechend mit einem Geschäftskapitale von 30 Millionen Frcs. in 40000 auf den Namen lautenden Aktien und mit dem Rechte der Ausgabe von Banknoten in Frankenwährung ausgestattet werden. Als Hauptsitz des projektierten Instituts war Straßburg, für die Zweiganstalten Metz, Mülhausen und Colmar in Aussicht genommen. Die Organisation war nach dem Muster der Banque de France zugeschnitten. Also eine reichsländische privilegierte Zettelbank mit Franken-Noten! Es blieb beim frommen Wunsch, dem in seiner Harmlosigkeit das naive Postulat der Straßburger und Mülhäuser Handelskammern um Einführung der Frankenwährung in ganz Deutschland ebenbürtig an die Seite gestellt werden kann ²).

Eine heiße Debatte entspann sich in den Sitzungen der Straßburger Handelskammer vom 23. Mai und 26. Mai 1871 über die Vorteile und Nachteile einer Lokalbank. In der letzteren Sitzung gelangte ein von den Mitgliedern des erwähnten Syndikats unterzeichnetes Schreiben zur Verlesung, das die Kammer zu veranlassen suchte, bei der Regierung die Gründung einer Notenbank zu befürworten. Einigen Mitgliedern mochten wohl Zweifel an der Erfüllung einer solchen Forderung aufsteigen, denn sie erblickten ein besseres Auskunftsmittel in der Errichtung von Filialen der Preußischen Bank in Elsaß-Lothringen. Das einstimmig angenommene Schlußergebnis aber war die Forderung „d'une banque provinciale alsacienne-lorraine autonome, qui aurait la faculté d'émettre des banknotes en francs et qui serait constituée sur le modèle des statuts projetés de la Banque de Württemberg." Nur wenn die Erfüllung dieses Wunsches als gänzlich aussichtslos sich erweisen würde, sollte die Kammer subsidiär die Gründung von Filialen

---

1) Projet de statuts de la banque d'Alsace et Lorraine rédigé conformément aux prescriptions de la loi du 24 juillet 1867 qui régit les sociétés anonymes. Strasbourg, O. Berger-Levrault, 1871.

2) Die Währungsfrage war noch nicht entschieden; eine diesbezügliche Petition wurde von beiden Handelskammern im Jahre 1871 an das Reichskanzleramt gerichtet. Vgl. Handelskammerberichte von Strafsburg und Mülhausen.

der Preußischen Bank zu bewirken suchen. Ein Delegierter überbrachte das Schreiben, in welchem nur der erste Wunsch formuliert war, persönlich dem Fürsten Bismarck [1]).

Centralisation in wirtschaftlichen Dingen ist die Signatur unserer Zeitepoche. „Unterstützt vom Geiste der Zeit, — sagt Ad. Wagner [2]) — von den großen Erfindungen des Jahrhunderts, von der modernen Wirtschaftsgesetzgebung, auch vom politischen Leben der Gegenwart, ist wieder eine stärkere Centralisation des Geld-, Kredit-, Fonds-, Wechsel-Geschäftes in einem einzigen Centralplatze für jedes nationale Wirtschaftsgebiet wahrzunehmen." Das Postulat der Gründung einer auf Elsaß-Lothringen beschränkten Notenbank widersprach diesem Zeitgeiste. Noch bevor der Abgesandte der Straßburger Handelskammer seine Wünsche in Berlin angebracht hatte, war der Ersatz der elsaßlothringischen Filialen der Banque de France durch die Preußische Bank bereits prinzipiell entschieden. Auf Betreiben des Reichskanzlers war am 19. Mai ein diesbezüglicher Immediatbericht — vom gesamten Staatsministerium unterzeichnet — dem Könige vorgelegt worden. Das einzige Institut, — so führte derselbe aus — welches den neugewonnenen Landesteilen die Filialen der Bank von Frankreich ersetzen könne, sei die Preußische Bank, deren Wirksamkeit sich über ein nicht minder umfangreiches Gebiet ausdehne, und die dem Handelsstande in mancher Beziehung vielleicht noch größere Vorteile gewähre als die Bank von Frankreich. Durch Errichtung von Darlehnskassen auf Grund des Bundesgesetzes vom 21. Juli 1870 sei eine wirksame Hilfe nicht zu schaffen, da diesen nur der Betrieb von Lombardgeschäften gestattet sei. Ebensowenig sei aber der Zweck durch Konzessionierung von Lokalbanken zu erreichen. Länder mit einer so hoch entwickelten Industrie und einem so weit verzweigten Handelsverkehr wie Elsaß und Lothringen, gewohnt, seit einem Vierteljahrhundert aus den reichen Hilfsquellen der Bank von Frankreich zu schöpfen, ließen sich unmöglich auf bloße Lokalbanken hinweisen, deren Einrichtungen und Mittel der Natur der Sache nach nur auf die Bedürfnisse der nächsten Umgebung berechnet sein könnten.

Die Ermächtigung zur Niederlassung in Elsaß-Lothringen war der Preußischen Bank in Anbetracht dessen, daß ein Notstand vorliege und Gefahr im Verzuge sei, ohne Zustimmung der beiden Häuser des preußischen Landtages durch eine königliche Verordnung mit Gesetzes-

---

1) Vgl. Handelskammerbericht von Strafsburg 1871.
2) System der Zettelbankpolitik, S. 18.

kraft unter Verantwortlichkeit des gesamten Staatsministeriums auf Grund des Art. 63 der Verfassungsurkunde erteilt worden¹). Dem Staatsministerium erschien dieses Verfahren als der einzige Ausweg, da auf ein Zusammentreten des Landtages so bald nicht gerechnet werden konnte, und andererseits über die Zweckmäßigkeit der Maßregel Meinungsverschiedenheiten kaum entstehen konnten. Die nachträgliche Genehmigung der Verordnung durch den preußischen Landtag wurde bei dessen erstem Wiederzusammentreten am 29. November 1871 von der Regierung zunächst beim Abgeordnetenhause nachgesucht. Die mit der Erledigung der Angelegenheit betraute Kommission war nun zwar allseitig geneigt, dem materiellen Inhalt der Verordnung ihre Zustimmung zu erteilen, indes zeigte sich bei Prüfung der Rechtsgiltigkeit der Verordnung und bezüglich der Form ihrer Aufrechterhaltung eine um so größere Meinungsverschiedenheit. Auf der einen Seite wurde die Erteilung der verfassungsmäßigen Genehmigung in Antrag gebracht, auf der anderen aber verlangt, daß ein neues Gesetz gleichen Inhalts mit der Verordnung erlassen werde, jedoch unter Aufnahme einer Bestimmung über die Rückwirkung sowie mit der ausdrücklichen Indemnitätsbewilligung. Die Forderung der letzteren Form der Genehmigung stützte sich darauf, daß die Angelegenheit zu denen gehöre, welche nach Art. 103 der preußischen Verfassung nur durch ein Gesetz geregelt werden könnten, da es sich bei derselben um Uebernahme von Garantieen zu Lasten des Staates handele, sowie daß für Preußen der im Art. 63 der Verfassung vorgesehene Notstand nicht vorhanden gewesen sei. Das Plenum des Hauses erklärte sich am 26. Januar 1872 im Prinzip mit dieser letzteren, von der Minorität der Kommission vertretenen Auffassung einverstanden. Die Regierung sei nicht befugt gewesen, der Preußischen Bank die Ermächtigung zur Anlegung von Kommanditen in Elsaß-Lothringen im Verordnungswege zu erteilen, die Verordnung sei also als eine von Anfang an null und nichtige anzusehen. Um aber in der Sache selbst die als notwendig erkannte Abhülfe zu gewähren, solle durch ein neues Gesetz die Ausdehnung der Bank auf Elsaß-Lothringen angeordnet und der Staatsregierung zugleich Indemnität erteilt werden.

---

1) Staatsrechtlich war diese Verordnung vom 10. Juni 1871 (die Einführungsbestimmungen enthält das im Gesetzblatt für Elsafs-Lothringen publizierte Gesetz vom 4. Juli 1871) als Rechtsverordnung im Gegensatz zur Verwaltungsverordnung zu betrachten. Im materiellen Sinne war sie bereits Gesetz, entbehrte jedoch der Form der Gesetzgebung, d. h. der Zustimmung der Volksvertretung. Diese Zustimmung mufste indes nachträglich eingeholt werden, entsprechend ihrem rechtlichen Charakter als Not- oder oktroyierte Verordnung.

Das mit großer Majorität angenommene, in diesem Sinne erlassene Gesetz vom 26. Februar 1872 regelte die Sache für die Zukunft und erledigte sie für die Vergangenheit[1]). Für die Reichslande aber konnte es gleichgiltig sein, in welcher Form diese Rechtsfrage entschieden wurde. Relevant war nur, daß die Preußische Bank die Ermächtigung, ihre Geschäfte auf Elsaß-Lothringen auszudehnen, in gesetzlicher Weise für Gegenwart und Zukunft besaß, und über die in der Vergangenheit abgeschlossenen Geschäfte kein Zweifel bestand, daß ihnen die gleiche Rechtsgiltigkeit innewohnte, als wenn die Bank gleich vom Anfang ihrer Wirksamkeit in den Reichslanden an in unbestreitbar legitimer Weise hierzu ermächtigt gewesen wäre. Diese Gewißheit war aber durch Erlaß des neuen Gesetzes gegeben[2]).

Bereits am 26. Juli 1871 hatten die Bankkommanditen in Straßburg und Mülhausen, am 21. August desselben Jahres diejenige in Metz ihre Thätigkeit begonnen. Jetzt konnten auch die Succursalen der Banque de France ihre Zwitterstellung aufgeben, nicht länger brauchten sie dem Handel eine Stütze zu gewähren[3]), der Ersatz war ja vorhanden und so konnten sie ihre ganze Thätigkeit auf die Liquidation ihrer Portefeuilles beschränken. Durch das Schlußprotokoll zur Frankfurter Zusatz-Konvention vom 11. Dezember 1871 wurde die französische Bank ermächtigt, allein und direkt durch ihre eigenen Agenten die Liquidation der drei in den abgetretenen Gebieten errichteten Banksuccursalen zu bewerkstelligen. Bis zum Abschluß der Liquidation durfte von ihnen kein neues Escomptierungs-, Darlehns- oder Vorschußgeschäft vorgenommen, auch temporäre Geldanlage in den abgetretenen Gebieten ohne vorherige Verständigung mit den Landesbehörden nicht gemacht werden[4]).

Ende Dezember 1871 war die Liquidation der Succursalen in

---

1) Der preufsische Staatsanzeiger veröffentlichte in seiner No. 60 vom 9. März eine vom 26. Februar datierte und vom Gesamtministerium gegengezeichnete Kgl. Verordnung, wodurch die unterm 10. Juni 1871 erlassene Verordnung (Gesetzblatt S. 222) aufgehoben wurde. Das neue Gesetz vom 26./2. 1872 wurde ebendaselbst veröffentlicht am 9. März.
2) Vorstehende Mitteilungen gründen sich auf die ausführliche Darstellung in der Strafsburger Zeitung vom 16. und 29. Januar 1872.
3) Durch eine Verordnung des Generalgouvernements vom 12. Februar 1871 war der Stadt Strafsburg bei der Succursale der Banque de France noch ein Kredit in Höhe von 1 Million Frcs. eingeräumt worden. Die erhobenen Vorschüsse mufsten mit 6 % verzinst werden. Diese Thatsache beweist, dafs auch der kommunale Kredit gefährdet war.
4) Die Liquidationskommission der Succursalen der Banque de France hatte schon Ende September als Endtermin für die Abwicklung des Portefeuilles den 31. Dezember 1871 in Aussicht genommen, sodafs also schon damals Wechsel, deren Verfallzeit über diesen Zeitpunkt hinausging, von den Anstalten nicht mehr angenommen wurden. Am 30. September war in Strafsburg das Portefeuille schon von der Höhe von $17\frac{1}{2}$ Millionen auf $3\frac{1}{2}$ Millionen Frcs. herabgebracht, ohne dafs sich eine störende Einwirkung auf die kommerziellen Verhältnisse geäufsert hätte.

Mülhausen und Metz, im Januar 1872 diejenige in Straßburg beendet. In denselben Gebäulichkeiten, in denen die Banque de France ein Vierteljahrhundert lang ihre kreditwirtschaftliche Aufgabe zum Segen Elsaß-Lothringens erfüllt, hatte die Preußische Bank ihren Einzug gehalten, aber das Erbe, das sie angetreten, mußte erst erworben werden, bevor sie es besitzen konnte.

Waren Organisation und Verfassung der Preußischen Bank auch geeignet, einen ausreichenden Ersatz für die französische Bank zu gewähren? Bot sie dem Handelsstande die gleichen Vorteile, stand die preußische Bank hinter der französischen zurück, oder hatte sie Vorzüge dieser gegenüber aufzuweisen? Wenn aber ein Unterschied vorhanden, worin äußerte sich dieser, und wie ist er zu beurteilen? Eine Kritik der Thätigkeit der Preußischen Bank und ihrer Erfolge in den Reichslanden ist nur nach Beantwortung dieser Fragen möglich. Erst wenn wir darüber klar sind, welche Stellung die Preußische Bank den Interessen und Bedürfnissen des Handels und der Industrie gegenüber einnahm, welche Mittel ihr zu Gebote standen, diese Stellung zu verteidigen und zu behaupten, erst dann können wir würdigen, wie und mit welcher Wirkung sie sich dieser Mittel bedient hat.

2. Verfassung und Geschäftsführung der Preufsischen Bank und deren Anpassung an die besonderen Bedürfnisse Elsafs-Lothringens.

Verfassung und Einrichtung der Preußischen Bank, wie sie für die neuerworbenen Landesteile maßgebend wurden, ruhen auf der Bankordnung vom 5. Oktober 1846 und einigen abändernden späteren Erlassen und Gesetzen. Die Preußische Bank tritt uns entgegen nicht nur als Unternehmung, an deren Verwaltung der Staat wie bei der Banque de France einen Anteil hatte, auch nicht nur als Institut mit staatlicher Gewinnbeteiligung wie die heutige deutsche Reichsbank. Der Staat war Mitgesellschafter. Sein Einschuß betrug ca. 1,9 Millionen Thaler, während der durch Private aufgebrachte größere Teil des Grundkapitals sich seit 1867 auf 20 Millionen Thaler belief. Neben diesem Grundkapital von 21,9 Millionen Thlr. kamen als Betriebsfonds der Bank in Betracht eine an die bankmäßige Dritteldeckung gebundene, im übrigen aber unbeschränkte Notenemission und Depositengelder [1]),

---

[1]) Die Gesamtsumme der Depositengelder betrug Ende 1871 31,4 Millionen Thlr. Vgl. Verwaltungsbericht pro 1871.

darunter auch diejenigen, welche der Bank als Depositarin der müßigen Pupillen-, Gerichts- und Stiftungsgelder im Geltungsbereiche des preußischen Landrechtes und im Kölner Gerichtsbezirk gesetzmäßig zufließen mußten ¹). Wenn man in Erwägung zieht, daß das 182 500 000 Frcs. betragende Grundkapital der Banque de France, zu dem noch ca. 26 Millionen Frcs. Reserve traten, schon vor dem Kriege größtenteils in Renten (100 Millionen und 12,98 Millionen) und Vorschüssen an den Staat (60 Millionen Frcs.) fest lag, daß ferner der Reservefonds der Preußischen Bank Ende 1871 6 Millionen Thlr. betrug, so erhellt daraus, daß trotz einer Anlage von 3,78 Millionen Thalern in Effekten die Preußische Bank in der Lage war, dem Handel und der Industrie aus eigenen Mitteln noch größere Vorschüsse und Erleichterungen zu gewähren wie die Bank von Frankreich.

Dem Doppelcharakter der Preußischen Bank entsprach ihre Verfassung. In allen Zweigen präponderierte der staatliche Einfluß. Den Organen der privatwirtschaftlichen Interessenvertretung stand das Recht der Kenntnisnahme und der gutachtlichen Aeußerung zu, ohne daß sie entscheidenden Anteil an der Bankleitung nahmen, wie dies bei der Banque de France seitens des conseil général in Paris und des conseil d'administration in den Succursalen geschieht. Die Beamten der Bank waren Staatsbeamte und wurden aus den Einkünften der Bank bezahlt. Die Leitung des gesamten geschäftlichen Betriebes in Berlin und in den Zweiganstalten lag in den Händen des aus einem Präsidenten und 5 Mitgliedern (einschließlich dem Justitiarius) kollegialisch zusammengesetzten Hauptbankdirektoriums, des wesentlichsten Verwaltungsorganes der Preußischen Bank. Ihm gegenüber stand auf Seiten der Privatanteilseigner der aus einer jährlich mindestens 1 mal stattfindenden Versammlung der 200 Meistbeteiligten durch Wahl hervorgegangene Centralausschuß. Als Interessenelement der Privaten entsprach er dem Generalrat der Banque de France, jedoch fehlte ihm dessen Bedeutung. Seine begutachtende Stimme bei Diskontveränderungen, seine notwendige Einwilligung zu außerordentlichen Geschäften der Bank mit der Finanzverwaltung des Staates hatte ihm nur in kritischen Zeiten eine Bedeutung zugewiesen, welche ihm in ruhigen Zeiten bezüglich einer Einwirkung auf den Gang der Geschäfte völlig abging. Während dem Centralausschuß die periodische Kontrolle zufiel, lag die fortwährende Kontrolle 3 aus seiner Mitte gewählten De-

---

1) Nur für diese Zwangsdepositen haftete der Staat über seinen Einschuß hinaus, nicht aber für alle übrigen Schulden der Bank.

putierten ob. Ohne daß der privatwirtschaftlichen Interessenvertretung bei der Preußischen Bank die Bedeutung zukam, wie dies bei der französischen Bank der Fall ist, hat sie ihren Zweck als Garantie für die Anteilseigner vollständig erfüllt, indem ihr der Einblick in die Thätigkeit der Bank zur Pflicht gemacht wurde. Ueber dem Hauptbankdirektorium in Berlin einerseits und dem Centralausschuß der Bank andererseits stand der Chef der Bank, dessen Funktionen seit 1851 von dem Minister für Handel, Gewerbe und öffentliche Arbeiten mit verrichtet wurden. Bei Meinungsverschiedenheiten zwischen dem Direktorium und dem Centralausschuß stand ihm die entscheidende Stimme zu. Aehnlich wie beim Gouverneur der französischen Bank war in seine Hände der politische Einfluß gelegt, indes wurde die Verantwortlichkeit des ersteren durch den Generalrat einigermaßen modifiziert; in diesem lag der Schwerpunkt der französischen Bankverwaltung, während auf den Schultern des Chefs der Preußischen Bank die ganze Verantwortlichkeit ruhte [1]). Neben dem Chef der Bank stand als Staatskontrollkommission das aus 5 hohen Staatsbeamten gebildete Bankkuratorium. Als Repräsentant der staatlichen Oberaufsicht bot es die Garantie der legalen Bankverwaltung, ohne praktisch den geringsten Einfluß auszuüben.

Die Organisation der größten Filialen, der Preußischen Bankkontore, war nach dem Muster der Hauptbank in Berlin zugeschnitten. Der aus 2 gewöhnlich lebenslänglich angestellten Beamten bestehende verantwortliche Vorstand unterstand der Aufsicht eines Bankkommissarius, welcher zugleich Justitiarius war. Unter Einverständnis und Mitzeichnung des letzteren fertigte er jährlich die Klassifikation der zu bewilligenden Personalkredite an und reichte dieselbe dem Hauptbankdirektorium zur Festsetzung ein. Die Interessenvertretung der Anteilseigner erfolgte durch den aus 6—10 Mitgliedern bestehenden Provinzialausschuß. Derselbe wurde vom Chef der Bank aus einer doppelten Liste gewählt, die einerseits von dem Bankkommissarius, andererseits von dem Centralausschusse aus denjenigen Bankanteilseignern aufgestellt wurde, welche am Sitze des Kontors oder in dessen unmittelbarer Nähe wohnhaft waren und wenigstens 3 Bankanteile besaßen. Jährlich schied die Hälfte aus, das erste Mal nach dem Lose, demnächst aber nach dem Alter des Eintritts. Der Ausschuß trat regelmäßig alle Monate unter dem Vorsitze des Bankkommissarius zusammen. Dieser erstattete Bericht und sandte Anträge und Vorschläge an den Chef

---

1) Vgl. Wagner, a. a. O. S. 152.

der Bank. Aus der Mitte des Ausschusses wurden jährlich 2—3 Beigeordnete gewählt, welchen die gleichen kontinuierlichen Rechte und Pflichten zustanden, wie den Deputierten der Hauptbank. Eine Bedeutung durfte ihnen in noch geringerem Maße wie jenen beigemessen werden. Erwähnenswert erscheint jedoch der Umstand, daß der Vorstand sich zur Anfertigung der Klassifikation der zu bewilligenden Personalkredite ihrer Beihilfe bedienen konnte. Verfassung und Befugnisse der Bankkommanditen — und in dieser Erscheinungsform tritt uns die Preußische Bank in Elsaß-Lothringen entgegen — wurden jedesmal vom Chef der Bank besonders bestimmt.

Bevor wir zur Schilderung derselben schreiten, sei noch erwähnt, daß die Vorstandsbeamten bei der Preußischen Bank am Gewinn der Anstalt, deren Leitung ihnen oblag, durch Tantième beteiligt waren, dieselbe gelangte indes erst nach Auflösung des Dienstverhältnisses zur Auszahlung und wurde vom Hauptbankdirektorium in Staatspapieren angelegt, jedoch traten die Beamten sofort in den Genuß der Zinsen. Eine weise Einrichtung, welche — für die Bankverwaltung eine Kautel gewährend — die Beamten zur Thätigkeit anspornt, zugleich der naheliegenden Bureaumanie eine Schranke setzend. War der Besitz einer gewissen Zahl von Aktien zu ähnlichem Zwecke bei der Bank von Frankreich obligatorisch, so herrschte im Gegensatz dazu bei der Preußischen Bank die allerdings leicht zu umgehende Bestimmung, daß kein Beamter der Bank Anteilscheine derselben besitzen durfte.

Das Bedenkliche, einen großen Teil ihrer Kapitalien in Effekten fest zu legen, hat die Preußische Bank nach dem Kriege erkannt. Der Effektenbestand war von 21,22 Millionen Thalern Ende 1870 auf 3,78 Millionen Thaler Ende 1871 reduziert worden, und seit 1872 hat die Bank überhaupt Effekten für eigene Rechnung nicht mehr besessen. Auch die Reichsbank hat ihre Fonds nie in Effekten angelegt, in der richtigen Erkenntnis, daß die Fonds der Bank „für alle Zeiten, namentlich für Zeiten der Not flüssig gehalten werden müssen" [1].

Die einzelnen Geschäftszweige, welche von der Preußischen Hauptbank und den Provinzialanstalten derselben betrieben wurden, waren im wesentlichen die gleichen wie bei der Bank von Frankreich. Die leitenden Prinzipien aber, die bei beiden Banken in der Praxis maßgebend waren, weisen erhebliche Abweichungen auf, welche einerseits in dem Umfang des Kapital- und Kreditverkehrs, andererseits in den Gewohnheiten und Bedürfnissen dieses Verkehrs wurzeln.

---

[1] Rede des Bankpräsidenten von Dechend im deutschen Reichstage am 25. Februar 1880.

Das beklagenswerte System der Buchschulden legt in Deutschland ungeheuere Kapitalien fest, während in Frankreich, wo für die Schuldregulierung der Wechsel die charakteristische Form ist, diese Kapitalien nutzbringend für die Volkswirtschaft mobilisiert werden. Die große Zahl der in Frankreich dem Kleinverkehr entspringenden Wechsel würde schon allein die Thatsache erklären, daß der Durchschnittsbetrag sämtlicher von der Banque de France diskontierten Wechsel weit hinter dem entsprechenden Betrage bei der Preußischen Bank zurückbleibt. Diese Differenz wird indes noch vergrößert durch die Berechnung eines Minimalabzuges von 5 Sgr. pro Appoint seitens der Preußischen Bank, während ein solcher bei der französischen Bank bis 1879 gar nicht existierte und von diesem Zeitpunkte an für jedes Appoint auf nur 10 cs. normiert wurde. Am deutlichsten ist der Unterschied ersichtlich aus folgenden Zahlen [1]). Die Durchschnittsbeträge sämtlicher angekauften Wechsel beziffern sich:

im Jahr	für die Preußische Bank bezw. Reichsbank	für die Banque de France	im Jahr	für die Preußische Bank bezw. Reichsbank	für die Banque de France
1870	1818 M.	1219 M.	1875	1901 M.	909 M.
1871	1941 ,,	1489 ,,	1876	1785 ,,	782 ,,
1872	2358 ,,	1222 ,,	1877	1702 ,,	784 ,,
1873	2652 ,,	1190 ,,	1878	1628 ,,	794 ,,
1874	2010 ,,	1296 ,,	1879	1618 ,,	747 ,,

Rimessenwechsel wurden von der Preußischen Bank unter Berechnung von mindestens 10, Platzwechsel mit einem Minimalabzug von 4 Zinstagen angekauft; die französische Bank brachte bei Wechseln, von einer Succursale auf die andere gezogen, ebenfalls 10 Tage, dagegen bei Wechseln von Paris auf die Succursalen und umgekehrt, sowie bei Platzwechseln einen Abzug von mindestens 8 Tagen in Anrechnung [2]). Die günstigere Bedingung eines nur 4 tägigen Minimalabzuges für Platzwechsel der Preußischen gegenüber einem 8 tägigen der französischen Bank mußte zwar dem Portefeuille der ersteren eine größere Zahl dieser Wechsel zuführen, indes traf dieser Vorzug doch nur die auf größere Beträge lautenden Papiere, da bei kleinen Summen der Minimalabzug von 5 Sgr. eine Schranke bildete, welche für das Publikum die Begebung derartiger Wechsel an einen Privatbankier vorteilhafter erscheinen ließ.

---

1) Vgl. Courtois: Histoire des Banques en France. II. Aufl., Paris 1881, S. 347. Annex P. zu S. 154 und die Jahresberichte der Preußischen bezw. der Reichsbank.
2) Vom 10. September 1879 an auf 5 Tage herabgesetzt.

Die Bank diskontierte nur solche Wechsel, welche nicht über 3 Monate liefen, und welche der Regel nach drei solide Verbundene hatten [1]). Während nach den Statuten der französischen Bank nur Wechsel mit 3 Unterschriften, von denen noch verlangt wird, daß sie notoirement solvables seien, zulässig sind, und ausdrücklich als alleinige Abweichung der Ankauf von Wechseln mit 2 Unterschriften nur dann gestattet wird, wenn die fehlende dritte Unterschrift durch Hinterlegung oder transfert von Sicherheiten gedeckt ist, macht die Preußische Bank die Dreizahl der Unterschriften nur zur Regel. Ohne Sicherheiten zu verlangen, durften von ihr ausnahmsweise auch solche Wechsel angekauft werden, aus denen wenigstens zwei nicht zu derselben Geschäftssocietät gehörende Personen oder Handlungshäuser verpflichtet waren, welche allgemein für solide und im Verhältnis des zu gewährenden Kredites für hinlänglich vermögend galten. Die freiere Bestimmung der Preußischen Bank war dem Verkehr günstiger, schob aber der Wechselcensurbehörde eine größere Verantwortlichkeit zu. Die Preußische Bank wollte unmittelbar auch mit dem gering bemittelten Handelsstand in Verbindung treten. Durch die ausnahmsweise Zulassung von Wechseln mit nur 2 Unterschriften ermöglichte sie dem Verkäufer die direkte Begebung der vom Käufer acceptierten Tratte. Die große Wechselcirkulation in Frankreich läßt dagegen für die französische Bank die Vermittelung einer Privatbank wünschenswert erscheinen, ihre Unterschrift ist meist für die Banque de France die wichtigste. Das Dazwischentreten der Mittelsperson gewährt ihr eine größere Sicherheit, verteuert aber zugleich dem Publikum den Kredit [2]). Beide Bestimmungen der großen Centralbanken sind den konkreten Zuständen der Kreditwirtschaft des Landes glücklich angepaßt, und es muß daher der Preußischen Bank hoch angerechnet werden, daß sie für das mit einer so großen Wechselcirkulation ausgestattete Elsaß-Lothringen jene freiere Bestimmung gelten ließ, und auch in diesem Gebiete ihren Kommanditen den ausnahmsweisen Ankauf von Wechseln mit nur 2 Unterschriften gestattete, nicht achtend der größeren Verantwortlichkeit, die sie im Vertrauen auf die Tüchtigkeit ihrer Beamten auf ihre eigenen Schultern lud.

In logischer Konsequenz ihres Grundprinzips, direkt mit dem Handelsstande zu verkehren, war die Berechtigung, Wechsel zu diskontieren, keinen lästigen und schwerfälligen Formalitäten unterworfen.

---

1) § 4 der Bankordnung vom 5. Oktober 1846.
2) Vgl. Wagner, a. a. O. S. 288.

In leichten, freien Bahnen bewegte sich das Diskontgeschäft. Kein mehrfach unterfertigtes Leumundszeugnis war zur Zulassung als présentateur nötig. Die Bank allein prüfte dessen Kreditwürdigkeit und trug die Verantwortung. Keine Censurbehörde nach Art des französischen conseil d'escompte, der sich nur dreimal wöchentlich vereinigte, hatte den Ankauf der Wechsel zu sanktionieren. Glatt, ohne Aufenthalt, Zug um Zug wurde das Geschäft abgeschlossen. Der Diskontant präsentierte den Wechsel, die beiden Vorstandsbeamten der Kommandite begutachteten seinen Ankauf, und sofort gelangte der Betrag zur Auszahlung, ein Vorzug, der recht geeignet war, der Preußischen Bank in Elsaß-Lothringen die Sympathieen des Handelsstandes zuzuführen. Die am Sitze der diskontierenden Bankanstalt zahlbaren Wechsel (Platzwechsel) mußten bereits vor der Diskontierung acceptiert sein, die auf andere Bankplätze gezogenen Wechsel (Versandtwechsel) durften vor erfolgter Acceptation durch solide Handlungshäuser nur von solchen Austellern direkt ohne Sicherheitsbestellung angekauft werden, welche für den Betrag unbedenklich sicher erschienen, und mußten von der betreffenden Zweiganstalt sofort zum Accept befördert werden. Anweisungen und andere Handelspapiere, welche nicht den Bestimmungen der Allgemeinen Deutschen Wechsel-Ordnung unterlagen, waren vom Ankaufe durch die Preußische Bank ausgeschlossen. Im Gegensatze zu den bei der französischen Bank herrschenden Prinzipien war ihr indes der An- und Verkauf von Wechseln auf's Ausland, wo sie dazu ein Bedürfnis erkannte, insbesondere zum Behuf des Bezuges von edlen Metallen und Münzen gestattet [1]).

Das Lombardgeschäft der Preußischen Bank zerfiel in den Edelmetalllombard, Effektenlombard und Warenlombard. Die letzte Kategorie fehlt bei der französischen Bank, als Ersatz dafür lernten wir bei ihr die Diskontierung des Warrants kennen, ein System, das demjenigen der Preußischen Bank und der jetzigen Reichsbank entschieden vorzuziehen ist, dessen Durchführung in Deutschland jedoch auch heute noch durch den Mangel einer reichsgesetzlichen Regelung des Warrants gehemmt ist. Die Dauer, für welche von der Preußischen Bank zinsbare Darlehen erteilt wurden, durfte in der Regel 3 Monate nicht übersteigen, das Darlehn wurde nur in Höhe von 500 Thlr. und darüber bewilligt. Wie der Diskontverkehr, bewegte sich auch der Lombardverkehr in freierer Form wie bei der französischen Bank. Das Zustandekommen eines Geschäftes war hier nicht wie an den

---

1) § 4 der Bankordnung vom 5. Oktober 1846.

Zweiganstalten der Banque de France von der Zustimmung mindestens eines Vertreters der Privatinteressen der Bank abhängig gemacht. Die Entscheidung ruhte einzig und allein in den Händen der beiden Vorstandsbeamten der betreffenden Kommandite. Der Effektenlombard erstreckte sich auf die Beleihung von inländischen, zinstragenden und auf jeden Inhaber lautenden Staats-, Kommunal- und ständischen Papieren mit einem nach dem Ermessen der Bank zu bestimmenden Abschlage vom jedesmaligen Kurs, sowie auf Wechsel, welche anerkannt gute Verbundene aufwiesen und der Bank mit einem unausgefüllten Giro übergeben wurden, bei einem Abschlage von $5\,^0/_0$ ihres Kurswertes; der Edelmetalllombard auf Gold und Silber in Barren und Münzen nach ihrem Metallwerte bei einem Abschlage von $5\,^0/_0$, und der Warenlombard auf im Inlande lagernde, dazu geeignete Kaufmannswaren, in der Regel bis zur Hälfte, ausnahmsweise bis zu $^2/_3$ ihres Wertes nach Verschiedenheit der Waren und ihrer Verkäuflichkeit [1]).

Der Giroverkehr der Preußischen Bank stand im Jahre 1870 noch auf einer sehr tiefen Stufe. Lediglich den lokalen Interessen dienend, hatte er, seines Charakters als Platzverkehr noch nicht entkleidet, in weiteren Kreisen der Handelswelt keinen Eingang gefunden, und auch seitens der Bank wurden keine Anstrengungen zur Belebung dieses Geschäftszweiges gemacht; hatte sie es doch bei ihrer weitgehenden, nur durch die Dritteldeckung beschränkten Emissionsfreiheit nicht nötig, ihr Betriebskapital durch Pflege des zinslosen Depositengeschäftes zu vergrößern. So wurden, als an Stelle der alten Bestimmungen vom 30. Mai 1851 die neuen mit dem 1. Januar 1870 in Kraft getreten waren, nur noch an 2 Bankanstalten Umsätze auf Giro-Konto erzielt. Der Konteninhaber verfügte über sein Guthaben vermittelst Giroquittungen über Summen von nicht unter 100 Thlr., er war berechtigt, die auf ihn gezogenen Wechsel bei der Bank zu domizilieren, welche dieselben bei Verfall zu Lasten seines Konto einlöste; zu Gunsten desselben besorgte die Bank die kostenfreie Einziehung der ihr vom Konteninhaber zu diesem Zwecke eingereichten, auf den Platz lautenden Wechsel und Effekten. Ueber sein Guthaben stand dem Konteninhaber die unumschränkte Verfügung zu. Die Bestimmungen der Preußischen Bank waren demnach die gleichen, wie wir sie bei der Banque de France kennen lernten.

Von größerer Bedeutung wie der Platzgiroverkehr war bei der Preußischen Bank der Anweisungsverkehr, welcher wie die billets à

---

[1]) § 5 der Bankordnung vom 5. Oktober 1846.

ordre der französischen Bank die entgeltliche Zahlungsvermittelung beliebig hoher Beträge zwischen den einzelnen Bankplätzen umfaßte. Derartige Anweisungen, deren Höhe vom Kunden der Bank beliebig fixiert wurde, hatten neben größerer Bequemlichkeit den Banknoten gegenüber sowohl den Vorzug größerer Sicherheit, indem die Gefahr des Verlustes bei ihnen ausgeschlossen war, als auch der größeren Billigkeit, insofern die dafür zu entrichtende Provision geringer war als die bei Versendung durch die Post entstehenden Porto- und Versicherungsgebühren. Für die ersten 1000 Thlr. kamen $^2/_3\, ^0/_{00}$, für die darüber hinausgehenden Beträge aber nur die Hälfte dieses Satzes, also $^1/_3\, ^0/_{00}$, bei einem Minimum von 5 Sgr., in Abzug. Gegen Diskonten mit mindestens 30 Tagen Laufzeit und gegen Lombard-Darlehen von wenigstens gleicher Dauer erteilte die Bank Zahlungsanweisungen in Höhe des diskontierten, bezw. lombardierten Betrages franko Provision. Vom 12. Januar 1874 an wurden die obigen Sätze auf $^1/_3\, ^0/_{00}$ bezw. $^1/_6\, ^0/_{00}$, Minimum 5 Sgr. erniedrigt[1]).

Die in Straßburg, Mülhausen und Metz von der Hauptbank in Berlin ressortierenden, selbständigen Preußischen Bank-Kommanditen wurden zum Betriebe der nämlichen Geschäfte ermächtigt, welche auch von den anderen größeren Zweiganstalten abgeschlossen werden durften. Dahin gehörte vor allem die Diskontierung von Wechseln auf alle Plätze, an welchen sich Kontore, Kommanditen und Agenturen der Preußischen Bank mit Kasseneinrichtung befanden; auch durften Wechsel auf Hamburg, bestimmte süddeutsche Plätze, sowie auf London, Amsterdam, Brüssel und andere belgische Bankplätze, angekauft werden; ferner die Erteilung von Darlehen gegen Unterpfand von edlen Metallen, sowie von Staats-, Kommunal-, ständischen und anderen öffentlichen, auf jeden Inhaber lautenden Papieren. Für den Warenlombard waren aus Mangel an Bedürfnis für die elsaß-lothringischen Anstalten keine Bestimmungen getroffen worden. Zu den wichtigsten Geschäftszweigen des Diskont- und Lombardverkehrs trat die Annahme von Geldsummen zur Auszahlung bei der Hauptbank und deren Filialanstalten, sowie die Auszahlung anderwärts zur Erhebung in Straßburg resp. Mülhausen und Metz eingezahlter Beträge, sodann die Besorgung des An- und Verkaufs von öffentlichen Papieren für Rechnung öffentlicher Behörden und Anstalten, und endlich die Annahme von Wechseln und sonstigen zahlbaren Effekten zur Einziehung hinzu. Der Geschäftsbe-

---

1) Vgl. die entsprechenden Bestimmungen der Bank von Frankreich, oben S. 20. Vgl. auch die Bestimmungen der Reichsbank, unten Abschnitt III. 3.

zirk der Bank-Kommandite Straßburg umfaßte das Gebiet des Departements Unter-Elsaß, derjenige der Bank-Kommandite Mülhausen das Gebiet des Departements Ober-Elsaß, und derjenige der Bank-Kommandite Metz das Gebiet des Departements Deutsch-Lothringen und den Regierungsbezirk Trier, mit Ausnahme der Kreise Berncastel, Wittlich und Dann [1]).

Wenn man bei Errichtung von Zweiganstalten an Preußischen oder von jeher zu Deutschland gehörigen Handelsplätzen davon ausgehen konnte, daß der Handelsstand im allgemeinen mit denjenigen geschäftlichen Formen und Einrichtungen, wie sie bei der preußischen Bank hergebracht waren, schon einigermaßen vertraut, oder doch geneigt war, sich denselben anzubequemen, so war sich die Leitung der Preußischen Bank wohl bewußt, daß die elsaß-lothringischen Landesteile seit Jahrhunderten den deutschen Anschauungen sich entfremdet hatten und gewohnt waren, im Handel und Verkehr den Formen und Gebräuchen einer anderen Nation zu folgen, einer Nation, bei welcher namentlich das Bankwesen unter dem stetigen Einflusse einer sich mächtig entwickelnden Kreditwirtschaft einen hohen Grad der Ausbildung erlangt hatte. Weit entfernt, die schwierige Rolle, welche ihr durch die Königliche Verordnung vom 10. Juni 1871 zuerteilt war, zu verkennen, wußte die Preußische Bank, daß ihre Vorgängerin zu den ältesten und bestverwalteten Bankinstituten Europas gehörte; sie wußte, daß jene im wesentlichen die gleichen Ziele verfolgte, dieselben Geschäftszweige betrieb wie sie selbst, und daß ihr dort, wo im einzelnen die geschäftlichen Einrichtungen der Banque de France sich abweichend zeigten, die gebührende Beachtung nicht versagt werden durfte. Von diesem Standpunkte entgegenkommenden Wohlwollens sind vor allem einige Bestimmungen und Maßnahmen im Diskontverkehr diktiert.

Neben der in Elsaß-Lothringen bestehenden Frankenwährung hielt das preußische Courant seinen Einzug in Elsaß-Lothringen. Schon bei der ersten Besitznahme war durch die einrückenden Generäle das Verhältnis der preußischen Thalerwährung zu der französischen Frankenwährung bestimmt worden [2]). Zur Beseitigung mannigfacher, im kleinen Verkehr entstandenen Zweifel wurde das notwendige feste Verhältnis durch eine Verordnung des Generalgouverneurs vom 8. November 1870 mit Gesetzeskraft vom gleichen Tage für das Elsaß und Deutsch-

---

[1]) Bekanntmachungen des Kgl. Preufsischen Hauptbankdirektoriums vom 19. Juli und 14. August 1871. Strafsburger Zeitung von 1871, No. 176 und 196.
[2]) Edgar Löning, a. a. O. S 167.

ordre der französischen Bank die entgeltliche Zahlungsvermittelung beliebig hoher Beträge zwischen den einzelnen Bankplätzen umfaßte. Derartige Anweisungen, deren Höhe vom Kunden der Bank beliebig fixiert wurde, hatten neben größerer Bequemlichkeit den Banknoten gegenüber sowohl den Vorzug größerer Sicherheit, indem die Gefahr des Verlustes bei ihnen ausgeschlossen war, als auch der größeren Billigkeit, insofern die dafür zu entrichtende Provision geringer war als die bei Versendung durch die Post entstehenden Porto- und Versicherungsgebühren. Für die ersten 1000 Thlr. kamen $^2/_3$ $^0/_{00}$, für die darüber hinausgehenden Beträge aber nur die Hälfte dieses Satzes, also $^1/_3$ $^0/_{00}$, bei einem Minimum von 5 Sgr., in Abzug. Gegen Diskonten mit mindestens 30 Tagen Laufzeit und gegen Lombard-Darlehen von wenigstens gleicher Dauer erteilte die Bank Zahlungsanweisungen in Höhe des diskontierten, bezw. lombardierten Betrages franko Provision. Vom 12. Januar 1874 an wurden die obigen Sätze auf $^1/_3$ $^0/_{00}$ bezw. $^1/_6$ $^0/_{00}$, Minimum 5 Sgr. erniedrigt [1]).

Die in Straßburg, Mülhausen und Metz von der Hauptbank in Berlin ressortierenden, selbständigen Preußischen Bank-Kommanditen wurden zum Betriebe der nämlichen Geschäfte ermächtigt, welche auch von den anderen größeren Zweiganstalten abgeschlossen werden durften. Dahin gehörte vor allem die Diskontierung von Wechseln auf alle Plätze, an welchen sich Kontore, Kommanditen und Agenturen der Preußischen Bank mit Kasseneinrichtung befanden; auch durften Wechsel auf Hamburg, bestimmte süddeutsche Plätze, sowie auf London, Amsterdam, Brüssel und andere belgische Bankplätze, angekauft werden; ferner die Erteilung von Darlehen gegen Unterpfand von edlen Metallen, sowie von Staats-, Kommunal-, ständischen und anderen öffentlichen, auf jeden Inhaber lautenden Papieren. Für den Warenlombard waren aus Mangel an Bedürfnis für die elsaß-lothringischen Anstalten keine Bestimmungen getroffen worden. Zu den wichtigsten Geschäftszweigen des Diskont- und Lombardverkehrs trat die Annahme von Geldsummen zur Auszahlung bei der Hauptbank und deren Filialanstalten, sowie die Auszahlung anderwärts zur Erhebung in Straßburg resp. Mülhausen und Metz eingezahlter Beträge, sodann die Besorgung des An- und Verkaufs von öffentlichen Papieren für Rechnung öffentlicher Behörden und Anstalten, und endlich die Annahme von Wechseln und sonstigen zahlbaren Effekten zur Einziehung hinzu. Der Geschäftsbe-

---

1) Vgl. die entsprechenden Bestimmungen der Bank von Frankreich, oben S. 20. Vgl. auch die Bestimmungen der Reichsbank, unten Abschnitt III. 3.

zirk der Bank-Kommandite Straßburg umfaßte das Gebiet des Departements Unter-Elsaß, derjenige der Bank-Kommandite Mülhausen das Gebiet des Departements Ober-Elsaß, und derjenige der Bank-Kommandite Metz das Gebiet des Departements Deutsch-Lothringen und den Regierungsbezirk Trier, mit Ausnahme der Kreise Berncastel, Wittlich und Dann [1]).

Wenn man bei Errichtung von Zweiganstalten an Preußischen oder von jeher zu Deutschland gehörigen Handelsplätzen davon ausgehen konnte, daß der Handelsstand im allgemeinen mit denjenigen geschäftlichen Formen und Einrichtungen, wie sie bei der preußischen Bank hergebracht waren, schon einigermaßen vertraut, oder doch geneigt war, sich denselben anzubequemen, so war sich die Leitung der Preußischen Bank wohl bewußt, daß die elsaß-lothringischen Landesteile seit Jahrhunderten den deutschen Anschauungen sich entfremdet hatten und gewohnt waren, im Handel und Verkehr den Formen und Gebräuchen einer anderen Nation zu folgen, einer Nation, bei welcher namentlich das Bankwesen unter dem stetigen Einflusse einer sich mächtig entwickelnden Kreditwirtschaft einen hohen Grad der Ausbildung erlangt hatte. Weit entfernt, die schwierige Rolle, welche ihr durch die Königliche Verordnung vom 10. Juni 1871 zuerteilt war, zu verkennen, wußte die Preußische Bank, daß ihre Vorgängerin zu den ältesten und bestverwalteten Bankinstituten Europas gehörte; sie wußte, daß jene im wesentlichen die gleichen Ziele verfolgte, dieselben Geschäftszweige betrieb wie sie selbst, und daß ihr dort, wo im einzelnen die geschäftlichen Einrichtungen der Banque de France sich abweichend zeigten, die gebührende Beachtung nicht versagt werden durfte. Von diesem Standpunkte entgegenkommenden Wohlwollens sind vor allem einige Bestimmungen und Maßnahmen im Diskontverkehr diktiert.

Neben der in Elsaß-Lothringen bestehenden Frankenwährung hielt das preußische Courant seinen Einzug in Elsaß-Lothringen. Schon bei der ersten Besitznahme war durch die einrückenden Generäle das Verhältnis der preußischen Thalerwährung zu der französischen Frankenwährung bestimmt worden [2]). Zur Beseitigung mannigfacher, im kleinen Verkehr entstandenen Zweifel wurde das notwendige feste Verhältnis durch eine Verordnung des Generalgouverneurs vom 8. November 1870 mit Gesetzeskraft vom gleichen Tage für das Elsaß und Deutsch-

---

[1]) Bekanntmachungen des Kgl. Preufsischen Hauptbankdirektoriums vom 19. Juli und 14. August 1871. Strafsburger Zeitung von 1871, No. 176 und 196.
[2]) Edgar Löning, a. a. O. S 167.

Lothringen normiert. In allen Zahlungen mußten der preußische Thaler zu 3,75 Frcs. und der französische Franken zu 8 Silbergroschen angenommen werden (danach entsprachen 4 Thaler = 7 Gulden rheinisch = 15 Franken = 6 Gulden österreichisch). Durch diese Verordnung war für Elsaß-Lothringen eine Art Doppelwährung geschaffen worden, welche den Uebergang erleichtern sollte. Auch der preußische Thaler hatte neben dem französischen Franken Zwangskurs erhalten [1]). Mit Rücksicht auf die zu Recht bestehende Frankenwährung wurde nicht nur den elsaß-lothringischen Zweiganstalten der Preußischen Bank gestattet, Wechsel auf Straßburg, Mülhausen und Metz zu diskontieren, welche in Franken ausgestellt waren, sondern es wurde auch ebenso allen übrigen Bankanstalten die Ermächtigung erteilt, Frankenwechsel auf die neuen Landesteile anzukaufen, sofern sie nach Maßgabe der erwähnten Verordnung mit der entsprechenden Summe in Thalern überschrieben waren [2]). Auf sämtliche andere preußische Bankplätze wurden jedoch nach wie vor nur Thalerwechsel im Diskontverkehr zugelassen. Die dem elsaß-lothringischen Handelsstande bewiesene Liberalität ging noch weiter. Als die preußische Bank ihre Wirksamkeit in den neuen Landesteilen begann, galten noch auf dem Gebiete des Handels- und Wechselverkehrs die Bestimmungen des code de commerce. Ebenso, wie es seitens der französischen Bank geschehen war, wurden auch von der Preußischen Bank neben den eigentlichen Wechseln (lettres de change) die in großer Menge umlaufenden billets à ordre und die mandats non acceptables weiterhin diskontiert, indem für den Ankauf dieser Papiere die bei der Banque de France gültigen Bestimmungen rezipiert wurden.

Als weitere Konsequenz der Verordnung vom 8. November 1870 wurde zur Erleichterung des Zahlungsverkehrs vom Chef der Preußischen Bank die Annahme von Franken und Gulden zu dem festen Verhältnis $3^3/_4$ Frcs. = 1 Thlr., resp. 7 Gulden = 4 Thlr. den 3 elsaß-lothringischen Anstalten gestattet. Die auf Thaler lautenden, im Portefeuille der Preußischen Bank befindlichen Wechsel [3]) durften also mit der Landesmünze eingelöst werden, eine Bestimmung, welche die Anknüpfung von Beziehungen zwischen den Reichslanden und Altdeutschland wesentlich erleichterte.

---

1) Demzufolge fanden auch die Bestimmungen des code pénal, Art. 475, § 11 auf das preußische Geld Anwendung. Vgl. Löning, a. a. O. S. 167.

2) Aus ähnlichen Rücksichten und unter dem nämlichen Vorbehalt durften auch Wechsel auf Frankfurt a/M. selbst dann diskontiert werden, wenn sie in Gulden süddeutscher Währung ausgestellt waren.

3) Sofern sie nicht auf „Thaler effectifs" lauteten.

Die Bank erachtete es als ihre natürliche Aufgabe, den Bewohnern der neuen Reichslande dadurch entgegenzukommen, daß sie ihnen die Verwertung der noch in ihrem Besitze befindlichen französischen Münzen zu einem angemessenen Kurse erleichterte, und sie zugleich in der Anknüpfung neuer Verbindungen in Deutschland unterstützte, indem sie ihnen die Möglichkeit gewährte, auch von ihren deutschen Geschäftsfreunden nach wie vor in Frankenwährung auf sich trassieren zu lassen. Es verstand sich indes von selbst, daß nur goldene und silberne Münzen der Frankenwährung in Zahlung genommen werden durften, nicht etwa französische Banknoten, welche infolge des durch Gesetz vom 12. August 1870 dekretierten Zwangskurses bedeutend disagio standen und von deren Annahme die Preußische Bank durch Privileg des Einführungsgesetzes vom 4. Juli 1871, § 3, Abs. 2 [1]) ausdrücklich entbunden war. Dieselben waren daher unbedingt und unter allen Umständen zurückzuweisen. Ebenso konnte die Annahme silberner Münzen im Werte von weniger als 5 Frcs. nur mit der Beschränkung gestattet werden, daß damit lediglich Zahlungen bis zu 50 Frcs. geleistet wurden. Kupferne Scheidemünzen wurden nur in Beträgen von weniger als 1 Frc. angenommen.

Zufolge der Bekanntmachung des Hauptbank-Direktoriums vom 19. Juli 1871 Ziff. 2 war es den elsaß-lothringischen Bankanstalten gestattet, Wechsel auf London, Amsterdam und andere geeignete Plätze des Auslandes anzukaufen. Wechsel auf Paris und andere französische Bankplätze waren mit Absicht nicht genannt worden, obgleich es kaum zweifelhaft sein konnte, daß der Handelsstand gerade auf die Begebung dieser Wechsel besonderen Wert legte. Nicht etwa aus allgemein politischen Gründen waren französische Devisen vom Ankaufe durch die Preußische Bank zunächst ausgeschlossen, sondern lediglich im Interesse der Sicherheit der Bank. Die Erfahrungen während des Krieges und die noch in Frankreich herrschenden Zustände ließen die Verfolgung von Wechselforderungen zumal für Ausländer in hohem Grade mißlich erscheinen. Der in Frankreich bestehende Zwangskurs der Noten und die Unsicherheit der Valuta ließen es damals ebenso unzulässig erscheinen, Wechsel auf französische Plätze anzukaufen wie auf österreichische oder russische Plätze [2]). Als jedoch im September 1871

---

1) „Andere als ihre eigenen Banknoten in Zahlung zu nehmen, ist die Bank nicht verpflichtet."

2) Infolge der in Oesterreich und Rußland herrschenden Papierwährung findet dort ein stetes Auf- und Abwogen des Geldwertes statt, welches für die gesamte Volkswirtschaft dieser Länder nachteilig wird. Der einzelne Produzent muß damit rechnen und stets den für ihn ungünstigsten Fall ins Auge fassen. Er wird seine Produktion ein-

der Zwangskurs der französischen Noten für Elsaß-Lothringen beseitigt worden war, und auch die Verhältnisse in Frankreich sich wesentlich konsolidiert hatten, wurde auf Antrag der Notablenversammlung des Mülhauser Handelsstandes der Ankauf von Wechseln auf Paris, Lyon und andere französische Bankplätze unter Zugrundelegung des Berliner Börsenkurses und Berechnung einer mäßigen Provision gestattet. Trotzdem wurde von dieser Erleichterung weniger Gebrauch gemacht, als zu erwarten war, solange der Kurs für kurz Paris unter 79 stand.

Aeußerst schwierig mußte sich für die elsaß-lothringischen Bankanstalten die innere Geschäftskontrolle, die Bemessung der im Diskontverkehr zu gewährenden Kredite gestalten. Ist schon die richtige Beurteilung der Vermögensverhältnisse der Kreditsuchenden in einem bekannten Wirkungskreise nicht leicht, wie viel mehr Einsicht, Routine, Gewandtheit und kaufmännischen Blick mußte sie auf fremdem Terrain erfordern, auf dem sich der geschäftliche Verkehr in ganz anderen Formen als in Alt-Deutschland bewegte. Besonders schwierig aber gestaltete sich diese Aufgabe, weil die Einrichtungen der französischen Bank, wie wir sahen, gerade auf dem Gebiete der inneren Kontrolle der gewährten Personalkredite wesentlich von den entsprechenden der Preußischen Bank abwichen. Waren also an und für sich die Kredite höher bemessen, welche die Banque de France ihren wenigen présentateurs eingeräumt hatte, so kam noch hinzu, daß gerade bei Beginn ihrer Thätigkeit die an die Preußische Bank gestellten Anforderungen ungewöhnlich große sein mußten infolge der durch den Krieg bedingten Krise des Geld- und Kreditwesens. So konnte und durfte die Preußische Bank in Elsaß-Lothringen angesichts ihrer Aufgabe, die französische Bank zu ersetzen und Sympathien für Deutschland wach zu rufen, die Diskontierungen nicht in zu enge Grenzen schnüren, um so weniger, als die diskontierten Wechsel meist gute Verbundene trugen. Ein weiterer Grund, der für eine Erhöhung der den Bankiers als ehemaligen présentateurs der Banque de France zu gewährenden Kredite sprach, war der, daß die aus dem Innern von Frankreich auf die elsaß-lothringischen Bankplätze gezogenen Wechsel diesen Bankiers zuflossen. Wenngleich diese Wechsel nun auch eine Anzahl von Unterschriften erster französischer Firmen trugen, so konnten sie doch

---

schränken. Diese Unsicherheit führt ein spielartiges Moment in die ganze Produktion hinein. Das sind die Gründe, weshalb auch heute die deutsche Reichsbank den Ankauf von Wechseln auf die Länder der Papierwährung ablehnen muß. Ueber die Schwankungen der Wechselkurse zwischen Oesterreich-Ungarn im Verkehre mit den übrigen Nationen vgl. Lotz: „Die Währungsfrage in Oesterreich-Ungarn und ihre wirtschaftliche und politische Bedeutung", Leipzig 1889, S. 16.

seitens der Preußischen Bank nur dem Konto des einheimischen Bankiers zur Last gestellt werden. Ohne den Einrichtungen der französischen Bank schroff gegenüberzutreten und ohne ihre eigene Sicherheit irgendwie zu gefährden, hat es die Preußische Bank verstanden, in diesem höchst wichtigen Punkte der Kreditgewähr n a c h a u ß e n hin, dem Publikum gegenüber, das Verfahren der französischen Bank unverändert beizubehalten, während sie zugleich n a c h i n n e n, das heißt bezl. der eigenen Kontrolle, ihren bewährten Vorschriften und Einrichtungen genügte. Hatten sich bei der französischen Bank Engagement und Belastung der présentateurs oft zu großer Höhe, zuweilen sogar über das verantwortliche Vermögen derselben hinausgehend, erhoben, so hielt allerdings die Preußische Bank dieses Verfahren bezl. des Engagements dem diskontierenden Bankier gegenüber aufrecht, während sie die Belastung auf alle aus den diskontierten Wechseln verpflichteten Personen nach der Höhe ihrer Kreditwürdigkeit verteilte, die Qualität jeder einzelnen Unterschrift einer sorgfältigen Prüfung unterwerfend. Von dieser Operation brauchten der Diskontant und das übrige Publikum nichts zu erfahren, für die Bank aber barg dieses Verfahren ein unschätzbares Mittel, die Qualität ihres Portefeuilles jeden Augenblick zu prüfen; ein Vorzug, der besonders im Hinblick auf die große Wechselcirkulation in Elsaß-Lothringen durch ein in diesen Landen noch neues Institut nur unter Aufwand größter Mühe und gespanntester Aufmerksamkeit erkauft werden konnte.

Dasselbe weitgehende Entgegenkommen wie auf dem Gebiete des Diskontverkehrs tritt uns im Lombardverkehr der elsaß-lothringischen Filialanstalten der Preußischen Bank entgegen. Auch auf diesem Gebiete kein bureaukratisches Festhalten an hergebrachten Grundsätzen, auch hier ein Anschmiegen an die konkreten Verhältnisse, eine wohlwollende Beachtung der Einrichtungen der französischen Bank. Um das Lombardgeschäft dem Publikum möglichst zugänglich zu machen, und dasselbe nicht von vornherein durch die Unbekanntschaft mit den in dieser Beziehung von dem Verfahren der französischen Bank stark abweichenden Formen des preußischen Instituts abzuschrecken, wurden für den Anfang dem Publikum in materieller und formeller Beziehung die weitgehendsten Konzessionen gemacht.

Man mußte mit der Thatsache rechnen, daß deutsche Inhaberpapiere, welche bei der Preußischen Bank damals ausschließlich beliehen werden durften, wenig oder gar nicht in Elsaß-Lothringen vorhanden waren. Die dortige Bevölkerung hatte, wohl wesentlich beeinflußt durch die Art, in welcher der französische Staat seine Anleihen im Lande zu placieren suchte, ihre Kapitalien zum überwiegend größten Teil in französischen Effekten angelegt [1]).

Diese Erkenntnis veranlaßte die Preußische Bank, in Elsaß-Lothringen die Beleihung einzelner französischer Wertpapiere zu gestatten. Die hierin liegende bedeutende Abweichung von dem bisherigen Verfahren der Bank sowohl, als auch die Unsicherheit der französischen Zustände legte der Preußischen Bank zugleich die Pflicht auf, dieses Zugeständnis möglichst einzuschränken. Es durften daher nur die besten französischen Werte beliehen werden, und zwar die (ältere) 3 % französische Rente, soweit die Titel auf den Inhaber lauteten, und die Stammaktien sowie die 3 % Prioritäts-Obligationen der 6 großen Eisenbahngesellschaften, Nord, Est, Ouest, Paris-Lyon-Méditerranée, Orléans und Midi. Die Beleihung dieser Papiere erfolgte zunächst mit $^3/_5$ des jedesmaligen Kurswertes, höchstens mit 60 % des Nominalwertes. Um im übrigen dieser Maßregel ihren Charakter als ausnahmsweiser Begünstigung des elsaß-lothringischen Publikums zu wahren, und namentlich die Bank davor sicherzustellen, daß sie nicht zu Spekulationszwecken, die ihrer Bestimmung völlig fremd waren, mißbraucht werde, wurde die Dauer dieser Begünstigung vorläufig auf ein Jahr beschränkt. Auch durfte ausnahmsweise bei der Lombardierung von Wechseln auf französische Plätze der jedesmalige Wechseldiskont anstatt des höheren Lombardzinsfußes zu Grunde gelegt werden. Da die Straßburger Filiale der Preußischen Bank durch Abschluß der Liquidation der Succursale der französischen Bank Gelegenheit erhielt, einen Teil der von letzterer abgeschlossenen Lombardgeschäfte zu übernehmen, wurde der Beleihungssatz für französische Eisenbahnen im Dezember 1871 dahin erhöht, daß die Stammaktien der Nord-, Paris-Lyon-Méditerranée- und Orléans-Eisenbahn-Gesellschaften mit 60 % des Pariser Kurswertes, höchstens mit 120 % des Nominalwertes, diejenigen der Midi-, Est- und Ouest-Eisenbahn dagegen mit $^4/_5$ des Kurses, höchstens mit 80 % des Nominalwertes im

---

1) Zur Unterbringung seiner Anleihen, zu welchem Zwecke in anderen Staaten die Centralbanken häufig benutzt werden, bedient sich der französische Staat der trésoriers généraux. Er legt ihnen die Verpflichtung auf, Staatsrenten oder vom Staate garantierte Eisenbahnobligationen bis zum Betrage von 50 Frcs. Rente oder 1000 Frcs. Kapital zum Tageskurse spesenfrei zu besorgen, desgleichen Subskriptionen auf französische Rententitel kostenlos entgegenzunehmen. Dieser Modus ist sowohl für den Staat als auch für den Kapitalisten von Vorteil. Der Staat bringt seine Anleihen in feste Hände und verteilt sie im ganzen Lande, das Publikum wird zur Sparsamkeit angehalten und läuft nicht so leicht Gefahr, durch Anlage in Spekulationspapieren seine Ersparnisse zu verlieren.

Lombardverkehr der elsaß-lothringischen Bankanstalten zugelassen wurden.

Was die Form des Pfandgeschäftes betraf, so hielt man es nach reiflicher Erwägung für das Zweckmäßigste, dem Publikum die freie Wahl zu lassen, ob es sich der bei der Preußischen Bank üblichen Pfandscheine oder der bei der Banque de France gebräuchlichen Schuldscheine mit zugehöriger demande und bordereau bedienen wollte. In weiterer Rücksichtnahme darauf, daß manche Personen des elsaß-lothringischen Handelsstandes der deutschen Sprache noch nicht mächtig waren, kamen die Formulare der französischen Bank mit nebeneinandergestelltem deutschen und französischen Text zur Anwendung. Ein Bedürfnis zur Beleihung von Waren war für Elsaß-Lothringen nicht vorhanden.

Neben den erwähnten Vergünstigungen der elsaß-lothringischen Bankanstalten im Diskont- und Lombardverkehr kam an dritter Stelle die Frage in Betracht, ob der Giroverkehr in den neuen Landesteilen eingeführt werden sollte. Diese Frage war um so mehr von Interesse, als sich bei der Preußischen Bank in den letzten Jahren ein steter Rückgang dieses Geschäftszweiges, der sich damals noch im engen Rahmen des Platzverkehrs bewegte, bemerkbar gemacht hatte. Die Preußische Bank brauchte auf die Pflege dieser Form des unverzinslichen Depositengeschäfts um so weniger Wert zu legen, als ihre Notenemission durch keine einschränkende Fessel gehemmt wurde, und sie sich auf diesem Wege weit bequemer die zum Betriebe notwendigen Kapitalien beschaffen konnte, als durch die Pflege des mit großen Mühewaltungen verknüpften Giroverkehrs.

Im Jahre 1870 wurde außer in Berlin nur noch in Danzig ein Umsatz auf Giro-Konto erzielt. Um so mehr Anerkennung verdient daher die Politik der Preußischen Bank, wenn sie auch auf diesem Gebiete dem elsaß-lothringischen Handelsstande das größte Entgegenkommen bewies. In Berücksichtigung des Umstandes, daß die französische Bank den Giroverkehr auch in jenen Landesteilen gepflegt und die Konteninhaber daran gewöhnt hatte, stets größere Guthaben bei der Bank zu halten, wollte sie diese jetzt nicht ihrer gewohnten Bequemlichkeit berauben, da doch wohl keiner derselben vorbereitet war, größere Summen in den Geschäftsräumen aufbewahren zu müssen. Nach wie vor sollten die Konteninhaber über ihr Guthaben bei der Bank nach Bedarf verfügen können. So wurde denn auch bei den elsaß-lothringischen Anstalten der Giroverkehr durch Verfügung des Hauptbank-Direktoriums vom 10. Juli 1871 eingeführt, unter Zugrunde-

des Silbers entledigt, so würde dies wahrscheinlich ohne nennenswerte Verluste möglich gewesen sein[1]). So bedeutend nun aber auch gegen Ende des Jahres 1871 der Thaler als solcher in seinem Werte gestiegen war, so war der Preis des Silbers als Metall dadurch nicht beeinflußt worden. Die Preissteigerung erstreckte sich im wesentlichen nur auf die gemünzten Thaler (und deren Surrogate in Papier), weil diese Münze im größten Teile Deutschlands als gesetzliches Zahlungsmittel umlief, aber nicht so schnell vermehrt werden konnte, als es die plötzlich eingetretene starke Nachfrage verlangte.

Bei der Errichtung der Bankanstalten in Elsaß-Lothringen hatte die Preußische Bank keinen Anstand genommen, die Annahme von französischen Frankenmünzen in Gold und Silber zum festen Kurse von 80 Thalern für 300 Frcs. ohne weitere Beschränkung zu gestatten. Daß diese Maßregel für die Bank besondere Inkonvenienzen und Gefahren zur Folge haben werde, war nicht vorauszusehen, da bei Gründung der Bankanstalten das angegebene Wertverhältnis dem wirklichen Werte des Silbers bezw. dem Wechselkurse auf die Länder der Frankenwährung annähernd entsprach. Die Börsenkurse waren jedoch, wie erwähnt, andere und der Bank entschieden ungünstige und gefährliche geworden, seitdem der Wechselkurs auf Paris bezw. Belgien bis auf $77\tfrac{3}{4}$ gefallen und gleichzeitig die Summe des in den Reichslanden vorhandenen französischen Silbergeldes infolge der gezahlten Kriegsentschädigungen ungeheuer gestiegen war[2]). Was war daher müheloser und gewinnbringender, als französische Silbermünzen anderwärts zu billigerem Preise anzukaufen und sie den preußischen Bankanstalten in Elsaß-Lothringen zu dem jetzt verhältnismäßig hohen Kurse von 80 in Zahlung zu geben?

Zunächst bot der Anweisungsverkehr der Preußischen Bank der Spekulation eine bequeme Handhabe. Ein elsaß-lothringischer Arbitrageur zahlte z. B. bei der Preußischen Bank-Filiale in Straßburg die Summe von 8000 Thlr. ein, um sie an ein Haus in Berlin, mit dem er in Geschäftsverbindung stand, wieder auszahlen zu lassen. Er

---

1) Vgl. Lexis: „Erörterungen über die Währungsfrage", S. 34. — Die Kursangaben sind dem Reichsanzeiger entnommen. — Ueber die Wirkung der Wertdeplacierung vgl. Strafsburger Zeitung vom 14. September 1871.

2) „Frcs. 239 Millionen der Kriegskostenzahlungen waren in französischen Fünffrankenstücken nach Strafsburg geliefert worden. Dort blieben sie fast alle liegen, und da ohnehin in Elsafs-Lothringen noch ein grofser Vorrat von Frankensilber vorhanden war, so zeigten sich bei der Regierung manche Besorgnisse über das künftige Los dieses von der neuen Münzgesetzgebung nicht berücksichtigten, aber im Reichslande noch gültigen Geldes." Lexis: „Erörterungen über die Währungsfrage", S. 34.

zahlte den Betrag in silbernen Fünffrankenstücken, zum festen Kurse von 3,75 Frcs., also 30000 Frcs. In Berlin wurden dem Geschäftsfreunde von der Hauptbank ausgezahlt Thlr. 8000, abz. $^1/_3 \%/_{00}$ Prov., also rund Thlr. 7997,20. Die in Straßburg eingezahlten 30000 Frcs. standen aber im Kurszettel mit $77^3/_4$ notiert, hatten also nur einen Wert von Thlr. 7775, so daß der erzielte Gewinn Thlr. 222,10 betrug, wovon noch die geringen Portokosten von Berlin nach Straßburg in Abzug zu bringen sind.

Der Anweisungsverkehr, so angenehm er für den größeren Kaufmann zur Uebermittelung von Zahlungen war, konnte daher bei der Anwendung der deutschen und französischen Valuta von der Preußischen Bank nur mit momentanen Opfern aufrecht erhalten werden. Natürlich wurde seitens der Bank in allen Fällen, wo sie vermutete, daß eine Kursspekulation zu Grunde liege, die Annahme der französischen Valuta abgelehnt.

Ein weiteres, lediglich zur Erzielung eines ungerechtfertigten Agiogewinnes auf Kosten der Bank berechnetes Manöver bestand darin, daß altländische Bankhäuser auf ihre Geschäftsfreunde in Elsaß-Lothringen in großen Beträgen trassierten, wobei die in den alten Landesteilen diskontierten Wechsel bei Verfall in den Reichslanden mit Silber-Franken bezahlt wurden. Auch wurden auf große Summen lautende Wechsel belgischer, luxemburgischer und schweizerischer Häuser in Elsaß-Lothringen zum gleichen Zwecke domiziliert. Die Trassierungen zum Zweck der Arbitrage hatten außer dem Disagio für die Bank noch den Nachteil, daß das Inkasso so großer Summen, die in silbernen Fünffrankenstücken bezahlt wurden, bedeutende Transportkosten bis in die Gewölbe der Bankanstalten verursachte. Auch hier suchte sich die Bank zu schützen, indem sie trachtete, alle Wechsel, welche darauf schließen ließen, daß sie lediglich der Gewinnsucht durch Agiotage ihre Entstehung verdankten, vom Ankauf auszuschließen.

Wenn aber auch die Bank streng darauf hielt, daß sie durch Spekulation auf Agiogewinn nicht übervorteilt wurde, so konnte sie nicht hindern, daß sie, solange die französische Valuta in Deutschland unter Pari stand, auch bei dem legitimen Geschäftsverkehr stets zu ihrem Nachteile arbeitete. Der Diskontverkehr nahm bedeutende Dimensionen an durch das Bestreben der Geschäftswelt, preußische Valuta gegen französische pari einzutauschen [1]).

---

1) In vielen Fällen waren die Bankanstalten gar nicht in der Lage, die legitimen Wechsel von den gemachten zu unterscheiden, da letztere ins Gewand der legitimen

Es gab nur ein wirksames Mittel, durch dessen Anwendung die elsaß-lothringischen Bankanstalten sich vor den ihr aus Agiotagegeschäften erwachsenden Verlusten zu schützen vermochten, und das zugleich geeignet war, sie von den ihr in den Reichslanden zuströmenden Silbermünzen der Frankenwährung zu entlasten, indem sie nämlich im buchstäblichen Sinne des Wortes dem Publikum in der gleichen Münze heimzahlten. Dies Mittel ist denn auch in all jenen Perioden zur Anwendung gekommen, in denen die Disparität die Agiotage gewinnbringend erscheinen ließ. Die Bank verzichtete zunächst darauf, ihre Banknoten zu verbreiten, und bediente sich bei all ihren Zahlungen fast ausschließlich der Frankenmünzen (mit Ausnahme der Einlösung ihrer eigenen Banknoten).

Aber obgleich die elsaß-lothringischen Anstalten sich der französischen Silbermünzen nach Kräften wieder zu entledigen suchten, so konnten sie es doch nicht hindern, daß ihre Bestände an silbernen Fünffrankenstücken immer mehr zunahmen. Das ganze Reichsland war damit förmlich überflutet. Infolge des hohen Standes, den das preußische Geld gegen das französische andauernd hatte, war das erstere fast vollständig ausgeführt und statt dessen französisches eingeführt worden. Dazu kam noch, daß die Reichsregierung es mit der peinlichsten Gewissenhaftigkeit vermied, ihre Zahlungen in anderem als in französischem Gelde zu leisten [1]). Diese Summen, teils aus Entschädigungsgeldern an Gemeinden und Private, teils aus Vorschüssen für die großen öffentlichen Bauten bestehend, beliefen sich auf viele Millionen Thaler. Auch waren die den süddeutschen Regierungen in französischem Silber überwiesenen Anteile an der Kriegskontribution durch Vermittelung von Bankinstituten alle nach Elsaß-Lothringen gewandert. Solange das französische Gold auch noch unter pari stand (Mitte September 1871), war dasselbe ebenfalls reichlich vorhanden. Mit dem Steigen des Goldes änderte sich dieser Zustand, man hielt es zurück und verwendete es auf den deutschen Märkten. Die Preußische Bank mochte sich drehen und wenden, wie sie wollte, man spielte ihr das französische Silber langsam in ihre Kassen hinein [2]).

Wechsel gekleidet waren. So wurden z. B. von der Metzer Filiale der Preufsischen Bank 139 000 Frcs. 14 Tage dato, ausgestellt von der Société générale pour favoriser le développement du commerce et de l'industrie en France in Paris, gezogen auf deren Zweiganstalt in Strafsburg an die Ordre von Goudchaux in Paris, diskontiert.

1) Bei den ersten Zahlungen hatte sich die Regierung sogar der französischen Banknoten bedient, in welchen die erste Rate der Kriegskosten bezahlt worden war.

2) Die Tresors der elsafs-lothringischen Bankanstalten waren gefüllt mit „Fünffrankenthalern", wie der Sprachgebrauch die silbernen Fünffrankenstücke nannte. Wenn man bedenkt, dafs gerade in jener Zeit des Münzwirrwarrs in Elsafs-Lothringen zahlreiche

Bei dieser Uebersättigung der Reichslande mit französischem Silber im Jahre 1872 und zu Anfang des Jahres 1873 kamen Thaler überhaupt nur noch sporadisch vor, und schon wurden im Handelsstande über die mißlichen Zustände des Geldverkehrs unzufriedene Stimmen laut, ja, man war sogar naiv genug, von der Preußischen Bank Abhilfe zu fordern, welche nur die Reichsregierung gewähren konnte.

Da gestaltete sich zum Glück noch im Laufe des Jahre 1873 die Konfiguration der Wechselkurse auf Paris günstiger, das Kreditwesen in Frankreich wandelte wieder in normalen Bahnen und schloß eine gewinnbringende Agiotage für Elsaß-Lothringen aus. Die bedeutenden Mengen an Frankensilber, die in den Reichslanden umliefen oder in den Kellern der Regierung lagerten, strömten 1874 wieder nach Frankreich zurück und namentlich in die Gewölbe der französischen Bank, die sich dieser unwillkommenen Rimesse nicht erwehren konnte [1]).

Die Noten der Preußischen Bank, längst beliebt in Elsaß-Lothringen, konnten nunmehr daselbst heimisch werden, es lohnte nicht mehr, mit ihnen zu arbitragieren [2]). Neben ihnen war an die Stelle der Fünffrankenstücke der Thaler getreten. Preußisches Courant ist das Umlaufsmittel, welches bis zur Einführung der Markwährung von nun an fast ausschließlich in den Reichslanden cirkuliert. Trotzdem war die Frankenwährung die gesetzlich geltende, Buch und Rechnung wurden, wie das auch heute noch meist der Fall, in dieser Währung geführt, und die in Elsaß-Lothringen ausgestellten und ebendaselbst fälligen Wechsel waren sämtlich in Franken gezogen.

b) **Der Zwangskurs der französischen Banknoten.**

Nicht minder mißlich, wenn auch seiner kurzen Dauer wegen weniger schädlich als die fortwährenden Wertschwankungen zwischen Thalern und Franken ist für die Preußische Bank in Elsaß-Lothringen der Zwangskurs der französischen Banknoten gewesen.

Das kaiserliche Dekret vom 12. August 1870 hatte den Zwangskurs über die französischen Banknoten verhängt, die Banque de France

---

Falschmünzer ihr einträgliches Geschäft trieben, so kann man sich eine Vorstellung davon machen, wie schwierig damals die Stellung der Kgl. Preufs. Bankkassierer in den Reichslanden war.
1) Vgl. Lexis, a. a. O. S. 34, 35.
2) Schon im Jahre 1871 hatte der Mangel an einem bequemen und zum Transport geeigneten Zahlungsmittel (die preufsischen Banknoten wurden wegen ihres Aufgeldes gegenüber dem französischen Gelde exportiert) verschiedene süddeutsche Zettelbanken zu dem Versuche veranlafst, ihre Noten in Elsafs-Lothringen einzubürgern, indes hatten dieselben hierbei gar keine Erfolge erzielt, da die Noten auf Gulden süddeutscher Währung lauteten.

war von der baren Einlösung ihrer Noten entbunden worden. Bestand der Zwangskurs der französischen Banknoten auch in Elsaß-Lothringen zu Recht? Einerseits wurde geltend gemacht: bei Erlaß des Gesetzes habe sich der größte Teil Elsaß-Lothringens noch in Händen Frankreichs befunden, infolgedessen sei seine Gültigkeit für diese Landesteile unzweifelhaft; andererseits: das Gesetz gehöre vermöge seiner besonderen staatsrechtlichen Natur zu denjenigen, welche — wie z. B. die Verfassungsgesetze — unmittelbar durch die Thatsache der Lostrennung dieser Provinzen von Frankreich hinfällig geworden seien; so habe z. B. die Bestimmung, daß die Banque de France von der baren Einlösung ihrer Noten entbunden sei, eigentlich nur innerhalb der französischen Grenzen einen Sinn, sie würde bedeutungslos für ein nicht mehr zu Frankreich gehöriges Gebiet[1]). Aus der divergierenden Auffassung dieser Rechtsfrage ergab sich das eigentümliche Verhältnis, daß die öffentlichen Kassen die Annahme der französischen Noten verweigerten, während die Handelsgerichte sie als gesetzliche Zahlungsmittel anerkannten[2]). Als die Zweiganstalten der Preußischen Bank in Straßburg, Mülhausen und Metz in Thätigkeit getreten waren, mußten auch sie zu dieser Frage Stellung nehmen.

Es ist wohl nicht zu verkennen, daß die Bestimmungen des § 3 Abs. 2 des Einführungsgesetzes vom 4. Juli 1871 über den Betrieb von Bankgeschäften in Elsaß-Lothringen durch die Preußische Bank, wodurch dieselbe ausdrücklich von der Verpflichtung, andere als ihre eigenen Banknoten in Zahlung zu nehmen, entbunden wird, hauptsächlich auf die mit Zwangskurs behafteten Noten der Banque de France abzielte. Auf Grund dieses Privilegiums haben die elsaß-lothringischen Bankanstalten bis zur Aufhebung des Zwangskurses dieser Noten in Elsaß-Lothringen durch Gesetz vom 28. September 1871[3]) die Annahme der französischen Noten verweigert.

Die Ausnahmestellung der Landeskassen und der Preußischen Bank, welche den Zwangskurs nicht anerkannten, machte sich in der unangenehmsten Weise geltend und drohte Antipathieen gegen die deutsche

---

1) Vgl. Strafsburger Zeitung vom 19. und 21 Septbr. 1871.
2) So erkennt eine Entscheidung vom 11. Oktober 1871 des Handelsgerichtes in Strafsburg den Zwangskurs der französischen Noten als noch fortbestehend an. Die Strafsburger Filiale der deutschen Unionbank hatte zwei Wechsel protestieren lassen, die vom Geldwechsler Levy in Bischweiler indossiert waren und deren Betrag letzterer beim Verfalltermine in Bankbilleten der Bank von Frankreich bezahlen wollte. Daraufhin hatte die deutsche Unionbank den Levy belangen lassen, damit sich das Gericht darüber ausspreche, ob sie berechtigt war, die Annahme von französischen Bankbilleten zu verweigern. Der Kläger wurde mit seiner Klage abgewiesen und in die Kosten verurteilt.
3) Verkündigt am 14. Oktober 1871.

Regierung und gegen die Bank wachzurufen. Nach Art. 143 des code de commerce muß der Wechsel in derjenigen Münzsorte, auf welche er lautet, bezahlt werden, und bei dem Zwangskurs der französischen Noten glaubten sich die Wechselverbundenen in gutem Recht, wenn sie in dieser Valuta zahlen wollten. Es hielt recht schwer für die Preußische Bank, dem Zahlungspflichtigen begreiflich zu machen, daß das Wechselversprechen, welches abgegeben worden war, und das auf Zahlung in Franken lautete, sich durch das Indossament an die Bank insoweit verändert habe, daß er jetzt verpflichtet sei, nur in preußischem Courant oder in den der Bank genehmen Geldsurrogaten zu zahlen. Die Zahlungspflichtigen waren so sehr von ihrem Rechte überzeugt, daß sie bei Zurückweisung französischer Banknoten die Wechsel ruhig in Protest gehen ließen. Täglich mußten die Beamten der Bank vom Publikum die Definition des Zwangskurses anhören, sie mußten sich sagen, daß die Leute in ihrem Rechte seien, ohne doch in der Lage zu sein, ihnen dieses Recht gewähren zu können. Dadurch bildete sich bald ein wirksames Agitationsmittel aus, eine große Bitterkeit im zahlenden Publikum machte sich gegen die Bank geltend. Die Diskontierungen, welche sie vermittelte, wurden fast illusorisch, ja oft verhängnisvoll, da ein großer Teil von Wechseln wegen verweigerter Annahme von Banknoten protestiert wurde und zurückging. Die daraus erwachsenden Kosten fielen lediglich dem Diskontanten zur Last. Die Wechselschuldner, die den Protest über sich hatten ergehen lassen, wurden dieserhalb von ihren Gläubigern hart angegriffen. Nach langwieriger Korrespondenz stellte sich dann heraus, daß der Schuldner bona fide gehandelt hatte, und der ganze Groll, der beim Publikum aus dieser kostspieligen und fatalen Affaire entsprang, richtete sich gegen die Bank. Man vermied es daher möglichst, Wechsel an die Bank gelangen zu lassen.

Im Laufe der Monate August und September 1871 hatte hauptsächlich in den beiden elsässischen Plätzen das Publikum eine schroffe und feindliche Stellung der Bank gegenüber eingenommen. In Metz dagegen hatten sich die Trassaten meist überzeugen lassen, daß es sich nicht lohne, wegen der oft nur geringfügigen Beträge Protestkosten entstehen zu lassen, und schließlich klagend in klingender Münze gezahlt. Nur in seltenen Fällen ist dort die Weigerung der Preußischen Bank-Kommandite, französische Banknoten in Zahlung anzunehmen, von den Zahlungspflichtigen als willkommener Vorwand benutzt worden, sich vorläufig mit Anstand ihren Verbindlichkeiten entziehen zu können. Dennoch war auch in Metz zur Erhaltung des guten Einvernehmens mit dem Handelsstande die Aufhebung des bestehenden Zwangskurses dringend wünschenswert, während sie für die beiden elsässischen Anstalten als das einzige Mittel zur Abwendung unheilvoller Folgen erschien.

Es war höchste Zeit, als am 14. Oktober 1871 endlich durch Gesetz vom 28. September 1871 der gesetzliche Kurs der französischen Noten, soweit er in Elsaß-Lothringen Geltung erlangt hatte, aufgehoben wurde. Die Reichsregierung aber ging noch weiter. Als in Paris demnächst sogenannte bons de monnaie auf den Inhaber in Abschnitten von 1, 2 und 5 Franken ausgegeben wurden, für deren Umlauf auch auf Elsaß-Lothringen gerechnet war, wurde es, um der Gefahr des Eindringens dieser bedenklichen Geldsurrogate in den Verkehr des Landes zu begegnen, notwendig, in dem Gesetz vom 7. Januar 1872 (Gesetzblatt S. 59) ein Verbot gegen die Zahlungsleistung mittelst außerdeutschen Papiergeldes, außerdeutschen Banknoten und ähnlichen Wertzeichen zu erlassen, von welchen jedoch unter Berücksichtigung der noch fortdauernden Verkehrsbeziehungen des Landes die Noten der Bank von Frankreich von 50 Frcs. und darüber bis auf weiteres ausgenommen wurden [1]).

Betrachten wir zunächst die Rückwirkung der Aufhebung des Zwangskurses auf die elsaß-lothringischen Bankkommanditen. Besonders in Straßburg war sie von geradezu überraschendem Einfluß auf die Stückzahl der erhobenen Wechselproteste:

	Inkasso-Wechsel wurden eingezogen Stück:	Es wurden protestiert Stück:
v. 8. Sept. — 7. Okt.	793	136
v. 8. Okt. — 7. Nov.	1096	77

Die Mehrzahl der im September seitens der Bankkommandite zu Straßburg aufgenommenen Proteste war anläßlich der Verweigerung der Annahme französischer Banknoten erhoben worden. Jetzt wußte

---

1) Die deutsche Regierung besafs selbst noch eine beträchtliche Menge französischer Banknoten und sie hielt sich dadurch, dafs sie den Umlauf derselben in Elsafs-Lothringen gestattete, die Begebungsmöglichkeit im eigenen Lande offen. Thatsächlich hat sie sich bei ihren Zahlungen anfangs auch der französischen Banknoten bedient. Beim Abschlufs der Frankfurter Zusatzkonvention vom 21. Mai 1871 war Frankreich zur Leistung einer baren Abschlagszahlung noch nicht imstande, und Fürst Bismarck nahm daher ausnahmsweise eine gewisse Summe in französischen Banknoten an, damit die günstige Jahreszeit zum Aufbau der durch den Krieg zerstörten Gebäude benutzt werden könne. Die Noten standen damals sehr günstig. Jedoch sprach der Reichskanzler es im Parlament ausdrücklich aus (Rede vom 25. Mai 1871), dafs die Festigkeit des Kurses derselben in der Zukunft zweifelhaft sei. Aber man hatte zu wählen zwischen der sofortigen Aufnahme der Entschädigungszahlungen in Noten, oder einer Verzögerung derselben um mindestens 3 Monate. Man entschied sich für die erste Alternative. Vgl. Schricker, a. a. O. S. 50.

der Wechselgeber, daß er klingendes Geld verlangen konnte, und nicht länger brauchte man die Vermittelung der Preußischen Bank ängstlich zu meiden. Das Diskontgeschäft nahm eine gedeihliche Entwickelung an, die besonders im Rimessen- und Inkassowechselverkehr sich sofort äußerte [1]).

Der Kurs der französischen Noten in Elsaß-Lothringen fiel infolge des Gesetzes vom 28. September 1871 ein wenig unter den jenseits der Vogesen. Diese Disparität konnten sich die Arbitrageure nicht entgehen lassen; so klein sie war, so genügte sie doch, um es zu einem vorteilhaften Geschäft zu machen, die Noten in Elsaß-Lothringen aufzukaufen und sie in Frankreich zum höheren Kurse zu verwerten. Diese Spekulationsgeschäfte, verbunden mit den in französischen Banknoten gezahlten, nicht unbedeutenden Summen, mit denen das reichsländische Kapital sich an der französischen Staats- und Pariser Stadt-Anleihe beteiligte, befreiten Elsaß-Lothringen in kurzer Zeit von dem französischen Papiergeld. Der geringe Verlust, den die Bevölkerung dabei erlitt, wurde reichlich aufgewogen durch die völlige Unabhängigkeit von den unberechenbaren Wirren des französischen Geldmarktes. Sie ist nicht zu teuer erkauft worden. Das durch die enormen Bedürfnisse der französischen Regierung an Wechseln sich stetig steigernde Disagio der Noten der Banque de France berührte die Reichslande ferner nicht.

c) Die Anwendung deutscher Wirtschaftsgesetze in Elsaß-Lothringen.

Mit dem 1. Januar 1872 waren die Reichslande dem deutschen Zollverein einverleibt worden [2]) und die Einheit des Zoll- und Handelsgebietes mit dem übrigen Deutschland war völlig durchgeführt. Die neue Zollgrenze verwies Elsaß-Lothringen mit Nachdruck auf den deutschen Markt. Die alten Verbindungen mußten gelöst und durch neue ersetzt werden. Der altdeutschen Textil- und Eisenindustrie war in der elsaß-lothringischen ein mächtiger Konkurrent entstanden. Aber nur mit

---

1) Von der Bankkommandite in Straßburg wurden angekauft an Rimessenwechseln:
im September 356 Stück 165 652 Thlr.,
im Oktober 700 Stück 219 034 Thlr.,
eingezogen an Inkassowechseln:
im September 963 Stück, im Oktober 1146 Stück.
2) Für die Inkorporation Elsaß-Lothringens in den Zollverein kommen in Betracht folgende Gesetze und Verordnungen: Ges. v. 17 Juli 1871. Ges.-Blatt für Elsaß-Lothr. S. 87. — Verordnung des Kais. Generalgouvernements vom 3. Mai 1871. Straßburger Zeitung No. 105. — Ges. v. 2. August 1871. Ges.-Bl. f. Els.-Lothr. S. 243.

schwerem Herzen entschloß sich der oberelsässische Fabrikant, der lothringische Producent, sich in Deutschland ein neues Absatzgebiet zu erobern; es war mehr als die Macht alter Gewohnheit, mehr als eine bloße vis inertiae, die ihm den Uebergang auch moralisch erschwerte. So verdient das Bestreben der deutschen Regierung, diesen Uebergang durch Erleichterungen aller Art weniger fühlbar gemacht zu haben, eine hohe Anerkennung. Zollbefreiungen und Ermäßigungen gewährten der elsaß-lothringischen Industrie während eines Zeitraumes von nahezu zwei Jahren eine ungewöhnlich vorteilhafte Stellung zwischen zwei großen Märkten [1]. Die Uebergangsperiode sollte die Möglichkeit bieten, ihre Beziehungen zu Frankreich nach und nach zu lösen und in gleichem Maße mit diesem Ablösungsprozeß eine Amalgamierung mit den deutschen Handelsinteressen anzustreben. Ihre Existenzbedingung mußte von Frankreich unabhängig gemacht, die Produktion nach den Bedürfnissen des deutschen Marktes umgestaltet und auf letzterem ein fester Boden gewonnen werden. Die Konjunkturen konnten für einen derartigen Prozeß nicht günstiger gedacht werden. Die französischen Milliardenzahlungen hatten den deutschen Unternehmungsgeist wachgerufen, große Privatkapitalien suchten Anlage, damit ging Hand in Hand eine gesteigerte Konsumtion, welche zunächst den elsaß-lothringischen Produkten eine ausgedehnte Absatzmöglichkeit bot. Vom Gründungsschwindel selbst sind die Reichslande, Dank ihrer eigenartigen Stellung zwischen Alt-Deutschland und Frankreich, verschont geblieben.

Durch die Aufnahme Elsaß-Lothringens in den deutschen Zollverein war die handelsrechtliche Einigung der Reichslande mit Deutschland eine naturgemäße Forderung der gegebenen Sachlage geworden. Mit dem 1. Oktober 1872 ist das Allgemeine Deutsche Handelsgesetzbuch, die Wechselordnung und das Genossenschaftsrecht in Elsaß-Lothringen in Kraft getreten [2]. „Es war hierdurch nicht nur die für den kommerziellen Verkehr mit dem übrigen Deutschland wünschens-

---

[1] Vgl. Art. 5 des Präliminarfriedens v. 26. Februar 1871 und die Zusatzkonvention zum Frankfurter Frieden v. 12. Oktober 1871, sowie die Verordnung des Kais. Generalgouvernements v. 3. Mai 1871. — Eine übersichtliche Darstellung der für die Zeit des Ueberganges geltenden Bestimmungen, ihre Entstehung, Begründung und Wirkung speziell mit Rücksicht auf die oberelsässische Baumwollindustrie findet sich bei Herkner: „Die oberelsässische Baumwollindustrie und ihre Arbeiter", S. 273—281.
[2] Gesetz v. 19. Juni 1872 und 12. Juli 1872. Ges.-Bl. S. 213 und 511. — Bezüglich der Gebührenregelung vgl. Verordnung vom 12. Juli 1872, Ges.-Bl. S. 563. — Instruktion bezüglich Führung des Handelsregisters vgl. Ges.-Bl. S. 746. — Ueber die privatrechtliche Stellung der Erwerbs- und Wirtschaftsgenossenschaften vgl. Verordnung vom 28. September 1871, Ges.-Bl. S. 745.

werte Rechtseinheit vermittelt, sondern auch dem eigenen Bedürfnisse des Landes Rechnung getragen, da dessen bisherige Gesetzgebung auf dem gedachten Gebiete teilweise veraltet und durch neuere Gewohnheiten, sowie durch das Bedürfnis des Lebens überholt war"[1]).

Im allgemeinen wurden der code de commerce und die übrige französische Gesetzgebung aufgehoben, soweit es sich um Materien handelte, welche Gegenstand der neu eingeführten Gesetze bildeten. Die Wirkung der neuen Handelsgesetzgebung auf die Preußische Bank war keine unmittelbare. Mittelbar wurde zwar ihr Geschäftsumfang ausgedehnt, indem die unter Herrschaft des neuen Aktiengesetzes gegründeten Gesellschaften mit der Preußischen Bank in Verbindung traten. Unmittelbar dagegen wirkte die gleichzeitig erfolgte Einführung der Allgemeinen Deutschen Wechsel-Ordnung in Elsaß-Lothringen. Die mit Rücksicht auf die Bestimmungen des französischen Rechtes und auf die sich daran anschließende Handelsgewohnheit seitens der Preußischen Bank gestattete Diskontierung von billets à ordre und mandats (non acceptables) — sogenannter lettres de change imparfaites — konnte nach dem 1. Oktober 1872 nicht weiter stattfinden. Dergleichen Papiere sind in Ermangelung eines der Bezeichnung „Wechsel" entsprechenden Ausdruckes[2]) nicht als Wechsel, sondern lediglich als Ordrepapiere, resp. Anweisungen zu betrachten[3]) und unterliegen somit den Bestimmungen des Wechselrechtes nur in beschränktem Maße[4]). Nur solche im Inlande ausgestellte Papiere eigneten sich fortan zur Diskontierung bei der Preußischen Bank, welche mit allen wesentlichen Erfordernissen des Wechsels nach Maßgabe der Bestimmungen der Allgemeinen Deutschen Wechsel-Ordnung, ausgestattet waren. Die im Auslande ausgestellten Papiere hingegen wurden — sofern sie den am Ausstellungsorte geltenden wechselrechtlichen Bestimmungen genügten — auch fernerhin im Diskontverkehr der Preußischen Bank und auch später in demjenigen der Reichsbank zugelassen. Sie wurden nach dem Recht des Ausstellungsortes beurteilt[5]).

---

1) Schricker, a. a. O. S. 171.
2) Allgem. Deutsche Wechselordnung Art. 4, $_1$.
3) Entscheidung des Reichs-Oberhandelsgerichts vom 11. Mai 1872.
4) Allgem. Deutsches Handelsgesetzbuch, Art. 305.
5) Nach französischem (code de commerce Art. 110), nach belgischem (code de commerce revisé Titre VIII, Art. 1), nach englischem Recht (vgl. Byles: Bills of exchange etc. ed. 1874, S. 76 ff.) ist das Wort „Wechsel" in der betreffenden Sprache nicht wesentlich. Promissory notes in England sind eigene Wechsel (Borchardt. Sammlung I, S. 160). Bloße billets à ordre und mandats sind auch in Frankreich keine Wechsel (vgl. Nougier: Des lettres de change, Tome II, Paris 1875, S. 274 ff.), dagegen sind sie den Bestimmungen des französischen Wechselrechtes unterworfen (code de commerce, Art. 187).

Der durch das Gesetz gebotene Ausschluß der billets à ordre vom Diskontverkehr der elsaß-lothringischen Filialen der Preußischen Bank ist von einschneidender Bedeutung für die Form und Verteilung des Kredits in den Reichslanden geworden. Im Kleinverkehr war die Form des billet à ordre für die Ausgleichung der Warenschuld zwischen Käufer und Verkäufer durch eine historische Tradition fest begründet. Der Handeltreibende verfügte über den Bankierkredit durch das billet à ordre. Der einsichtige Kaufmann fügte in Zukunft die Worte „de change" nach „billet" in den Context ein, so auf die einfachste Art der Welt dem von ihm ausgestellten Papier die Diskontfähigkeit erhaltend, ohne durch dieses Verfahren seine liebgewordene Gewohnheit aufgeben zu müssen. Solange sich die Handelsbeziehungen in Elsaß-Lothringen selbst bewegen, bedient man sich noch heute nach alter Sitte mit großer Vorliebe der billets, seit Einführung der deutschen Wechselordnung der billets de change, die unseren so wenig beliebten trockenen Wechseln entsprechen und vom Käufer nach Empfang der Ware bis zu den allerkleinsten Beträgen dem Verkäufer in Zahlung gegeben werden, so daß derselbe weder Unkosten noch Unannehmlichkeiten der Acceptbesorgung hat, sondern das Papier sofort weiter begeben kann. Allerdings haben die zugezogenen deutschen Häuser das Trassierungssystem eingeführt, ebenso wie solches seitens der elsaß-lothringischen Geschäftshäuser und Fabrikanten, soweit nicht Rimessen auf deutsche Bankplätze zur Ausgleichung benutzt werden, deutschen Häusern gegenüber angewendet werden muß.

Schwieriger vollzog sich dieser Uebergang für den kleinen Mann, welcher, ohne die Bedeutung einer ihm durch Tradition überkommenen Kreditform in ihrem Wesen zu erfassen, jede Aenderung dieser ihm geläufigen Form ängstlich vermied. Daß durch Beibehaltung des billet à ordre dieses Papier seine Begebungsfähigkeit an die Centralbank verlor, kam ihm zunächst gar nicht zum Bewußtsein, weil er stets nur gewohnt war, mit dieser durch das Medium eines Privatbankiers zu verkehren. Die Folge war, daß ein großer Teil der dem Kleinverkehr entspringenden Papiere, welche früher der Banque de France fast ausnahmslos zugeflossen waren, sich dem Portefeuille der Preußischen Bank entzog. Noch heute finden sich unter den der Reichsbank in Elsaß-Lothringen im Wege des Giroverkehrs eingereichten Inkassowechseln viele meist auf ganz kleine Beträge unter 100 Frcs. lautende billets à ordre.

Dringlicher als die vorher geschilderten Akte der Reichsgesetzgebung, wenngleich viel bedeutungsloser für den Verkehr war die Einführung der deutschen Wechselstempelsteuer in den Reichslanden. Hier unterlagen Wechsel und Anweisungen dem französischen Proportionalstempel. Alle in Elsaß-Lothringen umlaufenden, auf deutsche Plätze lautenden, sowie alle im übrigen Deutschland ausgestellten, auf Elsaß-Lothringen gezogenen Wechsel unterlagen also einer doppelten Besteuerung. Die Aufhebung dieser doppelten Abgabe ist am 15. August 1871 erfolgt [1]). Der doppelte Stempel der von den Kommanditen der Preußischen Bank bis zu diesem Zeitpunkte angekauften Wechsel war von den Diskontanten zu tragen, da die Interessen der Bank die Uebernahme des Stempels nicht gestatteten. Durch das Gesetz vom 27. Januar 1872 (Gesetzblatt Seite 111) wurde die Wirksamkeit des die Inhaberpapiere mit Prämien betreffenden Reichsgesetzes vom 8. Juni 1871 auf Elsaß-Lothringen ausgedehnt und gleichzeitig eine die Ausführung regelnde Verordnung erlassen. Die Rücksichtnahme auf die in den Reichslanden befindlichen Besitzer derartiger Papiere traf zusammen mit dem Bedürfnis der rechtlichen Einheit auch auf diesem Gebiete [2]).

4. Die Entwickelung der Geschäftsthätigkeit der Preußischen Bank (1871—1875) [3]).

Die Entwickelung der Preußischen Bank in Elsaß-Lothringen stellt sich dar als das Ergebnis der wirtschaftlichen und politischen Umgestaltung, die sich nach dem Kriege in den Reichslanden vollzogen hat. Derartige Uebergangsperioden tragen stets den Charakter des Abnormen, so auch die Entwickelung der Preußischen Bank während jener Epoche. Die jährliche Leihthätigkeit der Preußischen Bank war absolut eine bedeutend größere als diejenige der Reichsbank in Elsaß-Lothringen. Während des Jahres 1872 wurden von den 3 elsaß-lothringischen Zweiganstalten der Preußischen Bank ca. 171 Millionen M. Wechsel angekauft, 1873 sogar 201 Millionen M., ein Resultat, wie es bis heute nicht wieder erzielt worden ist. 1874 sank die Summe der angekauften Wechsel auf 189 Millionen, und 1875 auf 153 Millionen M. Diesen Zahlen entsprechend wurden auch 1872 und 1873 Bruttogewinne erzielt, wie sie seitdem nicht wieder von den elsaß-lothringischen Bankanstalten erreicht worden sind. Sie betrugen 1872: 668 600 M. und 1873: 821 000 M., um sodann 1874 auf 505 600 M.

1) Gesetz vom 14. Juli 1871, Ges.-Bl. S. 175. Vgl. auch die Bekanntmachungen No. 655 und 809 vom 11. Aug. und 3. Nov. der Strafsburger Zeitung No. 190 und 262.
2) Vgl. Schricker, a. a. O. S. 108.
3) Siehe Anhaugstafeln I bis IV.

— 72 —

und 1875 auf 403 900 M. herabzusinken. Auch die in den Jahren 1872 und 1873 im Lombardverkehr und Anweisungsverkehr erzielten Umsätze sind ungewöhnlich hoch.

Die Vermutung liegt nahe, wie im übrigen Deutschland habe auch hier das Gründungsfieber eine abnorme Steigerung aller Bankiergeschäfte bewirkt. Das ist keineswegs der Fall. Die verschiedensten Umstände haben hier mitgewirkt. Zunächst führte die schnelle Liquidation der französischen Bank der Preußischen Bank alle Geschäfte zu; der Mangel an größeren Bankinstituten kam ihrem Portefeuille zu gute. Später wurde dieser Mangel ausgeglichen durch die Entstehung großer Aktienbanken in Elsaß-Lothringen, welche für den gesteigerten Verkehr ein Bedürfnis waren. So entstand die Bodenkreditgesellschaft mit den ihr seitens der Landesverwaltung zur Verfügung gestellten ungeheuren Summen und den ihr zur Verwaltung gegebenen Geldern, die es ermöglichten, daß dieses Institut erst 1875 mit der Ausgabe von Pfandbriefen vorging; die Banque d'Alsace et de Lorraine mit ihren Hilfsquellen aus Frankreich; die Banque de Mulhouse u. s. w. mit Filialen in den größeren Städten Elsaß-Lothringens. Aus der steigenden Konkurrenzfähigkeit dieser Institute erklären sich die geringen von den Preußischen Bankanstalten erzielten Umsätze in den späteren Jahren. Erst ganz allmählich, als durch das Entstehen neuer Kreditinstitute dem vollen Umfange des Verkehrs Genüge geleistet war, machte sich wiederum eine Steigerung bemerkbar.

Der Verkehr aber in Handel und Industrie war seit der Annexion bis Ende 1873 in stetem Steigen begriffen. Ueber die bezüglichen Verhältnisse während des Jahres 1872 wird in der dem Reichstag vorgelegten zweiten Jahresübersicht über Gesetzgebung und Verwaltung berichtet: „Teils infolge der durch die Friedensverträge zugestandenen temporären Zollbegünstigungen, teils aber auch durch den allgemeinen Aufschwung der Industrie haben die gewerblichen Etablissements fast aller Branchen während des Jahres 1872 reichliche und vorteilhafte Beschäftigung gehabt"[1]). Die gesteigerten Umsätze hatten notwendig eine größere Inanspruchnahme des Bankkredits zur Folge, speziell eine Hebung des Diskontgeschäftes bei den elsaß-lothringischen Filialen der Preußischen Bank.

Ein weiterer Grund dafür ist in der Wirkung der Kontributionszahlungen auf die Währungsverhältnisse zu suchen. Sowohl die hohen Ziffern der angekauften Rimessenwechsel, wie diejenigen der erteilten

---

[1]) Schricker, a. a. O. S. 176.

Zahlungsanweisungen sind auf die Ausbeutung der Disparität zwischen Thaler und Franken zurückzuführen. Aber auch in anderer Weise machte sich der Einfluß der französischen Kriegskostenzahlungen auf die Entwickelung des Diskontgeschäftes der Preußischen Bank in Elsaß-Lothringen geltend. Bedeutende Summen sollten in Straßburg, Mülhausen und Metz bezahlt werden. Was lag näher, als daß die großen Pariser Bankinstitute, welche sich der französischen Regierung gegenüber zur Zahlung von Teilbeträgen dieser Summen verpflichtet hatten, sich hierbei der Vermittlung elsässischer Bankhäuser bedienten! Die Deckung ist in den verschiedensten Formen erfolgt, und es genügt hier, derjenigen Arten Erwähnung zu thun, welche am häufigsten praktisch geworden sind. Um die nötigen Mittel flüssig zu machen, überschwemmte man den elsaß-lothringischen Markt mit französischen Effekten aller Art, zu deren Ankauf seitens der elsaß-lothringischen Bankinstitute durch Realisierung ihrer Wechselportefeuilles der Gegenwert geschaffen wurde. Diese Diskontierung erfolgte bei der Preußischen Bank oft in unglaublich hohen Beträgen, ereignete es sich doch damals in Straßburg, daß eine dort befindliche Privataktienbank genötigt wurde, an einem einzigen Tage fast sämtliche in ihrem Besitze befindlichen Wechsel der Preußischen Bank zum Diskont anzubieten. Aber nicht nur Elsaß-Lothringen, auch die großen Börsenplätze in ganz Deutschland erschienen den französischen Bankiers als ein geeignetes Feld, um sich durch Entäußerung französischer Effekten Guthaben zu verschaffen. Die Verfügung über derartige Guthaben französischer Banken bei deutschen Häusern pflegte durch direkte Trassierung zu erfolgen [1]). Die Diskontierung derartiger, auf ungeheure Beträge

---

1) Von den an Deutschland gezahlten fünf Milliarden bestand der gröfste Teil, nämlich ca. 85 % oder 4248 Millionen Frcs. in Wechseln verschiedener Währung, und zwar in:

Thalerwährung	Frcs. 2485	Millionen
süddeutschen Gulden	„ 235	„
Mark Banko	„ 265	„
Reichsmark	„ 79	„
holländischen Gulden	„ 251	„
belgischen Franken	„ 296	„
Pfund Sterling	„ 637	„
	Frcs. 4248	Millionen.

Die französische Barsendung war verhältnismäfsig gering, sie bestand aus:

deutschem Gold	Frcs. 105	Millionen
französischem Gold	„ 273	„
französischem Silber	„ 239	„
französischen Banknoten	„ 125	„

Vgl. Léon Say: „Rapport sur le payement de l'indemnité de guerre." Journal des Economistes, XXXVI, S. 286, sowie: Ad. Fellmeth: „Zur Lehre von der internationalen Zahlungsbilanz." Heidelberg 1877.

lautenden Wechsel konnte die Preußische Bank ruhig gestatten, da die darauf befindlichen Unterschriften großer Banken hinreichende Sicherheiten boten, und die Entstehung jener Papiere, wenn sie auch nicht in den legitimen Geschäftsverhältnissen begründet war, sich als das Ergebnis einer durch die außerordentlichen Zeitumstände hervorgerufenen und dem Interesse des Vaterlandes dienenden Transaktion darstellte.

Illoyalen Ursprungs dagegen waren diejenigen großen Wechsel, welche zur Zeit der Krise geschaffen wurden, um die bereits in ganz Deutschland bis ins Maßlose gesteigerten Kredite noch mehr auszunützen. Nicht solche Papiere, die aus dem Gründungsfieber und der Spekulationswut in Elsaß-Lothringen selbst hervorgingen, — dort ist Handel und Verkehr, wie bereits erwähnt, bei der großen Krise überhaupt nicht in Mitleidenschaft gezogen worden — sondern solche, die im übrigen Deutschland erzeugt waren, suchte man auch in den Reichslanden dem Portefeuille der elsaß-lothringischen Bankanstalten zuzuschieben. Da war es denn Aufgabe der Beamten, den ungesunden Charakter dieser Finanzwechsel zu erkennen und dieselben vom Ankaufe durch die Preußische Bank auszuschließen, eine Aufgabe, die sich deshalb um so schwieriger gestalten mußte, als jene Wechsel, oft äußerlich kaum als solche erkennbar, ins Gewand legitimer Geschäftswechsel gehüllt waren.

Für die spätere Abnahme der Portefeuilles kommt ferner in Betracht der allgemeine Geldüberfluß an den Börsenplätzen Frankfurt a/M., Berlin und Paris.

Bei der Kommandite in Straßburg war das Geschäft von Anfang an recht bedeutend. Gerade hier konnte die Preußische Bank eine erfolgreiche Thätigkeit entwickeln, weil das Hauptgeschäft im Diskontieren von Platzwechseln, die der Handel mit Landesprodukten im Unterelsaß meistens erzeugt, besteht. Auf diesem Gebiete waren die Bestimmungen der Preußischen Bank der geringen Zinsberechnung halber dem Handel günstiger als diejenigen der französischen Bank. Die Einrichtungen der Bank gefielen allgemein, man lobte den exakten Geschäftsgang. In Mülhausen war in der ersten Zeit das Geschäft ganz unbedeutend, aber auch hier hob es sich allmählich nach Aufhebung des Zwangskurses der französischen Noten, sowie mit der Lösung der geschäftlichen Verbrüderung mit Frankreich, welche sich besonders in der allerersten Zeit einer gedeihlichen Entwickelung entgegenstellte. Die Eisenindustriellen in Lothringen hatten in der Errichtung der Bankkommandite in Metz die einzige Möglichkeit erblickt, sich lohnende Absatzquellen nach Deutschland zu eröffnen. Mit der

Anknüpfung neuer Verbindungen entwickelte sich hier besonders ein großes Rimessenwechselgeschäft. Aber nicht nur die Großindustrie Lothringens brachte der Preußischen Bank lebhafte Sympathieen entgegen, die neuen Einrichtungen fanden auch den Beifall des Kleinhandels, der sich mit Vorliebe des Anweisungsverkehrs bei der Bank bediente.

Allerdings gab es an allen 3 Hauptplätzen des Landes eine Anzahl von Handeltreibenden, welche grundsätzlich allen deutschen Einrichtungen einen ohnmächtigen Groll entgegenbrachten, aber es war nur ein kleiner Teil des handeltreibenden Publikums, der seine geschäftlichen Transaktionen unter dem Einfluß seiner politischen Protestlerstimmung zur Ausführung brachte. Gleich anfangs wandte sich die ganze Klientel der französischen Bank, gezwungen durch das dringende Bedürfnis, trotz der politischen Abneigung den jungen Anstalten der Preußischen Bank zu, und erst später, als der auch bei den Einheimischen erwachende Unternehmungsgeist eine Anzahl reichsländischer Aktienbanken ins Leben rief, fand eine Minderung ihrer Thätigkeit statt. Nach Kräften und mit Geschick hat sich die Preußische Bank die Gunst des Augenblicks zu Nutze gemacht und sich durch ihre großen Vorzüge, hauptsächlich durch den beschleunigten Geschäftsgang im Diskontverkehr eine Achtung und Sympathie erweckende Stellung beim weitaus größten Teile des elsaß-lothringischen Handelsstandes errungen.

Während der Umfang des Wechselverkehrs die gehegten Erwartungen weit übertraf, erfreute sich der Lombardverkehr trotz der großen, mit Rücksicht auf die herrschenden Verhältnisse geschaffenen Erleichterungen keiner großen Ausdehnung, und auch der in Elsaß-Lothringen eingeführte Giroverkehr ist fast gleich Null geblieben. Wie kam dies?

Bei der Schranke, welche die französische Stempelgesetzgebung zog[1]), hatte sich das Lombardgeschäft bei der Banque de France nicht sehr blühend entwickeln können. Bei der Succursale in Straßburg war die durchschnittliche Anlage in diesem Geschäftszweige nie über den Betrag von 400 000 Frcs. hinausgegangen.

Als die einengenden Bestimmungen des französischen Stempelgesetzes fielen, belebte sich der Verkehr, aber allerdings auch jetzt nur in Mülhausen beträchtlich. Der höchste Stand wurde unter dem

---

1) Das einmal stipulierte Pfandgeschäft gestattete keine Veränderungen. Diese annullierten das alte Pfandgeschäft und bedingten den Abschluß eines neuen, wodurch neben den Umständlichkeiten auch Stempelkosten (Enregistrement) erwuchsen. Vgl. oben S. 19.

— 76 —

Einflusse der herrschenden Atrophie des Geldmarktes erreicht in 1873, wo die von allen 3 elsaß-lothringischen Anstalten erteilten Lombarddarlehen 9 751 900 M. betrugen. Davon entfallen auf die Preußische Bankkommandite in Mülhausen 9 205 900 M. In Straßburg und Metz hat die Anlage im Lombardgeschäft bis 1879 niemals die Höhe von einer Million Mark erreicht. Der Grund dafür liegt einmal darin, daß neben der allgemeinen Abneigung, welche die Formalitäten der französischen Bank und das Stempelsteuergesetz gegen den Lombardverkehr groß gezogen hatten, das elsaß-lothringische Publikum überhaupt wenig in Effekten spekuliert, sodann nahm man nach alter Sitte nicht gern titres au porteur, sondern auf den Namen lautende Papiere, oder man ließ die titres inskribieren und begnügte sich mit dem Certifikat. Das ohnehin schon beschränkte Material an beleihbaren Effekten reduzierte sich daher auf ein Minimum. Die weitgehende Konzession, welche die Preußische Bank dem elsaß-lothringischen Handelsstande durch die Beleihung französischer Wertpapiere gemacht hatte, wies nicht den gewünschten Erfolg auf. Sie wurde daher mit dem 1. Juli 1873 aufgehoben.

Noch bedeutend kläglicher als die im Lombardverkehr der elsaß-lothringischen Filialen der Preußischen Bank erzielten Umsätze sind die im Giroverkehr gewonnenen Resultate. Das Hauptbankdirektorium hatte die Einführung desselben angeordnet, um auch fernerhin den Kunden der Bank zu ermöglichen, ihre Kassenbestände auf ein Minimum zu beschränken und größere Barsummen in den sicheren Gewölben der Bank aufbewahren zu lassen. Nichtsdestoweniger wurde in Straßburg und Metz der Giroverkehr der Preußischen Bank gar nicht und in Mülhausen nur bis 1873, und, wie aus nachstehender Tabelle hervorgeht, in ganz geringem Umfange benutzt.

Giroverkehr bei der Preußischen Bankkommandite Mülhausen [1]):

im Jahre	Bestand am 1. Jan. Thlr.	Zugang Thlr.	Abgang Thlr.	höchster Betrag Thlr.	niedrigster Betrag Thlr.	Durchschnittsbetrag Thlr.	Bestand am 31. Dez. Thlr.
1871	—	147 439	145 620	72 100	1500	14 800	1818
1872	1818	89 814	91 633	19 100	—	4 900	—
1873	—	814 081	814 081	71 000	200	2 400	—

In erster Linie hatte sich die Benutzung des Giroverkehrs angesichts der fortwährenden Schwankungen zwischen der Thaler- und Frankenwährung und der dadurch hervorgerufenen Agiotagegeschäfte nicht als Bedürfnis erwiesen; sodann zeigte sich das Publikum bei

---

[1]) Verwaltungsberichte der Preußischen Bank aus den Jahren 1871—1875.

den Erleichterungen im Diskontverkehr wenig geneigt, Gelder zinslos in den Tresors der Bankanstalten liegen zu lassen. Bei der französischen Bank konnte kein Geschäft ohne Genehmigung des conseil d'administration, der sich nur dreimal wöchentlich für eine Stunde vereinigte, abgeschlossen werden. Man konnte daher nie im gegebenen Momente Geld bekommen, da war es dann freilich geboten, stets einen disponiblen Geldstock auf Giro-Konto parat zu halten. Der Einziehung der Wechsel durch die Bank und Gutschrift der eingezogenen Beträge auf Giro-Konto stand Folgendes entgegen: Kurze Platzwechsel wurden von der Banque de France mit einem Minimalabzug von 8 Zinstagen angekauft; bei der Preußischen Bank kamen nur 4 Tage in Anrechnung. Naturgemäß gab man daher jene Wechsel lieber der Bank im Diskontverkehr, als dieselben selbst einzukassieren oder sie der Bank zum Einzug und Gutschrift auf Giro-Konto einzuliefern. Auch in Elsaß-Lothringen war man zu der in Preußen üblichen Praxis übergegangen, einen knappen Kassenbestand, aber ein ausreichendes, leicht realisierbares Wechselportefeuille zu halten. Der Giroverkehr aber sollte wieder auferstehen und glänzende Triumphe feiern nach der Umformung der Preußischen Bank in eine Deutsche Reichsbank. Dieser Zeitpunkt, in welchem auch die einheitliche Markwährung im ganzen Reichsgebiete in Kraft tritt, bildet den natürlichen Abschnitt der ersten Periode in der Organisation reichsländischen Bank- und Kreditwesens.

III. Die Reichsbank in Elsafs-Lothringen [1]).

1. Der Uebergang der Preufsischen Bank in die Reichsbank.

Die Reichsbank ist die erweiterte, vervollkommnete, fortgesetzte Preußische Bank, und deßhalb hat sich auch der Übergang der Preußischen Bank in die deutsche Reichsbank überall da, wo bereits Zweiganstalten der ersteren bestanden, in einer für den Verkehr unmerklichen Weise vollzogen. Verfassung und Verwaltung, die rechtlichen Kompetenzen ihrer Organe schließen sich eng an die Ueberlieferungen der Preußischen Bank an [2]). Die Geschäfte, welche die Reichsbank zu betreiben befugt ist, sind im wesentlichen die gleichen, wie bei der Preußischen Bank. Auch die Bedingungen, unter welchen sie abgeschlossen werden, sind fast dieselben geblieben. Nur hat die Zahl der im Lombardverkehr beleihbaren Effekten eine Ausdehnung erfahren. Der kommissionsweise An- und Verkauf von Effekten, welcher der Preußischen Bank nur für Rechnung von Behörden gestattet war, darf von der Reichsbank nach vorheriger Deckung für Rechnung eines jeden besorgt werden.

Heute blickt die Reichsbank auf einen 15-jährigen Zeitraum segensreicher Thätigkeit zurück. Während dieser ganzen Periode ist sie verschont geblieben von einer Handelskrise, wie sie das Jahr 1873 für die Preußische Bank gebracht hat. Abnormitäten in ihren Geschäftsresultaten, in ihrer ganzen Politik haben sich nicht gezeigt. In regelmäßigen, ruhigen Bahnen bewegt sich das ungeheure Aktivgeschäft des Diskont- und Lombardverkehrs, nur den temporären Schwankungen unterworfen, welche ihre Erklärung finden in der jeweiligen

---

1) Vgl. hierzu die Anhangstafeln I—IV.
2) Ein Eingehen auf die Unterschiede kann hier nicht beabsichtigt sein, um so weniger, als die im Jahre 1888 von Lotz verfaßte „Geschichte und Kritik des deutschen Bankgesetzes vom 14. März 1875" sich eine genaue Darstellung derselben zur Aufgabe macht.

Lage des Geldmarktes, der Fondsbörse, sowie in den unmittelbar oder mittelbar, chronisch oder akut, generell oder partiell auf Handel und Industrie wirkenden politischen Maßnahmen und wirtschaftlichen Ereignissen. Auf Seite der Passivgeschäfte entwickelt sich der kurz nach 1876 auf neuer Grundlage eingeführte Giroverkehr zu einer hohen Blüte. Die von Jahr zu Jahr sich stetig steigernden Umsätze dieses Zweiges thun kund, wie im handeltreibenden Publikum mehr und mehr die Erkenntnis der wirtschaftlichen Vorteile desselben sich Bahn bricht. Im kaufmännischen Groß- und Kleinbetrieb hat der Reichsbankcheck sich eine Achtung gebietende Stellung errungen. Der weitaus größte Teil der Zahlungsausgleichungen, die sich innerhalb des deutschen Reichsgebietes vollziehen, wird auf die eine oder andere Art durch die Reichsbank vermittelt.

Die Reichsbank nimmt im Geld- und Kreditsystem Deutschlands rechtlich und wirtschaftlich eine beherrschende Stellung ein. Im Dienste national-wirtschaftlicher Interessen ist ihr die Aufgabe zuerteilt, den Geldumlauf im gesamten Reichsgebiete zu regeln, die Zahlungsausgleichungen zu erleichtern und für die Nutzbarmachung verfügbaren Kapitals zu sorgen. Im Sinne dieser letzteren Mission ist die Reichsbank ein Kreditinstitut. Ihren Aufgaben in hohem Maße gerecht zu werden, hat die Reichsbank ganz Deutschland mit einem engmaschigen Netze von Zweiganstalten überzogen. Neben der Reichsbank dient dem Kreditbedürfnis der Nation eine Anzahl von Privatinstituten, denen das Recht der Notenausgabe in einem der Größe ihres Wirkungskreises angepaßten Umfange gestattet ist. Diese Privatnotenbanken erweisen sich mehr den lokalen, die Reichsbank zugleich den nationalen Interessen dienstbar. Bei beiden liegt die Grundlage ihrer Existenz im Diskontgeschäft, in diesem Geschäftszweige bieten sie Handel und Verkehr die größten Leistungen dar, deren sie fähig sind. Die Thätigkeit der Reichsbank als Kreditinstitut kommt nicht einzelnen bevorzugten Klassen des Volkes zu gute, sondern die Gewährung des Kredits erfolgt allen Ständen gegenüber gleichmäßig nach Grundsätzen, welche für alle die faktische Inanspruchnahme dieses Kredites ermöglichen. Dadurch tritt die Reichsbank gewissermaßen in Wettbewerb mit den Privatnotenbanken. Seitens der Reichsbank ist indes dieser Wettbewerb lediglich ein passiver, denn der Grundcharakter einer großen Centralbank mit Notenemissionsrecht ist nicht, daß sie den Geschäften nachgehe, sondern daß sie ruhig warte, bis man zu ihr kommt und von ihr Hilfe verlangt [1]).

[1]) Rede des Abgeordneten Dr. Bamberger im Reichstage am 25. Februar 1880.

Die Reichsbank ist nicht wie die Bank von Frankreich der einzige Hauptbehälter, in welchem zumeist mittelbar alle Kreditbedürfnisse des nationalen Wirtschaftsgebietes ihre Befriedigung finden, nicht in dem Sinne wie die Bank von Frankreich kann sie als die „Bank der Banken" bezeichnet werden, sie verschmäht es nicht wie jene, auch mit minder bedeutenden Vertretern von Handel und Industrie allerorten in unmittelbare Berührung zu treten, und wird somit zur unmittelbaren Stütze der Volkswirtschaft. Ihr direktes Eingreifen in das nationale Wirtschaftsgetriebe, ihre innige Berührung mit Handel und Industrie im ganzen deutschen Reichsgebiete, welche die Privatnotenbanken nur im beschränkten Rahmen ihres Filialbezirkes aufrecht erhalten können, ist eine Ursache der hohen Bedeutung, welche der Reichsbank in der Organisation des deutschen Notenbanksystems zufällt, und welche sichtbar darin hervortritt, daß ihr Wohlergehen mit dem Wohlstande des ganzen deutschen volkswirtschaftlichen Organismus auf das innigste verknüpft ist.

Es ist nicht Aufgabe dieser Arbeit, auf das Verhältnis der Reichsbank zur deutschen Wirtschaftsthätigkeit näher einzugehen; vielmehr wollen wir versuchen zu schildern, wie es der Reichsbank in Elsaß-Lothringen gelungen ist, sich eine ähnliche Stellung zu schaffen wie in Altdeutschland, und das wird zweckmäßig im Anschluß an eine Betrachtung der einzelnen Geschäftszweige geschehen.

2. Die Diskontopolitik und das Diskontogeschäft der Reichsbank in Elsaß-Lothringen.

Mit der Umwandlung der Preußischen Bank in die Reichsbank am 1. Januar 1876 war die Preußische Bank-Kommandite in Straßburg zur Reichsbankhauptstelle erhoben, diejenigen in Mülhausen und Metz waren in Reichsbankstellen verwandelt worden. Zugleich war die Markwährung im ganzen Reichsgebiet eingeführt worden, und alle mit Rücksicht auf die bis zu jenem Zeitpunkte in Elsaß-Lothringen bestehende Frankenwährung s. Z. von der Preußischen Bank erlassenen Bestimmungen mußten fallen. Schon vom 1. Oktober 1875 an waren die Silber- und Bronzemünzen der Frankenwährung ihres Charakters als gesetzliche Zahlungsmittel entkleidet worden [1]. Eine Einziehung von Münzen der Frankenwährung auf Rechnung des Reiches hat nicht

---

[1] Bekanntmachung vom 21. September 1875, Reichsgesetzblatt.

stattgefunden ¹). Die selbstverständliche Folge dieser Gesetze, nämlich die Bestimmung, daß die Bankanstalten in Elsaß-Lothringen jene Münzen nicht mehr in Zahlung annahmen, war nur als die Sanktion eines schon bestehenden Zustandes zu betrachten.

Wie schon oben erwähnt, waren bald nach dem Steigen der Kurse auf französische Plätze die Franken aus dem Verkehr verschwunden, und bildete seitdem der Thaler fast das einzige Medium der Cirkulation. Als Rechnungswährung war indessen ausschließlich der Franken geblieben. Wechsel, Buch und Rechnung wurden nur in dieser Währung geführt. So wenig nun auch der Einführung der Markwährung als Zahlungsmittel im Wege stand, so wenig hat sie es vermocht, als Rechnungswährung in Elsaß-Lothringen heimisch zu werden. Es ist zu bedauern, daß nicht gleich damals ein Gesetz die Anwendung der Markwährung in allen kaufmännischen Geschäften zur Pflicht machte. Auch vom Standpunkte der Reichsbank mußte dies bedauert werden, denn sie war genötigt, alle in der Frankenwährung ausgestellten Wechsel vom Moment an, in welchem der Franken aufgehört hatte, in Elsaß-Lothringen gesetzliches Zahlungsmittel zu sein, von ihrem Diskontverkehr auszuschließen ²). Nur der Ankauf der in Frankreich selbst nach den dort geltenden wechselrechtlichen Bestimmungen ausgestellten und auf Frankenwährung lautenden Wechsel, gezogen auf deutsche Bankplätze, blieb nach wie vor gestattet, sofern dieselben auf Grund eines im Wechsel angegebenen festen Kurses umgerechnet waren, also ein Zweifel über die Höhe der in Reichsmark zu zahlenden Summe nicht aufkommen konnte.

Indes hat die Bestimmung, nach welcher seit Einführung der Markwährung im ganzen Reichsgebiet im Inlande ausgestellte Frankenwechsel auf deutsche Bankplätze von der Diskontierung bei der Reichsbank ausgeschlossen sind, nicht zu hindern vermocht, daß auch ferner ein großer Teil der in Elsaß-Lothringen ausgestellten und ebendaselbst fälligen Wechsel in der Frankenwährung gezogen werden, ja es ereignet sich sogar nicht selten, daß altdeutsche Geschäftsleute in falscher Rücksichtnahme auf ihre elsaß-lothringischen Abnehmer in der Frankenwährung trassieren. Diese „Anomalie im Geldwesen", die übrigens in ähnlicher Weise anderwärts vorkommt ³), führt in der

---

1) Gesetz betr. die Einführung der Reichsmünzgesetze in Elsaſs-Lothringen vom 15. November 1874.
2) Natürlich durften auch die in Süddeutschland ausgestellten Guldenwechsel vom 1. Januar 1876 an nicht mehr von der Reichsbank angekauft werden.
3) Vgl Lotz: „Die Währungsfrage in Oesterreich-Ungarn und ihre wirtschaftliche und politische Bedeutung." S. 19.

Praxis deshalb nicht zu Weitläufigkeiten, weil die elsaß-lothringischen Bankiers gewohnt sind, sämtliche Konten sowohl in der Mark- wie in der Frankenwährung zu führen. Die Umrechnung derartiger Wechsel in die Markwährung erfolgt fast durchweg zu dem für die Bankiers recht günstigen Kurse von 80 M. = 100 Frcs., und so kann bei dem in normalen Zeiten meist höheren Börsenkurse von einem Valutarisiko für die Bankiers nicht wohl die Rede sein. Die üble Gewohnheit, derartige, nirgends recht heimatberechtigte Wechsel zu schaffen, wird voraussichtlich nicht aufhören, bevor nicht gesetzliche Bestimmungen die Führung der kaufmännischen Bücher in der Reichswährung vorschreiben.

Es ist klar, daß durch diese Gewohnheit der Reichsbank eine Anzahl von Wechseln und somit auch der Diskontogewinn an denselben entzogen wurde. Aber die Gesamtsumme dieser Wechsel erscheint gering im Verhältnis zu der Zahl derjenigen Wechsel, welche aus anderen Gründen dem Portefeuille der Reichsbank entgingen, aus Gründen, die für das Wachsen privatbanklicher Konkurrenz zwar nicht allein in Elsaß-Lothringen, sondern in ganz Deutschland bedeutungsvoll geworden sind. Die Umgehung der Bank wurde ermöglicht in erster Linie durch die Begebung langsichtiger auf große Beträge lautender Wechsel zu dem am offenen Markte festgesetzten Zinsfuß, zum sogenannten Privatdiskont. Mehrere zumeist süddeutsche Privatnotenbanken glaubten ihren Diskontverkehr zu größerer Blüte bringen und dadurch eine größere Summe ihrer Noten im Umlauf halten zu können, wenn sie in dem Preise, welchen sie ihren Kunden für die ihnen eingereichten Wechsel bezahlten, einen Unterschied machten nach der Qualität dieser Papiere. Das ihnen vermöge ihres Emissionsrechtes zinsfrei zufließende Kapital ermöglichte es ihnen, bei größeren, langsichtigen Papieren, welche die Unterschriften erster Häuser trugen, einen geringeren Diskontsatz in Anrechnung zu bringen als den von der Reichsbank veröffentlichten. Die Folge davon war, daß die Bestände der Reichsbank brach lagen, und andererseits durch das Fernbleiben dieser Wechsel ihr jeglicher Einblick in die Cirkulation derselben entzogen wurde. Vorstellungen der Reichsbank über das Verfahren der Privatnotenbanken beim Bundesrat hatten zu der Entscheidung geführt, daß die Diskontpolitik der Privatnotenbanken nicht mit dem Bankgesetze kollidiere. Auch ausländische Centralbanken, wie die belgische und die österreichische Bank, hatten in Zeiten flüssigen Geldstandes ihr Geld in Deutschland durch Diskontierung von Wechseln unter Bankrate veranlagt und dadurch einen gewissen Anstoß bei der Reichsbank hervorgerufen [1]). Wollte nun die Reichsbank nicht einen großen Teil ihrer Fonds unbeschäftigt lassen, während zugleich Kapitalien des In- und Auslandes auf den deutschen Markt flossen und den ohnehin schon flüssigen Stand desselben noch steigerten, so mußte sie dem Beispiele der Privatnotenbanken folgen und „feinste" Wechsel ebenfalls zu einem Vorzugszinsfuß ankaufen. Allerdings konnte sie diesen nicht stets mit dem von den Privatnotenbanken notierten Satze auf gleicher Höhe erhalten, weil in ihrer Diskontpolitik auch währungspolitische Gründe eine Rolle spielen.

Der Umschwung in der Diskontpolitik der Reichsbank war anfangs den lebhaftesten Anfeindungen ausgesetzt, namentlich wurde die Neuerung von seiten derjenigen Bankiers, welche bei dem Ankauf jener Wechsel jetzt mit der Reichsbank konkurrieren mußten, während sie früher als Käufer für eigene und fremde Rechnung allein am Markt gewesen waren, heftig angegriffen. Auch im Reichstage [2]) fand der Standpunkt der Privatdiskonteure eine beredte Vertretung, allein der Umschwung der Diskontpolitik der Reichsbank war durch die Sachlage geboten und fand in der Person des ehemaligen Bankpräsidenten von Dechend einen berufenen und energischen Verteidiger. Es sei durchaus nicht gleichgültig, ob die Fonds der Bank beschäftigt würden oder steril in den Gewölben liegen blieben. Die Reichsbank solle zwar nicht Geschäfte aufsuchen, aber ebensowenig die sich darbietende Gelegenheit, ihre müßigen Fonds sicher und bankmäßig anzulegen, unbenutzt lassen. Es sei nicht einzusehen, warum die Bankverwaltung es ruhig über sich ergehen lassen solle, wenn ausländische Banken und Bankiers die besten Wechsel in großen Summen fort und fort in Deutschland aufkaufen ließen, während die Fonds der Reichsbank fortdauernd anwüchsen und ihr Gewinn mit jedem Jahre kleiner würde.

Die Diskontreform der Reichsbank vom Januar 1880 erscheint übrigens als ein geeignetes Mittel, den ihr notwendig zustehenden Einfluß auf den Geldmarkt zu festigen und zu stärken. Daß aber die Reichsbank ihre Diskontpolitik nicht im privatwirtschaftlichen Interesse ihrer Anteilseigner ausnützt, sondern sich bei Ausübung derselben nur durch die Rücksicht auf ihre volkswirtschaftliche Aufgabe leiten läßt, dafür bietet ihre musterhafte Leitung die größte Garantie [3]). Die allgemein wirtschaftliche Mission sowie die Lage des Geldmarktes überhaupt können aber der Reichsbank zuweilen das Diskontieren unter dem

---

1) Verhandlungen des deutschen Reichstages vom 25. Februar 1880.
2) Verhandlungen des deutschen Reichstages vom 25. Februar 1880.
3) Verhandlungen des deutschen Reichstages vom 8. November 1889.

offiziellen Satz verbieten. In ihrer Eigenschaft als Hüterin des nationalen Goldhortes hat die Reichsbank stets den Wechselankauf zum Privatdiskont dann eingestellt, wenn der Stand der ausländischen Wechselkurse den Goldexport ermöglichte.

Es unterliegt keinem Zweifel, daß die Diskontpolitik der Reichsbank in Deutschland überhaupt wie auch in Elsaß-Lothringen eine wirksame Handhabe bietet, ihr den Diskontgewinn und Ueberblick, welche durch die wachsende in- und ausländische Konkurrenz ernstlich bedroht waren, zu sichern. Ein ganz sicheres Schutzmittel gegen die Konkurrenz steht aber der Reichsbank nicht zu Gebote. Selbst wenn ihr Privatdiskont sich nicht über denjenigen anderer Bankinstitute erhebt, werden die letzteren durch geringere Anforderungen, welche sie trotz Anwendung des niedrigeren Satzes an die Qualität der Wechsel stellen, der Reichsbank einen Teil derjenigen Papiere entziehen können, welche diese nur zum offiziellen Satze ankauft. So wurden beispielsweise im Oktober 1883 in Elsaß-Lothringen die flüssigen Gelder der Bankinstitute meist zu geringem, dem Privatsatze der Reichsbank gleichkommendem Zinsfuß anderweitig placiert, ohne daß jedoch von seiten der Diskonteure eine solche Auswahl in Bezug auf Bonität, Langsichtigkeit und Größe der Appoints getroffen worden wäre, wie dies stets seitens der Reichsbank geschieht.

Ein weiterer Grund für die im Vergleich zu den Verhältnissen vor der Annexion bedeutend gesteigerte, privatbankliche Konkurrenz ist in dem „Inkassoaustausch" der Privatbanken zu suchen. Wie in Rheinland und Westphalen haben sich auch in den Reichslanden viele Privatbanken an verschiedenen Orten des Landes zu einer Art Kartellbildung zusammengeschlossen, um sich gegenseitig provisionsfrei die in ihren Portefeuilles befindlichen Wechsel auf die betreffenden Plätze mittelst Prokura-Indossament[1]) zum kostenfreien Einzug und Gutschrift des Betrages am Verfalltage oder einige Tage nachher zu übersenden, bezw. dieselben auszutauschen und zu verrechnen; bei sonst schwierig und nur mit mancherlei Kosten zu begebenden Wechseln auf Nebenplätze ein gewiß äußerst praktisches und vorteilhaftes Verfahren. Auch wenn dieselbe Manipulation mit diskontfähigen Wechseln auf Reichsbankplätze ausgeführt wurde, wie sich dies bei flüssigem Stande

---

1) Das Prokura-Indossament überträgt nicht das Eigentum an dem Wechsel, ermächtigt aber den Indossatar zur Einziehung der Wechselforderung, Protesterhebung und Benachrichtigung des Vormannes seines Indossanten von der unterbliebenen Zahlung, sowie zur Einklagung der nicht bezahlten und zur Erhebung der deponierten Wechselschuld. Art. 17 der Allgem. Deutschen Wechselordnung.

des Geldmarktes und gleichzeitigem verhältnismäßig hohen Reichsbankdiskont vorteilhaft erwies, standen der Reichsbank keinerlei Mittel zu Gebote, diese Umgehung, welche ihr den Diskontgewinn entzog, seitens ihrer Kunden zu verhüten, da ihr die Kontrolle und somit jede Handhabe fehlte. Erst als einige Bankiers den neu eingerichteten Giroverkehr der Reichsbank benutzten, um jene ihnen im Wege des provisionsfreien Inkassoaustausches zufließenden Wechsel kostenfrei durch die Reichsbank einziehen zu lassen, anstatt diese Einziehung durch ihre eigenen Kassenboten zu besorgen, lehnte sich die Reichsbank mit Recht gegen diesen Mißbrauch auf. Den Diskontgewinn hatte man ihr nicht zukommen lassen, und obendrein sollte sie auch noch diese Wechsel kostenfrei für das Giro-Konto des betreffenden Bankiers einziehen. Neben dem Gewinn, welcher der Reichsbank durch den gegenseitigen Inkassoaustausch entzogen wurde, lief sie auch Gefahr, den Ueberblick über die vorhandenen Wechsel zu verlieren, wodurch die Beurteilung der einzelnen Engagements immer schwieriger werden mußte. Dieser Ueberblick darf aber einer Bank nie verloren gehen. Jeder Bankier sollte die Krediterteilung an eine Firma davon abhängig machen, daß jede anderweitige Begebung von Wechseln ausgeschlossen ist. Nur dann kann der Bankier ein begründetes Urteil über die Zulässigkeit der Krediterteilung haben, wenn er das Geschäft seines Klienten genau kennt, seine Bilanzen prüft und den Umfang seiner Engagements vollständig übersieht. Dann wird er auch dem Klienten diejenigen Mittel zur Verfügung stellen können, welche dieser zu einem rationellen Geschäftsbetriebe braucht. Ein auf dieser Basis erteilter größerer Kredit wird stets einer beschränkteren Kreditgewähr mit der gleichzeitigen Erlaubnis, noch anderwärts beliebig hohe Kredite aufzunehmen, vorzuziehen sein. Mangel in der Centralisierung der Krediterteilung muß zu Verlusten der Kreditgeber führen und ist zugleich eine drohende Gefahr für den ganzen wirtschaftlichen Organismus.

Weitere diskontpolitische Maßnahmen, die durch sinnreiche Erleichterungen und Regulierungen des Diskontverkehrs neben der bankpolitischen eine allgemein wirtschaftliche Bedeutung erlangt haben, erfolgten im Jahr 1886.

Für Versandwechsel (das heißt nicht am Diskontierungsorte zahlbare Wechsel), welche in Stücken von 20000 M. und mehr, oder bei Posten von mindestens 30000 M. in Stücken von nicht unter 5000 M. eingereicht wurden, kamen, anstatt wie früher mindestens 10, fortan nur mindestens 5 Tage Zinsen in Anrechnung. Ein Jahr später ist diese Vergünstigung auf einzelne Wechsel von wenigstens 10000 M. und auf Posten von mindestens 20000 M. ausgedehnt worden. Für Platzwechsel blieb die schon bei der Preußischen Bank üblich gewesene Berechnung eines Minimalabzuges von 4 Zinstagen für kürzere Wechsel bestehen. Zugleich war sowohl für Platz- wie für Versandtwechsel für jedes einzelne Appoint im Betrage von 100 M. und weniger der geringste Abzug von 60 Pf. auf 30 Pf. und für alle übrigen Wechsel auf 50 Pf. herabgesetzt worden [1]). Die Reichsbank hoffte durch diese Erleichterungen auch diejenigen größeren Wechsel, welche ihr zum Privatdiskont in langer Sicht nicht gegeben wurden, wenigstens kurz vor Verfall ihrem Portefeuille zuzuführen, ohne dabei dem Wettbewerb anderer Banken für Wechsel in längerer Sicht irgendwie zu nahe zu treten. Auch sollte durch die Herabsetzung des Minimums für kleinere Beträge im Interesse der Reichsbank dem gegenseitigen Inkassoaustausch der Privatbanken die Spitze genommen werden, indem die Diskontierung jener Wechsel (d. h. sofortige Auszahlung bezw. Gutschrift des um jenen geringen Minimalzinsabzug gekürzten Wechselbetrages) ebenso vorteilhaft erscheint als die provisionsfreie Gutschrift des ganzen Betrages am Verfalltage. So bezweckte die Reichsbank durch jene Maßnahmen die Erzielung eines Erfolges, den die Bank von Frankreich bereits seit Jahrzehnten erreicht hatte, nämlich den Gesamtverkehr in kurzen Wechseln bei sich zu konzentrieren, und zwar nicht nur, weil sie dadurch einen vollen Ueberblick über den Geschäftsverkehr erlangt, sondern hauptsächlich, weil kurze Wechsel die liquideste, und folglich für eine große Zettelbank die geeignetste Zinsanlage bilden.

Neben diesen bankpolitischen Erwägungen wurde bei der Reduktion des Minimalsatzes für Wechsel von 100 M. und darunter ein sozialpolitischer Gesichtspunkt maßgebend, der allerdings gerade für Elsaß-Lothringen am wenigsten ins Gewicht fallen konnte. Die Reichsbank beabsichtigte durch jene Bestimmung, den Verkehr in kleinen Wechseln nach Kräften zu erleichtern, um dadurch dem deutschen Kleinhandel die Anwendung kurzsichtiger Wechsel zur Schuldregulierung nahe zu legen [2]), ein Mittel, dessen Wirkung in Elsaß-Lothringen durch lange

---

1) Vgl. die „Allgemeinen Bestimmungen über den Geschäftsverkehr mit der Reichsbank" (grünes Büchelchen), ausgegeben 1887 u. 1888.

2) Dem soliden Kleinhändler und sogar dem Handwerker sollte die Möglichkeit geboten werden, sichere kleine Warenwechsel zu einem mäfsigen Satze bei der Centralbank des Landes zu diskontieren, ein Vorteil, der deutlich die Bestrebungen des verstorbenen Bankpräsidenten von Dechend, die deutsche Reichsbank auch dem kleinen Verkehr dienstbar zu machen, soweit dies mit ihren allgemein wirtschaftlichen Aufgaben vereinbar ist, erkennen läfst.

Gewohnheit bereits erprobt, auf Einschränkung des im übrigen Deutschland längst als schädlich erkannten Borgsystems, der Buchschuldregulierung, abzielte. Allerdings war in Altdeutschland im Anfang der siebenziger Jahre im Großverkehr der gezogene Wechsel, die Tratte, das allgemein übliche Kreditinstrument. Im Kleinverkehr dagegen bediente man sich des Wechsels nur ungern und selten. Der einfache Borg in Form der Buchschuld bildete hier die Regel, und wenn auch eine Besserung wahrzunehmen ist seit der Erkenntnis dieses Mißstandes und seit den sich daran anschließenden Heilungsversuchen — unter denen die Einführung des Giroverkehrs bei der Reichsbank und die Verringerung der Minimalsätze im Diskontverkehr gewiß nicht die schlechtesten gewesen sind — so bildet die schlimme Borgwirtschaft doch auch heute noch einen dunkeln Punkt unserer nationalen Kreditwirtschaft [1]).

Während in Elsaß-Lothringen die Reduktion des Minimalsatzes für kleine Beträge von Warenhäusern dankbar anerkannt wurde, hielten die meisten Bankhäuser den Abzug von 30 Pf. noch für zu hoch, indem sie nur bei den auf kleine Beträge lautenden Versandtwechseln von der Erleichterung einen mäßigen Gebrauch machten, während sie die in ihren Portefeuilles sich ansammelnden Platzwechsel der Bank im Wege des Giroverkehrs zur kostenfreien Einziehung einreichten. Daß die Zahl der auf Beträge von 100 M. und weniger lautenden

---

1) Die Erklärung für die verschiedenartige Gestaltung der kreditwirtschaftlichen Zustände in Deutschland und in Frankreich ist in der bei beiden Staaten durchaus verschiedenen rechtlichen Entwickelung der Kreditformen zu suchen. Bis 1848 hatten in Deutschland noch 56 verschiedene Wechselordnungen bestanden. Eine vollständige, materielle und formelle Einheit für ganz Deutschland im Handels- und Wechselrecht existierte erst seit dem Inkrafttreten des Reichsgesetzes vom 29. April 1871. Noch später, als die einheitliche Regelung der Handels- und Wechselgesetzgebung erfolgte, ist der ungeheure Geld- und Münzwirrwarr, der in unserm Vaterlande herrschte, und dem sicher auch ein grofser Anteil an den Mifsständen unseres Kreditwesens beizumessen ist, einer einheitlichen Währung gewichen. Die politische Einheit mußte gesichert sein, bevor die Einheitsbestrebungen auf dem Gebiete der Kreditwirtschaft von Erfolg gekrönt wurden. Zwei Jahrhunderte früher hatte Frankreich bereits die rechtliche Stütze seines Kreditsystems in einem für das ganze Land geltenden Handels- und Wechselrechte erhalten. Die von Colbert 1673 erlassene Ordonnance pour le commerce, durch verschiedene Deklarationen ergänzt und erweitert, diente vielen europäischen Wechselgesetzen zum Vorbilde und bildet die Grundlage des weit über Frankreich hinaus verbreiteten code de commerce, der mit dem 1. Januar 1808 Gesetzeskraft erhalten hat. So wurde der Wechsel in Frankreich in höherem Mafse wie in Deutschland zum abstrakten Repräsentanten des Kredits. Die bezüglichen Rechtssätze, die sich aus langjähriger Gewohnheit eines ausgebildeten Handels herleiten, fanden in ihrer frühzeitigen Kodifikation eine kräftige Stütze, die allerdings das Aufkommen anderer Erscheinungsformen des Kredits nur langsam zuliefs. Und doch ist seit 1865 der Check, seit 1848 der Warrant in die französische Gesetzgebung aufgenommen, während wir noch heute auf die gesetzliche Regelung dieser Kreditinstrumente warten! Ein Zeichen dafür, dafs auch heute noch einheitliche Rechtsbildungen in Deutschland schwerer durchzuführen sind, als bei den Franzosen.

Wechsel, welche bei den elsaß-lothringischen Bankanstalten diskontiert werden, sich nicht bedeutend vermehrte, hat wohl darin seinen Grund, daß ein großer Teil derselben auf Frankreich und ein anderer Teil auf kleinere Ortschaften Elsaß-Lothringens lautet, die von den Bankhäusern gegen eine geringe Provision einkassiert werden. Auch sind noch viele dem Kleinhandel entsprungene Papiere als billets à ordre und in Frankenwährung ausgestellt. Derartige nicht bankfähige Papiere werden der Reichsbank, meist zum festen Kurse à 80 in Markwährung umgerechnet, im Giroverkehr zur Einziehung übergeben.

Betrachten wir nunmehr die Entwickelung des Diskontogeschäftes der Reichsbank in Elsaß-Lothringen etwas näher. An Wechseln auf deutsche Bankplätze wurden von der Preußischen resp. Reichsbank in Elsaß-Lothringen angekauft:

1871	30 208 500 M.		1881	152 260 200 M.
1872	163 181 900 „		1882	170 204 100 „
1873	190 948 400 „		1883	171 679 800 „
1874	174 918 800 „		1884	163 467 400 „
1875	146 657 900 „		1885	170 410 400 „
1876	143 233 600 „		1886	143 263 900 „
1877	133 036 800 „		1887	157 004 000 „
1878	126 878 900 „		1888	168 362 200 „
1879	139 307 900 „		1889	175 345 400 „ [1]).
1880	144 789 600 „			

Den Summen der jährlich angekauften Wechsel entsprechen die aus ihnen erzielten Diskontgewinne. Ihre Analogie mit den in ganz Deutschland erreichten Resultaten, als deren Maßstab wir die zur Verteilung gelangte Jahresdividende der Reichsbank anführen können, ist augenscheinlich. Die seit der Entstehung der Reichsbank zur Verteilung gelangte Dividende betrug:

1876	6¹/₈ %		1883	6¹/₄ %
1877	6,29 %		1884	6¹/₄ %
1878	6,3 %		1885	6,24 %
1879	5 %		1886	5,29 %
1880	6 %		1887	6,2 %
1881	6²/₃ %		1888	5,4 %
1882	7,05 %		1889	7 %

Hier wie dort bemerken wir vier Entwickelungsphasen, hier wie dort zeigen dieselben fast die nämliche Dauer und die gleiche Größenbewegung. Die wirtschaftliche und rechtliche Zugehörigkeit der Reichslande zu Deutschland kommt deutlich in dieser Analogie zur Anschauung, und es ist hochinteressant, zu zeigen, wie die deutsche Wirtschaftspolitik auf die elsaß-lothringische Volkswirtschaft und die Ge-

---

1) Eine ausführliche Spezifikation dieser Zahlen siehe in den Anhangstafeln I—IV.

staltung dieser letzteren auf die Inanspruchnahme des Bankkredites in den Reichslanden influierte. Da indes auch die Privatbanken in der Kreditorganisation Elsaß-Lothringens eine nicht unwesentliche Stellung einnehmen, so erscheint die zusammenfassende Darstellung des Einflusses der Wirtschaftsthätigkeit auf die Bewegungen des elsaß-lothringischen Geldmarktes und die Inanspruchnahme des Bankkredits überhaupt in einem besonderen Abschnitte geboten.

Die Privatbanken haben gerade in den Reichslanden im Laufe der Entwickelung einen ungleich bedeutenderen Einfluß auf die Befriedigung der Bedürfnisse des Geldmarktes gewonnen, als dies vor der Annexion der Fall gewesen ist. Es ist das durchaus verständlich bei der prinzipiellen Verschiedenheit der Diskontpolitik, welche von der französischen und der Preußischen bezw. Reichsbank geübt wurde. Die verfeinerte Organisation des Kredites und der aus dieser entspringende, bedeutende Wechselverkehr ließen es der staatlichen Centralbank Frankreichs mit Rücksicht auf ihre Sicherheit angemessen erscheinen, nur durch das Medium der Privatbanken mit Handel und Industrie in Berührung zu treten, die Preußische Bank dagegen trat in direkte Berührung mit jenen wirtschaftlichen Faktoren und entzog dadurch den Portefeuilles der Privatbanken eine Anzahl von Wechseln. Die Privatbanken dagegen, welche zur Zeit der französischen Herrschaft fast alle Wechsel in ihren Portefeuilles sammelten, um sie dann beim Centralinstitute zu einem mäßigen Satze zu reeskomptieren, fanden nach der Annexion bei dem oft hohen Stande des offiziellen Satzes der Preußischen, bezw. Reichsbank ihre Rechnung besser dabei, diese Wechsel bis zum Verfalltage in ihren Portefeuilles liegen zu lassen, um sie sodann entweder selbst einzuziehen, oder, wenn sie an einem anderen Orte zahlbar sind, durch eine andere Privatbank einlösen zu lassen. Was aber dem Portefeuille der Reichsbank gerade die größten und besten Wechsel entzieht, ist, wie wir sahen, der Umstand, daß währungspolitische Erwägungen ihr zuweilen verbieten, mit ihrem Privatdiskontsatze bis zu dem am offenen Markte notierten Satze für Wechsel erster Qualität herabzugehen. Die Bank von Frankreich dagegen hatte keine anderen Notenbanken neben sich, die sie am offenen Markte unterbieten und ihre Diskontpolitik durchkreuzen konnten.

Die Anhaltspunkte zur Beurteilung der Größe und Bedeutung, welche der Konkurrenz der Privatbanken beizumessen ist, liefern uns in allerdings nur unvollkommener Weise die Jahresberichte der größeren Institute. Leider fehlt in ihnen meist die Trennung der im Laufe des Jahres angekauften Wechsel nach dem Zahlungsorte, sie geben vielmehr nur Aufschluß über die Gesamtsumme aller im Laufe des Jahres von der betreffenden Bank angekauften Wechsel und lassen uns selbst darüber im Unklaren, ob dieselben im Inlande oder im Auslande zahlbar sind. Bezüglich dieses letzteren Punktes sind wir also auf Schätzungen angewiesen, wobei natürlich ein Anspruch auf Genauigkeit nicht erhoben werden darf. Den Ziffern über den gesamten Wechselverkehr bei der Reichsbank stellen wir die entsprechenden bei den 5 größten Privatbanken in Elsaß-Lothringen gegenüber.

Der gesamte Wechseleingang betrug während des Jahres 1888 [1]): bei der Reichsbank in Straßburg, Mülhausen und Metz:

a) an diskontierten Wechseln:

86 935 Stück auf das Inland	M. 168 362 200
24 Stück auf das Ausland	„ 68 300

b) an Giroinkassowechseln:

33 985 Stück	„ 7 631 300
120 944 Stück	M. 176 061 800

bei 5 großen Aktienbanken und deren Filialen in Elsaß-Lothringen: 1 371 502 Stück Wechsel überhaupt im Gesamtbetrage von 735 881 300 M. In dieser letzten Summe stecken nun nicht nur alle jenen Instituten zur Einziehung übergebenen Wechsel, sondern auch alle von den Banken angekauften Wechsel auf das Ausland, und deren Zahl ist sicherlich keine geringe. Schätzt man nun — und das ist wohl kaum zu niedrig gegriffen [2]) — das Verhältnis der Auslandswechsel und

---

1) Die Summe der im Laufe des Jahres in das Protefeuille der elsafs-lothringischen Reichsbankanstalten fliefsenden „Einzugswechsel", d. h. derjenigen Wechsel auf Strafsburg, Mülhausen und Metz, welche von der Hauptbank in Berlin und allen Zweiganstalten diskontiert und posttäglich an die elsafs-lothringischen Bankanstalten gesandt werden, dürfen hier keine Berücksichtigung finden, da es sich hier nur um einen Vergleich zwischen den Filialen der Reichsbank in Elsafs-Lothringen mit den ebendaselbst thätigen Privatbanken handelt.

2) Dafs unsere Schätzung eher viel zu hoch als zu niedrig ist, dafür gewähren uns die in früheren Berichten einzelner Banken enthaltenen Spezifikationen einen Beweis. So setzt sich der am 31. Dezember 1876 bei der Bank von Mülhausen befindliche Bestand des Wechselportefeuilles von 10 977 406 Frcs. zusammen aus

Frcs.	8 438 653	bankfähige Wechsel auf Els.-Lothr. und deutsche Bankplätze, also	77 %
„	642 358	Wechsel auf Nebenplätze (effets déplacés) also	5,7 %
„	1 896 395	Wechsel auf das Ausland, also	17,1 %
Frcs.	10 977 406		

Bei der Bank von Elsafs und Lothringen setzte sich am 31. Dezember 1877 der Bestand des Portefeuilles zusammen aus:

Frcs.	2 875 397	auf Strafsburg, Mülhausen, Metz, also	61 %
„	410 809	auf französische Plätze, also	8,7 %
„	1 427 982	auf andere Plätze, also	30,3 %
Frcs.	4 714 188.		

aller nicht bei der Reichsbank begebungsfähigen Wechsel auf 40 °/₀ des Gesamtbetrages, so würde sich die Summe aller pro 1888 von jenen 5 Banken angekauften bankfähigen Wechsel auf 60 °/₀ des Gesamtbetrages oder ungefähr auf 441 528 800 M. beziffern. Thatsächlich sind aber den Portefeuilles der 3 reichsländischen Reichsbankanstalten an Wechseln auf das Inland im Diskontverkehr nur 168 362 200 M. zugeflossen. Der größere Teil aller ins Portefeuille der fünf elsaß-lothringischen Banken pro 1888 geflossenen „bankfähigen" Wechsel, nämlich 273 166 600 M., ist also anderweitig placiert worden.

Vorstehende Ziffern gestatten uns einen Einblick in ein ungeheures, zum Teil auf die Umsätze der Reichsbank gar nicht influierendes Wechselgeschäft der 5 größten Privataktienbanken in Elsaß-Lothringen, die mit einem Gesamtkapitale von 26,4 Mill. M. als Einzahlung auf ein Nominalkapital von 45,6 Millionen Mark arbeiten. Daneben aber bewegt sich noch der Wechselankauf von 67 kleineren Banken und Bänkchen, dessen Umfang sich wegen mangelnder Publicität unserer Beurteilung entzieht, jedoch darf man wohl mit Sicherheit annehmen, daß die von den kleineren Instituten angekauften Wechsel meist entweder bei der Reichsbank direkt oder bei den erwähnten fünf großen Gesellschaften reeskomptiert werden. Die angeführten Beispiele genügen auch vollständig, um die Bedeutung der Konkurrenz darzuthun, welche der Reichsbank durch Kapitalien privater Assoziation gemacht wird, sie zeigen uns deutlich den Umschwung, der sich in der Organisation des elsaß-lothringischen Bankwesens nach der Annexion vollzogen hat.

Nicht langsam und allmählich hat sich dieser Umschwung herausgebildet, der Hauptsache nach mußte er gleich nach der Annexion erfolgen, als die Preußische Bank in das System des reichsländischen Bankwesens eingefügt worden ist. Wenige Jahre genügten, um die Konkurrenzfähigkeit teils schon bestehender, teils nach der Annexion erst gegründeter Privatbanken sichtbar werden zu lassen. Im Jahre 1876 wurden angekauft von den drei elsaß-lothringischen Reichsbankanstalten an Wechseln auf das Inland 143 233 600 M., von vier großen Aktienbanken und deren Filialen in Elsaß-Lothringen an Wechseln überhaupt 463 253 500 M. Bei Zugrundelegung unserer früheren Schätzung sind in dieser Summe ca. 60°/₀, also 277 952 100 M. in Wechseln auf das Inland, welche den von der Reichsbank im Diskontverkehr gestellten Anforderungen entsprechen, enthalten. Dazu kommen noch die von der Société Générale angekauften Wechsel, deren Gesamtbeträge pro 1876 wir nicht ermitteln konnten. Die angegebenen Zahlen dürften jedoch zur Genüge darthun, daß bereits in dem Jahre, in welchem die Reichsbank als solche ihre Thätigkeit begann, sich die private Konkurrenz bedeutend fühlbar machte.

Auf welchen Wegen sich diese Konkurrenz bewegt, wurde schon früher hervorgehoben, nur darauf wäre noch zu verweisen, daß der Wettbewerb der Privatbanken in Elsaß-Lothringen noch durch ein besonderes Moment eine Steigerung erfährt, das als Characteristicum gerade für die dortigen Verhältnisse, und gleichzeitig wegen seiner manchmal aktuellen Bedeutung Beachtung verdient. Die alten Beziehungen zu Frankreich legen es den reichsländischen Privatbanken nahe, zuweilen bei flüssigem Geldstande des französischen Marktes und niedrigem an der Pariser Börse notierten Bankdiskont auf französische Kapitalien im Diskontverkehr zu rekurrieren. Die in der Frankenwährung gezogenen Wechsel werden dann in Paris oder an einem anderen französischen Bankplatze domiziliert und bei französischen Bankhäusern eskomptiert.

Die Bedeutung der elsaß-lothringischen Privataktienbanken im Wechselankauf ist ein wesentlicher Grund dafür, daß der bedeutende Wechselverkehr der Reichslande nicht in einem über die Grenzen des Gewöhnlichen weit hinausgehenden Diskontgeschäft der Reichsbank in die Erscheinung tritt.

Nach einer Richtung indessen haftet diesem Geschäftszweige in Elsaß-Lothringen, speziell bei der Reichsbankhauptstelle in Straßburg ein auffallendes Merkmal an. Der Produktenhandel des Unter-Elsasses erzeugt eine große Menge von Wechseln, welche in Straßburg zahlbar gestellt sind. Obwohl nun, wie wir sahen, fünf große Institute der Reichsbank in Straßburg eine bedeutende Konkurrenz machen, ist die Summe dieser im Laufe eines Jahres angekauften Platzwechsel im Vergleich zu den Bankplätzen Altdeutschlands eine unverhältnismäßig große. Im Jahre 1888 wurden beispielsweise in Straßburg für 53 884 065,90 M. daselbst zahlbare Wechsel durch die Reichsbankhauptstelle angekauft, eine Summe, die nur von einer einzigen Filialanstalt der Reichsbank, nämlich Mannheim, übertroffen wurde, wo für 66 050 991,07 M. Platzwechsel während des gleichen Zeitraumes diskontiert wurden. Es ist das eine Erscheinung, die um so auffallender ist, als in der letztgenannten Summe noch die an 8 von der Reichsbankhauptstelle in Mannheim ressortierenden Reichsbanknebenstellen angekauften, in Mannheim zahlbaren Wechsel mit enthalten sind, während bei der für die Reichsbankhauptstelle in Straßburg angegebenen Summe die Geschäftsresultate von Subfilialen nicht in Betracht kommen, weil von Straßburg keine Reichsbanknebenstelle ressortiert. Die Reichsbankhauptstelle in Frankfurt a. M., welche Stadt ebenfalls der Mittelpunkt eines großen Handelsverkehres ist, erreichte trotz der Beteiligung von vier Nebenstellen pro 1888 den im Verhältnis nur geringen Betrag von 52 521 949,55 M. an diskontierten Platzwechseln.

Da aber der Handel Straßburgs an Bedeutung weit hinter demjenigen in Frankfurt a. M. und anderen deutschen Handelsplätzen wie Breslau, Cöln, Elberfeld u. s. w. zurücksteht, während zugleich von keiner der dortigen, sämtlich mit Nebenstellen ausgestatteten Reichsbankfilialen der im Platzdiskontverkehr Straßburgs erzielte Umsatz erreicht wird, da ferner die Verteilung des Diskontgeschäftes auf die Reichsbank und die Privatbanken in Elsaß-Lothringen sich nicht wesentlich von derjenigen in Altdeutschland unterscheidet, vielmehr den Privatbanken daselbst ein bedeutender Anteil am Diskontverkehr des Landes unabhängig von der Reichsbank zufällt, so kann kein Zweifel darüber walten, daß die abnorm hohe Ziffer der jährlich von der Reichsbank in Straßburg angekauften Platzwechsel nicht allein in dem ausgedehnten Produktenhandel, dessen Hauptsitz Straßburg ist, begründet ist. Sie findet vielmehr ihre Erklärung in zwei charakteristischen Zügen der elsaß-lothringischen Kreditwirtschaft, welche, durch Recht und Gewohnheit seit einem Jahrhundert befestigt, nicht sobald verschwinden werden.

Das eine Mal ist es die ausgedehnte Wechselcirkulation überhaupt deren Wirkungen naturgemäß im Gesamtbetrage der in Elsaß-Lothringen selbst zahlbaren Wechsel sichtbarer zu Tage treten, als bei den in Altdeutschland zahlbaren Papieren, das andere Mal aber ist es die uns bereits bekannte Gewohnheit des elsaß-lothringischen Kaufmannes, über den ihm zur Verfügung gestellten Bankkredit ratenweise durch trockene Wechsel (früher billets à ordre) sogenannte crédit-billets zu verfügen, wodurch neben die bereits in ungewöhnlicher Menge erzeugten Warenwechsel noch eine erhebliche Anzahl dieser auf Personalkredit beruhenden, dem soliden Bankgeschäft entsprungenen Papiere tritt. Ohne die Einwirkung dieser Momente würde ganz gewiß auch die Summe der von der Reichsbank in Mülhausen und Metz angekauften Wechsel bedeutend geringer sein, jedoch springt bei diesen Ziffern die Anomalie nicht so deutlich in die Augen, weil sie nicht, wie dies in Straßburg der Fall ist, durch einen ohnehin schon beträchtlichen Platzverkehr auf eine überraschende Höhe anschwellen können und deshalb nicht zu Vergleichen mit den bei altdeutschen Bankanstalten erzielten Summen herausfordern.

Man sollte meinen, daß die besonders im Kleinverkehr noch heute so gebräuchliche Regulierung der Schuld durch ein Wechselversprechen ihre Wirkung in einer auffallend geringen durchschnittlichen Größe der einzelnen, auch von der Reichsbank in Elsaß-Lothringen angekauften Wechsel äußern müsse. Das trifft indes nicht zu, weil die kleinen Wechsel dem Portefeuille der Reichsbank, trotz der Erniedrigung der Minimalsätze im Jahre 1886, nur zum kleinsten Teile zufließen. Dagegen liefert uns die durchschnittliche Größe der einzelnen in den Portefeuilles der Privatbanken befindlichen Wechsel zu der ausgedehnten Benutzung dieses Kreditinstrumentes in Elsaß-Lothringen eine lebendige Illustration.

Die durchschnittliche Größe sämtlicher durch ihr Portefeuille gegangener Wechsel betrug in Mark [1]):

im Jahre	bei der Bank von Elsafs und Lothringen	bei der Bank von Mülhausen	bei der Allgem. elsässischen Bankgesellschaft	bei den elsafs-lothring. Filialen der Reichsbank
1883	554	830	402	1974
1884	537	655	352	2100
1885	489	639	362	2148
1886	484	566	366	1926
1887	451	586	601 [2])	2011
1888	446	577	602	1937
1889	461	584	546	1928

Anstatt die auf kleinere Beträge lautenden Wechsel bei der Reichsbank zu reeskomptieren, ziehen es die elsaß-lothringischen Privatbanken

---

1) Die durchschnittliche Größe der von der Bodenkreditgesellschaft angekauften Wechsel kann zum Vergleiche nicht herangezogen werden, da diese Gesellschaft als Landesbank auch bezüglich ihres Diskontgeschäftes eine Ausnahmestellung einnimmt, die es nötig macht, ihrem Portefeuille Wechsel erster Qualität zuzuführen. Die Durchschnittsgröfse dieser Papiere geht daher weit über das Mafs des Gewöhnlichen hinaus, sie betrug z. B. pro 1888 M. 8371. — In der sich auf das Notwendigste beschränkenden Bilanz der Strafsburger Bank Ch. Staehling, L. Valentin & Co. ist die Stückzahl der angekauften Wechsel überhaupt nicht angegeben, eine Berechnung der durchschnittlichen Gröfse also unmöglich.

2) Die plötzliche Steigerung der Durchschnittsgröfse bei der Société générale alsacienne de banque im Jahre 1887 erklärt sich aus der Errichtung einer Zweiganstalt dieser Gesellschaft in Frankfurt a./M. am 1. Januar 1886. Während aber der Gesamtbetrag der angekauften Wechsel sich infolge der Gründung der Zweiganstalt in Frankfurt a./M. fast verdoppelte, war die Zunahme in der Stückzahl nur eine äufserst geringe. Auch in diesem Umstande tritt der Unterschied zwischen deutscher und elsafs-lothringischer Kreditorganisation deutlich hervor. In der pro 1886 angegebenen Durchschnittsgröfse sind die in Frankfurt a./M. erzielten Resultate noch nicht berücksichtigt. Mit Ausschlufs der Frankfurter Filiale betrug Stückzahl und Summe der Wechsel
pro 1886: Stck. 646 294 mit Frcs. 296 220 639; einschliefslich Frankfurt a./M.:
pro 1887: Stck. 700 501 mit Frcs. 527 923 269
pro 1888: Stck. 640 164 mit Frcs. 481 295 506.

vor, jene Wechsel bis kurz vor ihrem Fälligkeitstermine im Portefeuille zu behalten, um sie sodann entweder selbst einzuziehen bezw. durch eine andere Privatbank einziehen zu lassen, oder aber der Reichsbank zur kostenfreien Einziehung auf dem Girowege zu übergeben. So sehr also die durchschnittliche Größe der von den Privatbanken angekauften Wechsel beeinflußt erscheint durch die ausgedehnte Wechselcirkulation im elsaß-lothringischen Kleinverkehr, so gering ist dieser Einfluß auf die durchschnittliche Größenbewegung der von der Reichsbank in Elsaß-Lothringen diskontierten Wechsel; sehr wohl hingegen macht er sich auf die ihr im Giroverkehr eingereichten Papiere bemerkbar.

3. Der Giroverkehr der Reichsbank und seine Entwickelung in Elsafs-Lothringen [1]).

Ließen einerseits die restriktiven Bestimmungen der indirekten Kontingentierung der deutschen Banknoten die Reichsbank auf ein Mittel sinnen, ihre Betriebsfonds durch Heranziehung anderweitiger Kapitalien zu verstärken und die Emission ungedeckter Noten thunlichst einzuschränken, so konnten ihr andererseits angesichts der beispiellosen Erfolge, welche die großen Depositenbanken im britischen Inselstaate auf dem Gebiete des Zahlungswesens durch Pflege des Check- und Giroverkehrs erzielt hatten, über die Wahl dieses Mittels keine Zweifel erwachsen [2]). Eine einfache Uebertragung und Anwendung der englischen Einrichtungen auf Deutschland war natürlich nicht angängig. Dort koncentrierte sich der ganze Verkehr im Clearinghouse der Stadt London, hier hatte die Reichsbank das Netz ihrer Filialen über das ganze Reichsgebiet ausgedehnt. Interlokale Zahlungsausgleichungen mußten ermöglicht werden. Das Mittel dazu bot die durchaus neugeschaffene Institution des roten Checks, durch den die kostenfreie Uebertragung von Beträgen zwischen zwei an verschiedenen Bankplätzen befindlichen Girokonten bewerkstelligt wird [3]). Das Klärungssystem war so auf ganz Deutschland ausgedehnt worden. Zur baren Abhebung dagegen dient der weiße Check. Er trat an die

---

1) Bezüglich des Giroverkehrs der Reichsbank vgl. Hartung: „Der Check- und Giroverkehr der deutschen Reichsbank", und Koch: „Ueber Giroverkehr und den Gebrauch von Checks".
2) Vgl. Hartung, a. a. O. S. 7 ff.
3) Der Zahlungsausgleichungsverkehr der Banque de France entsprach dem Anweisungsverkehr der Preufsischen bezw. der Reichsbank. Er war mit Kosten für die Interessenten verknüpft, erst 1879 wurde auch bei der Bank von Frankreich die kostenfreie Ueberweisung für Girointeressenten von einer Zweiganstalt auf die andere eingeführt.

Stelle der Giroquittung der Preußischen Bank und sollte den Konteninhaber der Mühewaltung einer eigenen Kassenführung überheben. „Während der weiße Check je nach Wunsch des Inhabers bar ausgezahlt oder seinem Konto gutgeschrieben wird, und während er ferner von jedermann weitergegeben werden kann, da er auf den Inhaber lautet, ist der rote Check ein schriftlicher Auftrag an die Reichsbank, dem Konto einer gewissen Person an einem beliebigen Orte eine bestimmte Summe gutzuschreiben, um welche sich das Guthaben des Auftraggebers vermindert" [1]). Im übrigen wurden die Bestimmungen der Preußischen Bank bezl. der kostenfreien Einziehung der kurz vor Verfall eingereichten Wechsel zu Gunsten, sowie der Domizilierung von Wechseln und Einlösung derselben zu Lasten des Girokonto von der Reichsbank rezipiert. Die spesenfreie Einziehung von Wechseln auf Girokonto vollzog sich in der Weise, daß die unbezahlt gebliebenen Wechsel dem Auftraggeber innerhalb der Protestfrist zurückgegeben wurden. Den größten Vorteil aus dieser Einrichtung zogen naturgemäß die Bankiers, denn nur sie hatten größere Mengen von Wechseln an ein und demselben Tage einzuziehen.

Der Giroverkehr der Reichsbank ist zum Unterschiede von demjenigen der Banque de France nicht obligatorisch. Dort involvierte die Zulassung als présentateur die Eröffnung eines compte-courant [2]). Beides aber war durch unangenehme Formalitäten erschwert. Ganz anders bei der Reichsbank. Einerseits war der Diskontant derselben nicht verpflichtet, sich ein Girokonto eröffnen zu lassen, andererseits hingegen wurde im Interesse der größtmöglichen Ausdehnung dieses Geschäftszweiges die Zulassung nicht wie bei der Banque de France an die Erfüllung lästiger Formalitäten geknüpft, sondern vielmehr zum Prinzip erhoben, jeden, dessen Ruf und Solidität nicht zweifelhaft war und von dem zu erwarten stand, daß er ein seinen Verhältnissen entsprechendes Guthaben auf seinem Konto stehen lassen, nicht aber dasselbe zum Nachteile der Bank mißbrauchen werde, im Giroverkehr zuzulassen. Eine feste, allgemein gültige Grenze für den vom Konteninhaber zu haltenden Minimalsaldo besteht nicht, einmal weil es unbillig und irrationell sein würde, für alle Interessenten gleichmäßig und ohne alle Rücksicht auf die Anforderungen, welche sie an die Bank stellen, dieselbe Grenze zu ziehen, und ferner, weil das die Konteninhaber in den Glauben versetzen würde, daß sie ihre Pflichten

---

1) Vgl. Hartung, a. a. O. S. 27.
2) Vgl. oben S. 19.

gegen die Bank vollkommen erfüllt hätten, wenn sie derselben nur stets das vorschriftsmäßige Minimum beließen [1]). Die Minimalhöhe des Girosaldo richtet sich im einzelnen Falle nach den auf dem Konto erzielten Umsätzen [2]). Nur beim Girokonto von Privatpersonen ist die Höhe des Guthabens völlig diesen selbst überlassen.

Man sollte glauben, die Einführung des Giroverkehrs in Elsaß-Lothringen, dessen Anwendung zur Zeit der Preußischen Bank an unüberwindlichen, durch die Frankenwährung bedingten Hindernissen gescheitert war, sei nach Wegfall derselben um so freudiger begrüßt worden, als die Bank von Frankreich bereits diesen Geschäftszweig gepflegt hatte, und insofern dem Publikum keine gänzlich unbekannte Einrichtung geboten wurde. Aber sei es nun, daß die reichsländischen Interessen noch zu sehr mit Frankreich verkettet waren, oder sei es, daß man den Giroverkehr der Reichsbank in die gleichen Formalitäten gehüllt wähnte wie den der Bank von Frankreich: im Anfange war die Beteiligung eine kümmerliche. Die Bankiers ließen sich zuerst ein Girokonto eröffnen, der Handelsstand, meist noch gewöhnt, nur durch das Medium dieser mit der Centralbank zu verkehren, bedurfte einer äußeren Anregung. In ihrem eigenen wie im Interesse des Landes suchte daher die Reichsbank dahin zu wirken, daß im Laufe der Zeit alle soliden und achtungswerten Firmen ihrem Giroverkehr beitraten, sie nahm darauf Bedacht, den Girokunden möglichst große Erleichterungen zu gewähren. Der mißbräuchlichen Ausnützung der Giroeinrichtung seitens der Bankiers, welche die ihnen im gegenseitigen Inkassoaustausch zufließenden Wechsel der Reichsbank zur Einziehung übergaben, ohne ihr ein entsprechendes Aequivalent dafür zu bieten, wurde außer durch die erwähnten Maßnahmen dadurch gesteuert, daß man die Bankinstitute veranlaßte, ihre baren Kassen soviel als thunlich der Bank zu übergeben und die Salden entsprechend zu erhöhen. Eine größere Rücksicht mußte man denjenigen Konten-

---

1) Vgl. Hartung, a. a. O. S. 25, 34
2) Bei der Bank von Frankreich ist das nicht der Fall, indes fordert sie für die seit 1879 eingeführte kostenfreie Uebertragung mittelst roter Checks (virements) als Gegenleistung Diskontierung oder Inkasso von Wechseln. Der Unterschied zwischen beiden Banken liegt also darin, dafs die eine als Aequivalent für die kostenfreie Vermittelung von Uebertragungen Wechsel verlangt, die andere aber im Verhältnis zum Umsatz bares Geld in Form des Girosaldo. Letzteres ist bei den eingegenden Bestimmungen der Notenemission für die Reichsbank wichtiger, die Reichsbank erleichtert daher die Erlangung eines Giro-Konto in jeder Weise. Die Bank von Frankreich dagegen — mit ihrem weit gehenden Notenprivileg — braucht auf Depositen in Bar kein Gewicht zu legen, ihr ist die Höhe der Giroguthaben gleichgiltig. Den ihr Arbeit verursachenden Giroverkehr umgiebt sie daher mit einem Bollwerk lästiger Formalitäten.

inhabern erweisen, für welche die Benutzung des Giroverkehrs wegen ihrer Handelsbeziehungen zu Frankreich wenig Vorteile bot und welche mehr um der Ehre, als um jener Vorteile willen sich ein Konto bei der Reichsbank eröffnen ließen. Auf einen lebendigen Verkehr mit diesen mußten die elsaß-lothringischen Bankanstalten so lange verzichten, bis sich auch für sie innigere Handelsbeziehungen zu Deutschland herausgebildet hatten.

Trotz des von der Reichsbank gewährten Entgegenkommens ließ die Beteiligung des Handelsstandes am Giroverkehr der Reichsbank zu wünschen übrig. Man benutzte die neue Einrichtung vielfach nur dazu, um unter Umgehung des Diskontverkehrs die Wechsel bis zum Verfalltage im Portefeuille zu behalten und sie dann der Bank zur Einziehung auf Girokonto zu geben. Es entsprach dies alten Gewohnheiten. Infolge des starken Wechselverkehrs einerseits, sowie infolge der alten Usance, die meisten Wechsel an einem Stichtage fällig zu machen, war bereits zu Zeiten der Banque de France die Stückzahl der ihr zum Inkasso eingereichten Papiere außerordentlich groß. So waren die elsaß-lothringischen Succursalen der Bank von Frankreich stets genötigt gewesen, an solchen Tagen je 4—6 Hilfskassendiener (garçons auxiliaires) zur Einkassierung der Wechsel anzunehmen. Man kann annehmen, daß auch heute noch weit über die Hälfte aller auf elsaß-lothringische Plätze gezogenen Wechsel an einem Stichtage verfällt[1]). Die Durchführung des Giroverkehrs war deshalb auch für die Reichsbank mit vieler Mühe und großen Kosten verknüpft, das Beamtenpersonal mußte an allen 3 elsaß-lothringischen Zweiganstalten verstärkt werden. In Straßburg und Metz fließt der Reichsbank ein verhältnismäßig großer Teil der im Portefeuille der Privatbankinstitute befindlichen Wechsel, Anweisungen, Quittungen etc., welche sich nicht zum Diskont eignen, im Wege des Giroverkehrs zur Einziehung zu, und die große Stückzahl, sowie die kleine Durchschnittssumme derselben ist ein deutlicher Beleg für das in Elsaß-Lothringen, besonders im gewerblichen Kleinverkehr herrschende System der Schuldregulierung. Die für einen größeren Markt arbeitende Industrie Mülhausens erzeugt natürlich bei weitem nicht die große Zahl von Platz-

---

1) Von den Ende 1889 im Portefeuille der Reichsbankhauptstelle Strafsburg befindlichen 5295 Stück Platzwechseln, d. h. in Strafsburg selbst zahlbaren Wechseln, waren 3753 Stück, also 71 % an Stichtagen fällig, davon allein 2451 Stück, also 47 % der Gesamtzahl, am 15. und Ultimo der in Frage kommenden Monate. Ende 1888 war das Verhältnis ein ähnliches. Damals verfielen 68 % aller Platzwechsel an Stichtagen, 42 % am Medio und Ultimo.

wechseln, wie dies seitens des regen, in Straßburg und Metz betriebenen Landesproduktenhandels geschieht, auch pflegen die Mülhäuser Bankinstitute derartige Wechsel selbst einzuziehen. Zur besseren Veranschaulichung dieser Ausführungen sollen nachstehende Zahlen dienen. Zur Einziehung auf Girokonto wurden der Reichsbank eingereicht:

Im Jahr	in Strafsburg			in Mülhausen		
	Stück	Gesamtbetrag in Tausend Mk.	Durchschnittsbetrag	Stück	Gesamtbetrag in Tausend Mk.	Durchschnittsbetrag
1886	37 575	10 130	270	2 282	414	185
1887	34 525	9 164	265	1 656	275	166
1888	21 338	5 442	255	1 266	233	184
1889	22 641	5 721	253	56	8	134

Im Jahr	in Metz			in Elsafs-Lothringen überhaupt		
	Stück	Gesamtbetrag in Tausend Mk.	Durchschnittsbetrag	Stück	Gesamtbetrag in Tausend Mk.	Durchschnittsbetrag
1886	9 856	1 533	155	49 713	12 077	243
1887	11 934	1 938	162	48 115	11 376	241
1888	11 354	1 956	172	33 958	7 631	225
1889	8 444	1 410	167	31 141	7 138	229

Die Stückzahl der bei der Reichsbankhauptstelle Straßburg eingereichten Wechsel wird nur, außer in Berlin, in wenigen großen Handelsplätzen mit ausgedehntem Platzverkehr übertroffen[1]), so 1886 nur in Cöln und Frankfurt a. M., 1887 nur in Cöln, Frankfurt a. M., Mannheim und München. Die Durchschnittsbeträge der zur Einziehung auf Girokonto eingereichten Wechsel sind fast an allen Bankanstalten bedeutend größer wie in Elsaß-Lothringen. Sie betrugen in Mark:

Im Jahr	für alle deutschen Bankplätze	für die 3 elsafs-lothringischen Bankanstalten
1886	1262	243
1887	1205	241
1888	1788	225
1889	2063	229

Fast alle Papiere, welche auf diesem Wege der Bank zufließen, sind dem Kleinverkehr entsprungen. Kleine Beträge von 5, 6, 7 M.,

---

1) Das ist um so auffallender, als die für Strafsburg angegebenen Zahlen nur die am Orte selbst eingereichten Wechsel darstellen, während in den Zahlen der meisten anderen grofsen Bankplätze die an den zahlreichen von ihnen ressortierenden Reichsbanknebenstellen eingereichten Wechsel mit enthalten sind.

welche der altdeutsche Bankier nicht ins Portefeuille nehmen würde, werden der Reichsbank in Elsaß-Lothringen in Menge von den größten Privataktienbanken zum Inkasso eingereicht.

Wie die Banque de France, so machte auch die Reichsbank, insbesondere in ihren elsaß-lothringischen Zweiganstalten, die Erfahrung, daß die Höhe der ihr aus dem Giroinkassoverkehr zu Gute kommenden Summen in keinem Verhältnis zu den aus der Einziehung der ihr eingereichten Papiere erwachsenden Kosten stand. Sie folgte nun zwar nicht dem Beispiele der Banque de France, welche seit 1879 für jedes ihr zur Einziehung und Gutschrift auf Girokonto eingereichte Papier eine geringe Provision erhebt [1]), denn nach einer solchen Maßnahme würden ihr wahrscheinlich überhaupt keine Wechsel zur Einziehung mehr übergeben worden sein, sie beschränkte sich vielmehr lediglich darauf, vom 9. Juni 1888 an für jedes Inkassopapier, welches dem Einlieferer als unbezahlt zurückgegeben wurde, eine Gebühr von 20 Pf. zu erheben [2]). Die Wirkung dieser Bestimmung in Elsaß-Lothringen tritt in der im Vergleich zu den Vorjahren geringeren Stückzahl der pro 1888 im Giroverkehr eingereichten Wechsel (Stück 33 958 gegen Stück 48 115 im Jahre 1887 und Stück 49 713 im Jahre 1886) deutlich zu Tage.

Bereits seit 1883 sind Wechsel, aus welchen ein Konteninhaber zu einer Zahlung verpflichtet ist, bei der Reichsbank oder bei einem anderen Bankhause, welches mit der Reichsbank in täglicher Abrechnung steht, zahlbar zu machen und rechtzeitig schriftlich anzumelden [3]). Diese Maßnahme bezweckt eine Erleichterung der kostenfreien Einziehung von Wechseln. Beide Bestimmungen zusammen aber, sowohl die kostenfreie Einziehung von Wechseln durch die Reichsbank, wie die Domizilierung der Wechsel, sollen für den Girokunden das Halten einer eigenen größeren Kasse überflüssig machen; andrerseits aber sollen sie der Reichsbank den Einblick in die Wechselverpflichtungen und die Beurteilung der Kreditfähigkeit erleichtern. Die Reichsbank spricht dabei die Erwartung aus, daß die Konteninhaber von den beiden ihnen eingeräumten Befugnissen regelmäßig Gebrauch machen, die Giroeinrichtung aber nur für sich selbst oder für andere Konteninhaber, nicht für dritte Personen benützen und ein der Mühewaltung

---

1) Vgl. oben S. 20, Anm. 1.
2) Siehe „Allgemeine Bestimmungen über den Geschäftsverkehr mit der Reichsbank" von 1889, S. 32, Anmerkung.
3) Ueber die Vorzüge des Domizilzwanges vgl. Hartung, a. a. O. S. 47 ff.

entsprechendes bares Guthaben halten werden. Sie behält sich das Recht vor, den Vertrag ohne weiteres durch schriftliche Benachrichtigung aufzuheben, wenn dieser Erwartung nicht entsprochen wird, oder wenn sie aus anderen Gründen die Aufhebung für angemessen erachtet [1]). Je fleißiger die Giroeinrichtung der Reichsbank benutzt wird, um so größer und sichtbarer werden die Vorteile und Erleichterungen, welche sie gewährt. Aber noch wird eine lange Zeit vergehen, bis diese Erkenntnis sich den Weg in die breiten Massen des Handels und der Industrie gebahnt hat. Langsam zwar, aber um so sicherer gewinnt auch in den Reichslanden diese Erkenntnis mehr und mehr an Terrain. Das beweisen die stetig wachsenden Umsätze im Giroverkehr der elsaß-lothringischen Reichsbankanstalten.

Eine besondere Beachtung verdient die Untersuchung der Frage, inwieweit sich die staatlichen Behörden den Giro- bezw. Checkverkehr der Reichsbank in Elsaß-Lothringen bei Regulierung ihrer Barbedürfnisse und Verpflichtungen zu Nutze gemacht haben, und unter welchen Gesichtspunkten dieser Verkehr zu beurteilen ist.

Der allgemein volkswirtschaftliche Vorteil, welchen die Uebertragung des staatlichen Zahlungs- und Kassenwesens auf die Centralbank eines Landes gewährt, liegt vor allem in der ungeheuren Ersparnis der Umlaufsmittel, welche aus der Vereinigung des volks- und staatswirtschaftlichen Zahlungsprozesses resultiert. „Der Wert der staatlichen, den Privatwirtschaften entzogenen Gelder wird in anderer Weise dem Kreditbedürfnisse der Volkswirtschaft zugeführt, ohne daß die Verwendung der öffentlichen Gelder zur Erfüllung der staatlichen Aufgaben behindert wäre. Für den Staat aber erwächst aus der Verschmelzung des staatlichen Zahlungsprozesses mit dem volkswirtschaftlichen der Vorteil einer rascheren Centralisation der Staatsgelder, also strengere Durchführung des Prinzips der fiskalischen Kasseneinheit, sowie einer durch Vereinfachung des Zahlungswesens herbeigeführten Verminderung der Kassenbestände" [2]). Eine derartige, innige Ver-

---

1) Vgl. „Allgemeine Bestimmungen über den Geschäftsverkehr mit der Reichsbank" von 1889, S. 35, No. 12.
2) Ueber die prinzipielle Rechtfertigung und die Bedeutung der bankmäfsigen Goldverwaltung gegenüber der im Staatskassensystem üblichen vgl. den Aufsatz von E. von Philippovich im Finanzarchiv 1884, Heft II, S. 129: „Die staatliche Geldverwaltung", eine Arbeit, die mit ihren mannigfachen Anregungen eine geeignete Grundlage zu besonderen Untersuchungen derjenigen wirtschaftlichen Erscheinungen bilden könnte, welche sich aus einer bankmäfsigen Verwaltung der öffentlichen Gelder in Deutschland ergeben würden. Der Rahmen der vorliegenden Arbeit gestattete nur flüchtige Andeutungen unter Berücksichtigung der Momente, welche für die elsafs-lothringische Bank- und Kreditorganisation eine aktuelle Bedeutung erlangt haben.

quickung der staatlichen Kassenverwaltung mit der Bank vollzog sich in England, unbeeinflußt durch die Gesetzgebung, als Ergebnis der natürlichen Entwickelung, erst nach Abschluß dieser gesetzlich sanktioniert; in Belgien dagegen auf Grund eines Gesetzes, als Produkt der Reflexion [1]). Die Herbeiführung analoger Zustände für das ganze Deutschland ist durch die staatsrechtliche Struktur wenigstens formell ausgeschlossen; indessen liegt die Herbeiführung materiell ähnlicher Zustände durchaus nicht außer dem Bereich der Möglichkeit. Das Bankgesetz verpflichtet die Reichsbank, ohne Entgelt für Rechnung des Reiches Zahlungen anzunehmen und bis auf Höhe des Reichsguthabens zu leisten, es berechtigt sie, die gleichen Geschäfte für die Bundesstaaten zu übernehmen. Suchen sämtliche Einzelstaaten auf Grund dieser Bestimmung ihren Zahlungsverkehr bei der Reichsbank zu konzentrieren, treten zugleich alle Behörden des Reichs und der Einzelstaaten, soweit sie an Bankplätzen ihren Sitz haben, in den Giroverkehr der Reichsbank ein, unter Verzichtleistung auf das Halten einer eigenen Kasse, so ist sowohl in Deutschland als Ganzem, wie in den einzelnen Staaten ein ähnlicher Zustand wie in England geschaffen [2]). Es ist nun gewiß nicht zu verlangen, daß alle Gelder des Reiches und der Einzelstaaten der Reichsbank zinsfrei überlassen werden. Bei den kolossalen Summen, welche hier in Betracht kommen, würden die Wohlthaten, welche der Giroverkehr bietet, nicht ein annäherndes Aequivalent bilden gegenüber dem Nutzen, welchen die Bank aus der Anlage jener Kapitalien ziehen könnte. Andererseits aber würde die Reichsbank auch oft in Zeiten großen Geldüberflusses um die Nutzbarmachung jener großen Summen verlegen sein [3]). Die Reichsbank ist also nicht in der Lage, eine angemessene Verzinsung für derartige Kapitalien zu gewähren, und in derselben Erkenntnis hat bereits die Preußische Bank diesen Geschäftszweig als ungeeignet für eine große Centralzettelbank befunden. Es

---

1) Vgl. von Philippovich: „Die Bank von England im Dienste der Finanzverwaltung des Staates", S. 13.

2) Die Generalkonten des Reiches bezw. der Bundesstaaten entsprächen dann dem Staatscentralkonto, die Konten der einzelnen Verwaltungszweige und der bezüglichen Behörden denjenigen der einzelnen Centralämter und ihren Subkonten bei der Bank von England.

3) Sie auch nur zum geringsten Teil in solchen Zeiten in Wechseln anzulegen, scheint überhaupt absolut unmöglich, da die Rücksichten auf die Erhaltung der Währung der Reichsbank verbieten, sich stets mit ihrem Privatdiskont den Fluktuationen des Börsendiskontes anzuschmiegen. Zudem ist die Verwertung von Depositen mit kurzen Kündigungsfristen, die jeden Augenblick in starken Posten entzogen werden können, wie dies bei Staatsdepositen stets der Fall ist, außerordentlich schwierig.

müßte daher u. E. eine Trennung des **kontinuierlichen** und des **fluktuierenden** Bestandes vorgenommen werden [1]). Ersterer ist für den Staat ganz unentbehrlich und muß jederzeit greifbar sein. Der fluktuierende Bestand dagegen wird oft selbst für größere Zeiträume entbehrlich und kann im Interesse der Volkswirtschaft verwertet werden. Da nun diese Verwertung durch die Centralbank für ihre eigene Rechnung nicht immer auszuführen ist, so sollte sie zwar durch die Centralbank, aber für Rechnung sowie unter der Leitung und Aufsicht des Staates erfolgen [2]). Anders wäre es mit dem kontinuierlichen Bestand. Jene Summe, die stets in den Kassen liegen muß, um die laufenden Zahlungen zu erfüllen, würde der Reichsbank als zinsfreies Giroguthaben belassen. Durch den Check- und Überweisungsverkehr würden sich die nationalen Zahlungen glatt und kostenfrei vollziehen, die eigenen Staatskassen würden überflüssig. Durch die vielfachen Umschreibungen aber wird zwar nicht für den Staat, aber für die Bank der kontinuierliche Bestand vermindert. „Werden z. B. erfahrungsgemäß 60 % der staatlichen Zahlungen bar geleistet, 40 % aber umschrieben, so muß allerdings der Staat zu 100 bei der Bank berechtigt sein. Die Bank aber braucht nur 60 davon zu halten und kann 40 in Kreditgeschäften verwenden" [3]). Diese Differenz aber, deren Nutzung der Bank zu Gute kommt, würde ihr ein angemessenes Aequivalent für den Vorteil gewähren, der für den Staat aus der bankmäßigen Verwaltung seines kontinuierlichen

---

1) Wir lehnen uns hierbei an die von E. von Philippovich in seinem Aufsatze über „die staatliche Geldverwaltung" S. 139 getroffene Scheidung an. Er bezeichnet „den zu jeder Zeit im Staate notwendigen Fonds an Geldern zur Ermöglichung steter Zahlungsleistung als den kontinuierlichen Bestand der Kassen. Derselbe ist natürlich im Laufe des Jahres von verschiedener Höhe, je nach der zeitlichen Verteilung der staatlichen Zahlungen und ebenso verschieden für die einzelnen örtlich verteilten Staatskassen. Durch Erfahrung wird es in einem Staatswesen mit geregelten Verwaltungsverhältnissen möglich sein, die Höhe desselben einigermafsen zu berechnen. Derselbe wird aber von Zeit zu Zeit vermehrt durch vorübergehende Bestände, welche auf einem erhöhten Eingang gegenüber den augenblicklichen Ausgaben oder einer Verminderung der letzteren im Verhältnis zur Höhe des kontinuierlichen Bestandes beruhen. Dieselben liegen für kürzere Zeiten ganz unbenützt in den Staatskassen, dienen nicht einmal zur Aufrechterhaltung der Zahlungsmöglichkeit, sondern gehen erst mit der Zeit, wenn die Ausgaben wieder wachsen, in den kontinuierlichen Bestand über, da ja mit der Zahlungssteigerung auch die Höhe der letzteren gesteigert werden muß. Diese nur vorübergehend in den Staatskassen liegenden Gelder nennen wir den **fluktuierenden** Bestand."

2) Der Ankauf der Effekten, die Verwaltung derselben und ihr Verkauf würde nirgends besser als durch das vorzüglich organisierte Kontor der Reichshauptbank für Wertpapiere in Berlin besorgt werden. Ueber die Thätigkeit desselben vgl. Kraschutzki: „Der Geschäftsverkehr mit dem Komtoir der Reichshauptbank für Wertpapiere". Berlin bei Springer, 1889.

3) Vgl. von Philippovich: „Die staatliche Geldverwaltung". S. 164.

Kassenbestandes resultiert. Es ist Sache der Einzelstaaten, hier die Initiative zu ergreifen. Einheitliches und geschlossenes Vorgehen würde unzweifelhaft die größten wirtschaftlichen Vorteile gewähren. Kleine Anfänge sind bereits gemacht. Die Reichshauptkasse, die Preußische und Badische Generalstaatskasse haben schon seit Jahren Konten bei der Reichsbank, jedoch wird letztere mehr als Transportinstitut, zur Vermittelung von Ueberweisungen von einer Staatskasse an die andere benutzt. So lange die Reichs- und Landesbehörden nicht in den Gironexus eintreten, kann von Uebernahme der staatlichen Kassenführung, einer nutzbringenden Anlage der müßigen Bestände seitens der Reichsbank, einer Verminderung der Kassenbestände bei den staatlichen Behörden und einer Vereinfachung ihrer Amtsorganisation keine Rede sein.

Der Centralpunkt der reichsländischen Einnahmen und Ausgaben ist die Landeshauptkasse in Straßburg. Sie besaß bis vor kurzem noch kein Girokonto bei der Reichsbank, weil sie ihren Zahlungs- und Kassenverkehr zum größeren Teile einem Privatbankinstitute, der Aktiengesellschaft für Boden- und Kommunalkredit in Straßburg seit 1873 übertragen hat, durch deren Vermittelung für eine zinsbare Anlage der überflüssigen Bestände Vorsorge getroffen ist[1]). In dieser zinsbaren Anlage der müßigen Regierungsgelder erblickte die Landeshauptkasse einen größeren privatwirtschaftlichen Vorteil als in dem Nutzen, den ihr der Giroverkehr mit der Reichsbank, in welchem keine Zinsen vergütet werden, geboten hätte, um so mehr, als sie mittelbar aus dem Giroverkehr der Reichsbank durch die gedachte Privatbank Vorteile zog. Daß trotzdem auf Veranlassung des Ministeriums der Eintritt der Landeshauptkasse in den Gironexus der Reichsbank im November 1890 erfolgte, ist nicht nur begründet durch die nunmehr erzielte vereinfachte Kassenführung der Landeshauptkasse, sondern auch durch die aus diesem Beitritte resultierenden Erleichterungen des gesamten wirtschaftlichen Verkehrs.

Frühzeitiger als bei der elsaß-lothringischen Landesregierung haben sich die Bestrebungen für die Uebertragung staatlichen Kassen- und Zahlungswesens auf die Reichsbank in einzelnen Verwaltungszweigen der Reichsregierung bethätigt. Seit 1877 hat die Hauptkasse der Reichseisenbahnen ein Girokonto bei der Reichsbankhauptstelle in Straßburg. An sie werden die Ueberschüsse abgeführt, um nach Ansammlung größerer Bestände an die Reichshauptkasse überwiesen zu werden.

1) Siehe weiter unten, S. 134 ff.

Die Verrechnung der Frachten etc. zwischen den Reichseisenbahnen in Straßburg und den einzelnen Betriebsämtern, welche fast sämtlich in den Giroverkehr der Reichsbank eingetreten sind, vollzieht sich ohne Vermittlung der Reichshauptkasse unter Benutzung roter Checks im Wege des Giroübertragungsverkehrs der Reichsbank. Tritt bei den Reichseisenbahnen plötzlich ein unvorhergesehener Bedarf an Barmitteln ein, dessen Höhe das Guthaben überschreitet, so ist infolge einer Uebereinkunft die Reichsbankhauptstelle in Straßburg ermächtigt, unter gleichzeitiger telegraphischer Mitteilung an das Reichsbankdirektorium, bis zur Höhe des Betrages Vorschuß zu leisten.

Mit der Reichspostverwaltung ist seitens des Reichsbankdirektoriums bereits 1879 ein Abkommen getroffen worden, wonach der Kaiserlichen Generalpostkasse bei der Reichshauptbank in Berlin ein Girokonto mit der Maßgabe eröffnet wurde, daß diese Kasse über ihr Guthaben nicht bloß durch weiße Checks zu baren Abhebungen sowie durch rote Checks zu Gunsten anderer Girointeressenten, sondern auch mittelst besonderer Lieferzettel zu Gunsten der am Sitze einer Reichsbankhauptstelle oder Reichsbankstelle befindlichen Oberpostkassen oder Postkassen verfügen kann [1])—[2]). Während letztere früher nur über die ganzen, ihnen jeweils bei den Reichsbankanstalten angewiesenen Summen disponieren konnten, ist seit 1887 auch die Verfügung in einzelnen Teilbeträgen je nach Bedarf der betreffenden Postämter gestattet. Eine weitere Erleichterung für die Post sowohl wie für die Girokunden der Bank wurde durch eine ebenfalls im Jahre 1887 erlassene Bestimmung geschaffen, nach welcher sämtliche für Girointeressenten der Reichsbank bestimmte Postanweisungsbeträge nicht mehr an diese selbst bar zur Auszahlung gelangen, sondern mittelst des Giroverkehrs beglichen werden, und zwar so, daß die Postverwaltung täglich die Gesamtsumme in Bar der betreffenden Reichsbankanstalt nebst einem spezifizierten Verzeichnis einreicht, und von dieser sodann die Gutschrift auf die einzelnen Konten erfolgt [3]). In Straß-

---

[1]) Für diese Vergünstigung war der Reichsbank seitens des Reichspostamtes eine gewisse Portofreiheit zugestanden worden. Neuerdings ist indessen eine Abänderung des diesbezüglichen Abkommens getroffen worden.

[2]) Vgl. von Philippovich: „Die deutsche Reichsbank im Dienste der Finanzverwaltung des Reichs und der Bundesstaaten". Finanzarchiv 1886, S. 108 ff.

[3]) Das Inkasso von Postanweisungen durch eine Bank wurde zuerst am 1 September 1884 bei der österreichischen Postsparkasse eingeführt. Vgl. Laves: „Die Bestrebungen zur Einführung des Depositenbanksystems mit Giro- und Checkverkehr in Deutschland und die österreichische Postsparkasse" im X. Jahrgang der Jahrbücher für Gesetzgebung, Verwaltung und Volkswirtschaft 1886, ed. Schmoller, S. 285, 286.

burg haben bis jetzt 25 Girokunden der Reichsbank von dieser Verkehrserleichterung Gebrauch gemacht.

Als wichtiger Fortschritt in der Uebertragung staatlichen Kassen- und Zahlungswesens auf die Reichsbank ist der auf Anordnung des Kriegsministeriums versuchsweise im April 1887 erfolgte Eintritt einzelner Truppenkassen, militärischer Institute und Lokalbehörden der Militärverwaltung in den Giroverkehr der Reichsbank zu bezeichnen. Bei den zahlreichen, in Elsaß-Lothringen garnisonierenden Truppenteilen wurde gerade den dortigen Anstalten Gelegenheit geboten, sich ein Urteil über die Bewährung eines derartigen Verfahrens zu bilden. Am 3. Oktober 1888 erließ der Kriegsminister Bronsart von Schellendorff im Armee-Verordnungsblatt eine Bekanntmachung, in welcher er allen am Sitze einer Reichsbankhauptstelle oder Reichsbankstelle befindlichen militärischen Behörden die Anwendung des Giroverkehrs für das Zahlungswesen als geeignet empfiehlt, eine Beschränkung der Barzahlungen aus den Truppen- etc. Kassen bezw. eine Verminderung der baren Geldbestände in denselben herbeizuführen und dadurch auch den Kassen-Kommissionsmitgliedern ihre Verantwortlichkeit zu erleichtern. Eine weitere Ausdehnung des Verfahrens erscheine daher wünschenswert. Von der Haltung eines bestimmten Minimalguthabens auf den Girokonten der Militärverwaltung wurde seitens des Reichsbankdirektoriums abgesehen. Indes muß selbstverständlich von den Konteninhabern stets dafür Sorge getragen werden, daß dem Konto von der Reichshauptkasse bezw. der Generalmilitärkasse oder der betreffenden Korpszahlungsstelle stets soviel überwiesen wird, als zur Honorierung der jeweils ausgestellten Checks erforderlich ist. Behufs Förderung des Checkverkehrs hat sich das Reichsbankdirektorium gleichzeitig mit der Eröffnung von Girokonten bei der Reichsbank für die beteiligten Korpszahlungsstellen einverstanden erklärt. Alle Einzahlungen zur Gutschrift auf das Konto einer Militärbehörde, welche bei einer anderen Bankanstalt von Civil- oder Militärbehörden geleistet werden, sind provisionsfrei, selbst wenn die einzahlende Behörde kein Girokonto bei der Reichsbank besitzt [1]).

---

[1]) Während im übrigen die von Nichtkonteninhabern gemachten Einzahlungen zu Gunsten eines an einem anderen Bankplatze geführten Kontos einer Provision von 1 °/₀₀, Minimum 20 Pf., unterliegen, konnte die Reichsbank bei Ueberweisungen dieser Summen von der Erhebung einer Gebühr Abstand nehmen, einerseits, weil sonst die Beträge unter dem portofreien Rubrum „Militaria" durch die Post versandt worden wären, und durch die bloße Umschreibung eine große Verkehrserleichterung erzielt wird, andererseits aber, weil die durchschnittlich nicht unerheblichen Guthaben der Militärbehörde ein Aequivalent für die ihr erwachsenden Mühewaltungen bieten.

Trotz der aus dem Giroverkehr für die Behörden erwachsenden Vorteile ist die Beteiligung, ausgenommen in Elsaß-Lothringen, eine äußerst geringe. Wird aber die Giroeinrichtung nur von einigen benützt, so treten für die Bank durch eine bedeutende Mehrarbeit Nachteile hervor, die in keinem Verhältnis zu dem ihr aus den geringen Beständen erwachsenden Nutzen stehen. Sowohl mit Rücksicht auf die Interessen der Bank wie vom allgemein wirtschaftlichen Standpunkte aus betrachtet, würde sich die obligatorische Durchführung des Giroverkehrs für alle Militärbehörden, welche sich am Sitze einer Bankanstalt befinden, dringend empfehlen.

Ein auf sämtliche Truppenteile ausgedehnter Giroverkehr wird viel dazu beitragen, dem Checkverkehr auch in weiteren Kreisen Eingang zu verschaffen und den Verkehr zu erleichtern durch Ersparung an Umlaufsmitteln. Zugleich sind die einzelnen Behörden nicht mehr genötigt, erhebliche Kassenbestände zu halten, ihre Amtsorganisation wird vereinfacht, die Verantwortung für die bisher ihnen anvertraut gewesenen Summen wird bedeutend herabgemindert. Der Reichsbank aber wird durch den ansehnlichen Zuwachs ihrer Girobestände ein Mittel geboten, durch Erweiterung ihres Betriebes, durch Errichtung von Zweiganstalten an minder wichtigen Plätzen mehr und mehr ihrer volkswirtschaftlichen Aufgabe, den Geldumlauf im gesamten Reichsgebiet zu regeln, die Zahlungsausgleichungen zu erleichtern und für die Nutzbarmachung verfügbaren Kapitales zu sorgen, gerecht zu werden.

Nach Mitteilungen von Vertretern militärischer Kassenkommissionen, welche bereits in den Gironexus eintraten, werden die Vorteile des Checkverkehrs, soweit sie bis jetzt zu Tage treten können, sehr geschätzt. Besonders ist es die ungewohnte Verantwortung für die großen, dem Staate gehörigen Summen, die drückend erscheint und deren Uebertragung auf die Reichsbank in vielen Fällen für die Errichtung eines Girokonto ausschlaggebend geworden ist. Als einziger Mißstand des Giroverkehrs wird von den Militärbehörden der Umstand empfunden, daß die kostenfreie Einlösung der weißen Checks bei einer anderen Bankanstalt als derjenigen, welche das betreffende Konto führt, ausgeschlossen ist.

Für die Einlösung derartiger weißer Checks auf die Reichsbank, welche einer Bankanstalt von außerhalb zugehen, oder welche bei einer anderen Bankanstalt als bei derjenigen, welche das betreffende Konto führt, zur Zahlung präsentiert werden, wird eine Provision von $1/_3 \%_{00}$, mindestens 50 Pfg. für das Stück erhoben [1]). Die Auszahlung erfolgt erst nach Ermächtigung der kontoführenden Bankanstalt, woraus bei großen Beträgen dem Vorzeiger ein nicht unerheblicher Zinsverlust erwachsen kann. Es wird daher unter Umständen für die Zahlung an solche Gläubiger der Konteninhaber, welche außerhalb wohnen und kein Girokonto haben, die Regulierung durch Postanweisung vorzuziehen sein. Wird z. B. ein Berliner Lieferant mit einem weißen Check über 100 Mk. der Reichsbank in Straßburg bezahlt, so entfallen darauf Portokosten nach Berlin 30 Pfg., außerdem 50 Pfg. Provision, während die Uebersendung des kleinen Betrages per Postanweisung 25 Pfg. gekostet hätte. — Die kostenfreie Einlösung derartiger Checks ist nur in denjenigen Ländern möglich, wo die Postverwaltung sich durch Erteilung der Portofreiheit der Bank dienstbar macht [2]). Unter den bestehenden Verhältnissen würde in Deutschland die kostenfreie Einlösung derartiger Checks durch die Reichsbank nur dann einigermaßen gerechtfertigt erscheinen, wenn eine weitere Verbreitung des Checkverkehrs und hauptsächlich eine allgemeine Anwendung desselben seitens der Behörden der Reichsbank durch das Anwachsen der Girobestände größere Vorteile zuführen würde. So lange dies aber nicht der Fall ist, ist selbst eine Erniedrigung des ohnehin schon geringen Satzes von $^1/_5$ $^0/_{00}$ kaum zu empfehlen. Beachtenswert hingegen erscheint eine Einrichtung der Belgischen Nationalbank, welche, um die sofortige Auszahlung weißer Checks auch an einer anderen Bankanstalt zu ermöglichen und dadurch dem Vorzeiger den Zinsverlust zu ersparen, den ausgeschriebenen Check vor der Begebung mit dem Visum der das betreffende Konto führenden Bankanstalt versehen läßt [3]). Die auszahlende Anstalt weiß dann sofort, daß der Check gedeckt und die Unterschrift des Ausstellers in Ordnung ist. Es bedarf nur noch eines Avises an die kontoführende Anstalt, daß der Check

---

1) Vgl. „Allgemeine Bestimmungen über den Geschäftsverkehr mit der Reichsbank", 1888, S. 13.
2) Thatsächlich erfolgt sie seitens der österreichischen Postsparkasse (Verordnung vom 6. November 1883). Jeder, welcher mit der Postsparkasse in Checkverkehr steht, kann durch sie alle seine Zahlungen in ganz Oesterreich kostenfrei besorgen lassen. Zu diesem Zwecke stellt der Konteninhaber auf Grund seines Guthabens Checks auf die Postsparkasse aus, sendet diese portofrei an das Centralamt in Wien, welches darauf die bezügliche Zahlungsanweisung an das betreffende Postamt ergehen läfst, welches die Summe auszuzahlen hat. Vgl. L a v e s, a. a. O. S. 279, 3.
3) Art. 36 der Statuten der Belgischen Nationalbank lautet: „Pour faciliter les mouvements de fonds, la banque peut émettre des mandats de virement ou accréditifs à vue, ou à sept jours de vue au plus, des billets de banque à ordre ou des chèques visés et rendus payables par elle."

vorgekommen ist, worauf die Belastung, welche bis dahin nur vor der Linie vermerkt war, vollzogen werden kann. Der Durchführung einer derartigen Einrichtung in Deutschland steht indes zur Zeit noch der Mangel eines Checkgesetzes hemmend entgegen. Das Visum der kontoführenden Bankanstalt müßte natürlich, um Täuschungen vorzubeugen, mit den Unterschriften der Vorstandsbeamten der betreffenden Reichsbankfiliale versehen sein, und daraus erwüchse eine juristische Streitfrage, deren Entscheidung dahinsteht: ob nämlich ein derartiger Vermerk rechtlich den Charakter eines Acceptes trüge oder nicht. Im Bejahungsfalle würde dann das Papier der Stempelsteuer unterliegen[1]). Bei Zahlungen kleiner Beträge an auswärtige Handwerker und Lieferanten, bei denen das Vorhandensein einer Bankverbindung kaum vorauszusetzen ist, und in all den Fällen, wo die der Reichsbank zu zahlende Provision die Regulierung durch Postanweisung vorteilhafter erscheinen läßt, sollte man sich stets dieser letzteren bedienen. Der weiße Check ist zu einer derartigen Verwendung weder bestimmt noch geeignet.

Durchblättern wir das Verzeichnis der Girokonteninhaber der Reichsbank, so nimmt es uns Wunder, daß gerade seitens der Truppenkassen, Magazin- und Garnisonverwaltungen ein überraschend geringer Teil trotz der Anregung seitens des Kriegsministeriums und des größten Entgegenkommens der Bank in den Giroverkehr eingetreten ist. In Berlin selbst ließen sich bis jetzt nur 4 Militärbehörden ein Konto eröffnen. Nur bei den elsaß-lothringischen Bankanstalten, besonders aber in Straßburg ist die Zahl der Militärkonten im Gegensatz zu den altdeutschen Filialen der Reichsbank eine unverhältnismäßig große[2]). Dem Beispiele der Kassenkommissionen der Bataillone folgend, haben sich zahlreiche Kantinenverwaltungen die Vorteile des Giroverkehrs zu Nutze gemacht. Ueber die Zahl und Verteilung der Girointeressenten bei den elsaß-lothringischen Bankanstalten überhaupt giebt die nachstehende Zusammenstellung Aufschluß[3]).

Ein Girokonto bei der Reichsbank hatten am 1. Dezember 1890:

---

1) Wechselstempelsteuergesetz, § 24.

2) Eine Thatsache, die für Strafsburg auf die steten Bemühungen des Kais. Bankdirektors Stage zurückzuführen ist. Von 28 in Strafsburg befindlichen Militärkassen waren bis zum 1. Dezember 1890 bereits 20 dem Giroverkehr der Reichsbank beigetreten.

3) Verzeichnis der Inhaber von Girokonten bei der Reichsbank. Berlin. Verlag von A. Bath, 1890, u. Nachträge.

im Bezirk	Behörden:		Unternehmungen:				Girointeressenten überhaupt
	Civil	Militär	Privatleute	Industrielle u. Handelsfirmen	Bank- und Wechselgeschäfte	Kantinenkommissionen	
Strafsburg	2	20	17	68	19	14	140
Mülhausen [1]	—	5	2	52	5	6	70
Colmar [2]	—	2	20	8	5	2	37
Metz [3]	—	8	5	13	8	5	39
Elsafs-Lothringen	2	35	44	141	37	27	286

Die Gesamtumsätze im Giroverkehr der elsaß-lothringischen Bankanstalten sind der Entwickelung dieses Geschäftszweiges entsprechend in stetigem rapiden Wachsen begriffen. In Einnahme und Ausgabe zusammen sind die erzielten Beträge in regelmäßigen Zwischenräumen von 3 zu 3 Jahren um ca. 200 Millionen Mark gestiegen. Dieselben erfuhren von Ende 1876, wo sie sich auf 318,4 Millionen Mark bezifferten, bis Ende 1889 eine Steigerung auf 1467,6 Millionen Mark. Bei allen deutschen Bankanstalten zusammen erhöhten sie sich von 16 711 Millionen Mark auf 75 676 Millionen Mark. Die Entwickelungstendenz ist also nahezu die gleiche, denn während die im Reichsbank-Giroverkehr in ganz Deutschland erzielten Umsätze seit 1876 bis heute ungefähr auf das 4,5-fache angewachsen sind, beläuft sich diese Steigerung bei den 3 elsaß-lothringischen Bankanstalten ungefähr auf das 4,6-fache. Etwas anders allerdings stellt sich dieses Verhältnis bei einem Hauptzweige des Giroverkehrs, nämlich bei den Giroübertragungen. Dieser Zweig umfaßt alle von der Reichsbank durch rote Checks vermittelten Buchübertragungen zwischen Konteninhabern, die an verschiedenen Plätzen wohnhaft sind, sowie die interlokalen Einzahlungen von Nichtkonteninhabern an Konteninhaber. Steigerungen in den im Giroübertragungsverkehr erzielten Umsätzen werden verursacht sowohl durch die wachsende Beteiligung am Giroverkehr seitens des handeltreibenden Publikums überhaupt, als auch durch das Wachsen der Handelsbeziehungen zwischen den einzelnen Plätzen. Bei Orten, deren

---

[1] Die Girointeressenten setzen sich hauptsächlich aus Vertretern der oberelsässischen Grofsindustrie zusammen (Baumwollenspinnerei, Weberei, Färberei, Bleicherei, Appretur, Druckerei).

[2] Die Nebenstelle in Colmar wurde im Januar 1889 eröffnet, sie ressortiert von der Reichsbankstelle in Mülhausen.

[3] Bei Metz sind die aufserhalb Lothringens liegenden Bezirke der Nebenstellen Trier und Saarbrücken nicht berücksichtigt.

Handel hauptsächlich dem Platzverkehr dient, wird deshalb ein geringerer Umsatz auf diesem Konto zu beobachten sein als an solchen Plätzen, deren industrielle Erzeugnisse und Bedürfnisse auf dem ganzen inländischen Markte Absatz und Befriedigung finden. Größe und Steigerung dieses Umsatzes, Einnahmen und Ausgaben bei den elsaß-lothringischen Anstalten wollen wir ziffermäßig betrachten. Der auf Giroübertragungskonto erzielte Umsatz betrug in Mark:

im Jahr	in Strafsburg	in Mülhausen	in Metz
1876	65 390 100	22 995 600	18 885 400
1888	151 391 300	154 872 600	205 921 700
1889	170 351 900	180 381 100	238 770 000 [1]).

Seit Einführung des Giroverkehres fand also eine Steigerung auf Uebertragungskonto statt, die sich für Straßburg auf das 2,6-fache, in Mülhausen auf das 7,8-fache und in Metz auf das 12,7-fache des ursprünglich erzielten Umsatzes erhöht hat. Für ganz Deutschland beziffert sich die Steigerung des Umsatzes im Giroübertragungsverkehr auf das 5,7-fache des ursprünglichen Betrages. Von Jahr zu Jahr war die Steigerung eine ziemlich regelmäßige. Die in Mülhausen und Metz heute erzielten Umsätze übersteigen die bei der Reichsbank in Straßburg erhaltenen Resultate. Diese auffallend erscheinende Thatsache erklärt sich aus folgenden Ursachen. Der Produktenhandel des Unterelsasses hat seinen Mittelpunkt in Straßburg und hat einen bei weitem lokaleren Charakter als die auf dem Weltmarkte konkurrierende Baumwollenindustrie des Oberelsasses und die Eisenindustrie Lothringens. Es liegt auf der Hand, daß daher der Giroverkehr, speziell die Institution des roten Checks, welcher zur Uebertragung interlokaler Zahlungen bestimmt ist, im Laufe der Zeit an den Hauptsitzen einer für größere Märkte arbeitenden Industrie eine ausgedehntere Verwendung finden muß, als im Bezirke eines allerdings bedeutenden, aber doch mehr oder minder auf diesen Bezirk selbst beschränkten Handels. In den Reichslanden konnte aber der rote Check um so mehr Eingang finden, je fester sich die Beziehungen zum altdeutschen Markte gestalteten, und sicherlich muß das rapide Wachsen der in Mülhausen und Metz erzielten Umsätze im Giroübertragungsverkehr der Reichsbank zum Teil dem Umstande zugeschrieben werden, daß die Industrien Elsaß-Lothringens mehr und mehr auf dem altdeutschen Markte Absatz und Befriedigung finden. In hohem Maße gilt dies von der oberelsässischen Baumwollenindustrie. Die Giroübertragungen von alt-

---

1) Siehe Anhangstafeln I—IV.

deutschen Bankplätzen auf Mülhauser Firmen wuchsen von 8493 Stück im Betrage von 38 723 200 M. Ende 1879 auf 10 031 Stück bezw. 51 987 700 M. Ende 1880 und erreichten bei weiterem stetigen Wachsen bis Ende 1889 die Höhe von 25 538 Stück mit 93 596 100 M.[1]) Wir glauben nicht zu irren, wenn wir die sprunghafte Steigerung vom Jahr 1879 bis 1880 zum guten Teil auf die Wirkung der deutschen Schutzzollpolitik zurückführen, welche den Mülhauser Spinnern und Webern durch Einführung der Staffelzölle nach französischem Muster den erfolgreichen Wettbewerb mit englischen Erzeugnissen auf dem deutschen Markte ermöglichte[2]).

Werfen wir noch einen flüchtigen Blick auf den Giro- bezw. Checkverkehr der Privatbanken, soweit dies nötig ist, um ihre Bedeutung in diesem Zweige ihrer Thätigkeit neben der Reichsbank in Elsaß-Lothringen zu kennzeichnen. Bei den Privatinstituten kann wegen des Mangels eines ausgedehnten Filialnetzes, wie es die deutsche Reichsbank besitzt, von dem System der Buchübertragungen durch rote Checks nicht die Rede sein. Um so mehr kommt aber die Abhebung barer Beträge mittelst Checks in Betracht. Auf diesem Gebiete sind seit der Annexion bedeutende Fortschritte zu verzeichnen. Fast alle größeren Bankgeschäfte pflegen das Depositengeschäft, die einen in ausgedehnterem, die anderen in beschränkterem Umfange. Der Besitz eines Checkkontos bei einer Privatbank entbehrt zwar für den Kunden des Vorteils der kostenfreien Ueberweisung nach allen größeren Orten Deutschlands, indes bietet er den nicht zu unterschätzenden Vorzug der Verzinsung des deponierten Guthabens seitens der Bank. Ist die Höhe des dabei vergüteten Zinssatzes auch nur eine geringe, meist nur 1 % , so übt doch die Thatsache, daß das Kapital für den Eigentümer nicht ganz brach liegt, einen großen Reiz auf das Publikum aus, und dieses kann auch bei dem heute meist ohnehin niedrigen Stande des Geldes ohne Gefahr eines allzu großen Zinsverlustes selbst große Beträge vorübergehend auf Checkkonto stehen lassen. Daraus erklärt es sich, daß die Höhe der Bestände auf dem Checkkonto bei den größeren Privatbanken manchmal größer ist, als bei der Reichsbank in Elsaß-Lothringen. Freilich wäre es entschieden unrichtig,

---

1) Siehe Anhangstafeln I—IV.
2) In den in der Anhangstafel III für Metz angegebenen Ziffern sind die von den Reichsbanknebenstellen Saarbrücken und Trier erzielten Umsätze mitenthalten. Die Kohlenproduktion, besonders des Saarbrücker Bezirks, bedingt grofse interlokale Zahlungen, von denen sicherlich ein bedeutender Teil durch rote Checks der Reichsbank vermittelt wird. Eine einheitliche Beurteilung und Deutung der von der Reichsbankstelle in Metz erzielten Umsätze mufs daher ausgeschlossen bleiben.

wollte man hieraus eine größere Umsatzbewegung jener Konten folgern.
Leider steht uns eine Statistik über die Höhe dieser Umsätze nicht
zu Gebote. Die Bestände auf Checkkonto betrugen am 31. Dezember
1888:

bei der Reichsbank in Strafsburg M. 1 266 296 Mülhausen „ 743 122 Metz „ 1 851 732 Zusammen: M. 3 861 150	bei der Allgemeinen Elsässischen Bankgesellschaft in Strafsburg und 5 Filialen: M. 3 452 064	bei der Bank von Elsafs und Lothringen in Strafsburg und 5 Filialen: M. 2 244 385

Vor allem gebührt der Allgemeinen Elsässischen Bankgesellschaft
Anerkennung dafür, den verzinslichen Checkverkehr stets auf das
eifrigste gepflegt zu haben. Die Anzahl der von diesem Institut geführten Checkkonten erreichte bereits am 31. Dezember 1883 die
enorme Höhe von 885, während heute die Reichsbank in Elsaß-Lothringen nur 286 Girokunden hat. Der Checkverkehr der Privatbanken
ist ebenso wie derjenige der Reichsbank in stetem Anwachsen begriffen.
Diese Entwickelungstendenz ist indes wie in Elsaß-Lothringen, so im
ganzen Deutschland zu beobachten. Die mächtige Ausdehnung des
Giroverkehrs bei der deutschen Reichsbank ist recht charakteristisch
für die wachsende Bedeutung dieses Geschäftszweiges, dessen Entwickelung noch lange nicht abgeschlossen ist, sie gestattet uns den
Einblick in die noch im Werden begriffene Umgestaltung des Zahlungswesens, sie läßt uns einen Rückschluß ziehen auf die Größe jener
„ökonomischen That ersten Ranges", wie Hartung die Einführung
des Giroverkehrs durch die deutsche Reichsbank mit Recht bezeichnet.

Daß der bei der Preußischen Bank ziemlich bedeutende Anweisungsverkehr bei der Reichsbank durch den Giroverkehr fast vollständig
absorbiert werden mußte, liegt auf der Hand, dient er doch nur dazu,
die Ueberweisungen von Nichtkonteninhabern untereinander zu vermitteln [1]).

4. Das Lombardgeschäft der Reichsbank in Elsafs-Lothringen.

Im Lombardverkehr der Reichsbank hat im Laufe der Entwickelung
die Zahl der beleihbaren Effekten eine bedeutende Erweiterung erfahren. Während früher der Lombardzinsfuß der Reichsbank für alle
zur Beleihung zugelassenen Wertpapiere den Wechseldiskont um 1 %
überstieg, ist seit 1884 der gegen ausschließliche Verpfändung von

---

1) Siehe Anhangstafeln I—IV.

Schuldverschreibungen des Deutschen Reiches oder der Einzelstaaten zu entrichtende Zins dahin ermäßigt worden, daß derselbe den jeweiligen Diskontsatz der Reichsbank bei Wechselankäufen nur um $1/2$ % übersteigt [1]). Wenn trotzdem dieser Geschäftszweig in Elsaß-Lothringen weit hinter den im Diskontgeschäft erzielten Resultaten zurückbleibt, so ist die Begründung dieser Thatsache in denselben Ursachen zu suchen, welche für die Preußische Bank bereits angeführt wurden. Neben der Abneigung, die der Elsaß-Lothringer dem Pfandgeschäft entgegenbringt, kommt vor allem der Mangel an beleihbaren Wertpapieren in Betracht. Die Neigung zur Börsenspekulation ist in Elsaß-Lothringen nie so groß gewesen wie in Altdeutschland. Legt aber der Einheimische sein Geld in Effekten an, so sind dies meist ausländische, auf den Namen lautende Rententitel oder französische Papiere. Deutsche Werte erfreuen sich beim elsaß-lothringischen Publikum auch heute noch einer sehr geringen Beliebtheit, denn einerseits ist es mit den Verhältnissen der einzelnen Papiere zu wenig vertraut, andrerseits fürchtet es die Verlosung und glaubt bei nicht verlosbaren Staatspapieren nicht die Kurschancen zu finden, welche die französische Rente neben der Zinsgarantie bietet. So wendet sich das elsaß-lothringische Kapital nach wie vor der französischen Börse zu. Auf französische Werte aber erteilt die Reichsbank keinen Vorschuß, und andere ausländische Staatspapiere werden nur in ganz geringer Zahl und nur mit 50 % ihres Kurswertes seitens der Reichsbank in der II. Klasse beliehen [2]).

Die geringe Bedeutung, welche dem Lombardgeschäft der Reichsbank im Vergleich zum Wechselankauf beizumessen ist, geht daraus hervor, daß im Durchschnitt von 19 Jahren von den 3 elsaß-lothringischen Filialen der Preußischen, bezw. der Reichsbank gegen Lombardierung von Wertpapieren jährlich nur ungefähr 8,3 Millionen Mark ausgeliehen wurden. Das Maximum der erteilten Lombarddarlehne wurde 1889 mit 22,336 Millionen Mark, das Minimum 1878 mit 0,101 Millionen Mark erreicht [3]). Der Hauptanteil entfällt dabei stets auf die bei der Reichsbankhauptstelle in Straßburg abgeschlossenen Geschäfte mit Bankinstituten. Von dem seitens der Reichsbank neu eingeführten kommissionsweisen An- und Verkauf von Wertpapieren machten fast ausschließlich die eingewanderten Deutschen Gebrauch; bei der geringen Neigung, die der Elsaß-Lothringer den

---

1) Ueber die Bedingungen des Lombardverkehres bei der Reichsbank vgl. „Allgemeine Bestimmungen über den Geschäftsverkehr mit der Reichsbank", Tit. V, S. 19 ff.
2) Vgl. „Allgemeine Bestimmungen etc.", 1889, S. 30.
3) Näheres siehe in den Anhangstafeln I—IV.

deutschen Wertpapieren entgegenbringt, eine leicht erklärliche Thatsache [1]).

Leider müssen wir darauf verzichten, einen Vergleich zu ziehen zwischen der Bedeutung des Lombardverkehres bei der Reichsbank in Elsaß-Lothringen und den daselbst thätigen Privatbanken. Die Jahresberichte der letzteren enthalten nur dürftige Mitteilungen über Größe und Bedeutung des von ihnen betriebenen Lombardgeschäftes [2]). Der Lombardverkehr erscheint bei den Privatbanken meist nicht als besonderer Geschäftszweig, ist vielmehr mit dem gewöhnlichen Kontokorrentgeschäft vermischt, weil er sich lediglich im Rahmen dieses Geschäftszweiges bewegt. Die Größe des vom Bankier dem Kunden gegen Verpfändung von Wertpapieren eröffneten Kredits ist nach der Beschaffenheit dieser und nach der Kreditwürdigkeit des einzelnen Kunden eine verschiedene. Hier wird vielleicht ein Kredit erteilt, der in seiner Höhe den Wert der hinterlegten Effekten oder Waren weit übersteigt, dort bewegt er sich in den engen Grenzen des Realwertes der hinterlegten Sicherheit. Real- und Personalkredit sind in der Praxis der Privatbanken vermengt. Normen bei der Gewährung von Lombardkredit, deren die Reichsbank naturgemäß nicht entraten kann, würden bei den Privatbanken als unzweckmäßige Hemmnisse empfunden werden. So erscheint eine vergleichende Statistik zwischen Reichsbank und Privatbanken im Lombardverkehr ausgeschlossen.

---

1) Leider fehlt in den Verwaltungsberichten der Reichsbank eine Statistik der in diesem Geschäftszweige erzielten Umsätze.

2) Nur die Bodenkreditgesellschaft in Strafsburg erteilt in ähnlicher Weise Lombarddarlehne wie die Reichsbank. Ihre Geschäftsberichte geben eingehende Mitteilungen über diesen Verkehr, der übrigens wie bei den elsafs-lothringischen Filialen der Reichsbank auch hier ohne jede Bedeutung im Vergleich zum Wechselankauf ist. So belief sich der Lombardverkehr der Bodenkreditgesellschaft pro 1888

bei 38 Pfandscheinen auf M. 392 506,56
hiervon bis 31./12. 1888 zurückbezahlt „ 190 288,71
bleibt ein Bestand von M. 202 217,85
an Zinsen wurden hierauf vereinnahmt M. 8 810,49

IV. Die Privatbanken in Elsafs-Lothringen.

1. Die Veränderungen in der Organisation des Privatbankwesens seit der Annexion.

Das Privatbanksystem Elsaß-Lothringens erhält nach der Annexion dieser Landesteile eine durchaus veränderte Physiognomie. Zwei Momente sind es, die wir als die charakteristische Ursache jener morphologischen Aenderung, welche sich im System der reichsländischen Kreditinstitute vollzog, bezeichnen müssen, Momente, die für die Entwickelung der elsaß-lothringischen Kreditorganisation von einschneidender Bedeutung gewesen sind. Es ist dies einmal der Uebergang aus der Form der Einzelunternehmung in die der Aktiengesellschaft und in zweiter Linie, in seinen Wirkungen weniger tiefgehend, das Verschwinden der agents de change. Beide Erscheinungen verdienen eine eingehende Berücksichtigung.

Nach der Einverleibung Elsaß-Lothringens sehen wir nach und nach eine Anzahl alter Firmen erlöschen, Zweigniederlassungen altländischer Banken werden errichtet, vor allem aber nötigen die neuen, durchaus ungewohnten Verhältnisse die einheimischen Kapitalisten, durch Beteiligung an großen Aktienunternehmungen auf dem Gebiete des Bankwesens ihre vermögensrechtliche Haftbarkeit einzuschränken.

Vor dem Kriege war die Form der Aktiengesellschaft in Elsaß-Lothringen wenig gebräuchlich, erst nach der Annexion zeigt sich die Tendenz zu Gründungen bezw. Umwandlung schon bestehender Unternehmungen in diese Gesellschaftsform. Sie zeigt sich bereits vor Einführung des deutschen Aktienrechts in den Reichslanden. Den diesbezüglichen deutschen Gesetzen darf also diese Wirkung nicht zugeschrieben werden, um so weniger, als sie in den wesentlichen Punkten nicht von der französischen Gesetzgebung vom 24. Juli 1867 über die Handelsgesellschaften abweichen. In der einen wie in der anderen begegnet man denselben Formen, denselben juristischen Personen[1]); hier wie dort ist Staatskonzession und Staatsbeaufsichtigung bei Aktiengesellschaften ein überwundener Standpunkt. Woher also diese äußere Umgestaltung?

Offenbar ist sie eine Folge der großen Schwenkung, die der Krieg den elsaß-lothringischen Landesteilen diktiert hatte, um sie loszulösen von den wirtschaftlichen Interessen Frankreichs und sie mit denjenigen Deutschlands in Fühlung treten zu lassen. Ueber die partielle Umwandlung speziell der elsässischen Industrie in Aktienunternehmungen hat uns Herr Engel-Dollfus bemerkenswerte Mitteilungen gemacht[2]). Auf keinem Gebiete machte sich indes jene fieberhafte Sucht zu Gründungen bemerkbar, wie sie im übrigen Deutschland im Jahr 1873 so verderblich gewirkt hat. Aktiengesellschaften, deren Gründung lediglich einer auf künstlicher Kurssteigerung basierenden illoyalen Spekulation entsprang, sind in Elsaß-Lothringen nicht entstanden. Vielmehr war es auf dem Gebiete des Bank- und Versicherungswesens in erster Linie die durch die Annexion erzeugte Unsicherheit der wirtschaftlichen Lage, welche diejenigen Kreditinstitute, die notwendig entstehen mußten, um das gesteigerte Bedürfnis zu befriedigen, in das Gewand der Aktiengesellschaft kleidete. Ob der Wettbewerb um den deutschen Markt sich günstig für den reichsländischen Handel und die Industrie, mit deren gedeihlicher Entwickelung das Bankwesen stets solidarisch verbunden ist, gestalten werde, wer konnte das wissen? Was Wunder, wenn angesichts einer so schwierigen Zeitlage der Kapitalist bestrebt war, sein Vermögen nach Kräften zu mobilisieren und die Möglichkeit zu erlangen, dasselbe anstatt wie bisher in ein einziges Unternehmen zu stecken, es nunmehr auf möglichst viele zu verteilen! Die Metamorphose, welche sich in der Form der privatwirtschaftlichen Unternehmung in Elsaß-Lothringen vollzogen hat, ist lediglich auf diese Wirkung der Annexion zurückzuführen. Darauf deutet auch die Thatsache hin, daß weniger Neugründungen[3]) als Umwandlungen schon bestehender Etablissements in Aktienunternehmungen vorgekommen sind.

Die materiellen Erfolge sind in Elsaß-Lothringen wie überall da, wo die Form der Aktiengesellschaft angewandt wurde, auf dem Ge-

---

1) Vgl. A. Dujardin (avocat à cour d'appel de Paris): „Des sociétés commerciales en Alsace-Lorraine", éd. Paris 1873

2) Engel-Dollfus: „L'industrie de Mulhouse et son évolution économique de 1870—1881", in: Bulletin de la société industrielle de Mulhouse, Tome 52, Mülhausen 1882, S. 227 ff.

3) Auf dem Gebiete des Bankwesens nur eine einzige, die „Aktiengesellschaft für Boden- und Kommunalkredit in Elsaß-Lothringen", und diese befriedigte ein dringendes Bedürfnis.

biete des Bankwesens größer wie auf demjenigen der Industrie, und die Thatsache, daß die Form der Aktiengesellschaft auf dem Gebiete des Bankwesens am Platze ist, hat auch in der lokal beschränkten Entwickelung der Kreditorganisation in Elsaß Lothringen ihre Bestätigung gefunden¹). Bankerotte sind nur in verschwindend kleiner Zahl eingetreten. Die Zahl der Gründungen von Banken und Kreditinstituten entsprach dem vorhandenen Bedürfnis. Es machte sich in gewissen Zeiten eher ein Mangel wie ein Ueberfluß derselben bemerkbar.

Die großen Unternehmungen auf dem Gebiete des elsaß-lothringischen Bankwesens sind heute noch meist in den Händen von Einheimischen. Allerdings suchte auch das altdeutsche Kapital seine Macht in den neuerworbenen Landesteilen durch Gründung von Kreditinstituten gleich nach dem Kriege geltend zu machen, ohne daß es ihm indes gelang, in größerem Maßstabe auf dem ungewohnten Boden festen Fuß zu fassen. So schuf die Bank für Süddeutschland in Straßburg eine Art Filiale, indem sie das Bankhaus Hauser Grebner & Co. als Einlösestelle ihrer Noten bezeichnete. Schon 1874 wurde das ehedem nicht unbedeutende Haus aufgelöst; — die Erfolge waren weit hinter den gehegten Erwartungen zurückgeblieben. Am 1. Juli 1871 errichtete die Deutsche Unionbank²) zu Berlin (Aktienkapital 12 Millionen Thaler, zur Hälfte eingezahlt) ebenfalls in Straßburg eine Filiale, deren Geschäftsthätigkeit sich auf alle Branchen des Bankgeschäftes erstreckte. Mit Energie vertrat sie die nationalen Interessen, aber leider mußte dieses lebensfähige Institut nach nicht ganz fünfjährigem Bestehen infolge der Liquidation des Stammhauses in Berlin 1876 seine Thätigkeit einstellen. Es war dies um so mehr zu bedauern, als die Straßburger Filiale der Deutschen Unionbank damals das einzige altdeutsche Bankgeschäft in Elsaß-Lothringen war, welchem genügende Mittel zu Gebote standen, um mit den einheimischen Bankhäusern in dieser Hinsicht konkurrieren zu können. Ihr gebührt das Verdienst, altdeutschen und reichsländischen Handel und Verkehr in innige Berührung gebracht zu haben. Zu Anfang des Jahres 1872 errichtete die im gleichen Jahre in Berlin gegründete Provinzial-Diskonto-Gesellschaft eine Zweigniederlassung in Straßburg und stattete sie mit einem Betriebskapital von 1½ Million Thalern aus³). Sie zeigte sich der

---

1) Vgl. van der Borght: „Statistische Studien über die Bewährung der Aktiengesellschaften", Jena 1883, S. 177 ff.
2) Nicht zu verwechseln mit dem heute noch thätigen Institut gleichen Namens in Mannheim und Frankfurt a. M.
3) Das Grundkapital der Provinzial-Diskonto-Gesellschaft in Berlin betrug 12 Millionen Mark, davon waren 60 % bar eingezahlt

Konkurrenz der einheimischen Banken nicht gewachsen und erlosch im Jahre 1874.

Es ist erklärlich, daß das deutsche Bankgeschäft sich keine Heimstätte auf elsaß-lothringischem Boden gründen konnte. Es nimmt uns nicht Wunder, wenn der eingeborene Kaufmann am liebsten den Kredit seiner Landsleute in Anspruch nahm und seinem politischen Parteigenossen lieber den Gewinn zufließen ließ wie dem eingewanderten Deutschen. Zudem hatte der einheimische Bankier natürlich eine auf lange Erfahrung gegründete Kenntnis der Bedürfnisse des Platzes und des Verkehrs. Die Gepflogenheiten und Usancen des Handelsstandes waren ihm geläufige Dinge. Weit leichter wie der altdeutsche Bankier, vor welchem der alteingesessene Kaufmann ängstlich seine Privatverhältnisse geheim zu halten suchte, konnte er Blick und Urteil über die Kreditwürdigkeit des einzelnen Kunden gewinnen, und so war es nur zu natürlich, daß die Bemühungen altdeutscher Kreditinstitute, mit ihrem landfremden Kapital den neuen reichsländischen Boden zu bebauen, recht fruchtlos blieben. Etwas anderes dagegen war es mit der Preußischen Bank. Die mußte man benutzen und man lernte sie gerne benutzen, weil sie manche Vorteile gewährte, die man früher nicht gekannt hatte.

Betrachten wir jetzt die Wandlungen, denen die äußere Gestaltung der elsaß-lothringischen Kreditorganisation nach der Annexion unterlag, etwas näher. Bereits 1871 vereinigten sich vier alte in Straßburg bestehende Bankhäuser zur Gründung der Banque d'Alsace et de Lorraine, eines Institutes, welches ursprünglich als Teilhabergesellschaft begründet, nach kurzer Frist in eine Aktiengesellschaft mit einem Nominalkapital von 12 Millionen Frcs. verwandelt wurde. Noch im gleichen Jahre errichtete in Metz die Internationale Bank in Luxemburg eine Filiale [1]). Kurze Zeit nachher, Anfang 1872, wurde in Mülhausen von den Vertretern der dortigen Großindustrie durch Uebernahme des alten, am Platze thätigen Bankhauses M. A. Schlumberger-Ehinger die Banque de Mulhouse, ebenfalls mit einem Kapital von 12 Millionen Frcs. nominal dotiert, als Aktiengesellschaft gegründet. Im März wurde als Ersatz des Crédit foncier de France unter hauptsächlicher Beteiligung elsässischen Kapitals in Straßburg die Aktiengesellschaft für Boden- und Kommunal-Kredit in Elsaß-Lothringen durch kaiserlichen Erlaß als Pfandbriefe

---

[1]) In welchem Umfange sich das Geschäft dieser Zweiganstalt bewegt, ist aus den veröffentlichten Jahresberichten der Internationalen Bank in Luxemburg nicht ersichtlich. Ueber Organisation und Geschäftsbetrieb des Stammhauses vgl. Wagner, Zettelbankpolitik, S. 719.

ausgebende Hypothekenbank konzessioniert. Im Mai dehnte die Banque d'Alsace et de Lorraine durch Errichtung einer Zweiganstalt in Metz ihre Thätigkeit auf Lothringen aus. Zwei Jahre später, am 1. Oktober 1874, begründete dasselbe Institut in Mülhausen eine Filiale, ein altes daselbst als Tochteranstalt einer Baseler Einzelunternehmung thätiges Bankhaus in sich aufnehmend. Inzwischen war schon zu Anfang desselben Jahres durch Fusion zweier seit 1852 in Straßburg bestehenden Bankhäuser die Straßburger Bank Ch. Stachling L. Valentin & Co. als Kommanditgesellschaft auf Aktien mit einem Kommanditkapital von nominal 2,4 Millionen Mark begründet worden. Alle diese Institute, auf deren Thätigkeit wir noch zurückkommen werden, sind noch heute in Betrieb.

Neben den erwähnten zahlreichen Einzelunternehmungen, die in Aktiengesellschaften verwandelt wurden bezw. mit solchen fusionierten, wurden andere Einzelunternehmungen, die sich auf die Dauer der Konkurrenz der kapitalkräftigeren Aktienbanken nicht mehr gewachsen zeigten, aufgelöst. So erloschen in jener Uebergangsperiode die alten in Straßburg thätig gewesenen Bankfirmen F. Lamey & Co., Coulaux Sütterlin, F. Bastien & Co. und L. Grouvel & Co. Allerdings wurden auch einige Bankhäuser neu begründet, die noch heute als Einzelunternehmungen fortbestehen. Von den bereits unter französischer Herrschaft begründeten „anonymen Gesellschaften", die noch heute ihren Rang mit Ehren behaupten, sind zu erwähnen das 1848 ins Leben getretene Comptoir d'escompte de Mulhouse in Mülhausen [1]), die Allgemeine Elsässische Bankgesellschaft in Straßburg, Colmar und Mülhausen, welche als Succursalen der großen Pariser Société générale pour favoriser le développement du commerce et de l'industrie en France im Jahre 1866 entstanden, und endlich die 1856 in Metz errichtete Kommanditgesellschaft auf Aktien Caisse d'escompte Mayer & Co.[2]). Dagegen hat das 1848 in Colmar ge-

---

1) Das comptoir d'escompte de Mulhouse ist in Elsaß-Lothringen von den anläßlich der Krise durch die französische Regierung gegründeten Diskont-Kontoren das einzige, welches heute noch in Thätigkeit ist. In seiner Verfassung und Organisation ruht es auf den durch kaiserliches Dekret bestätigten Statuten vom 13 Mai 1854. Es ist eine der wenigen Bankunternehmungen, welche sich bereits unter französischer Herrschaft als Aktiengesellschaften konstituiert hatten. Das im Vergleich zu den anderen Unternehmungen auf dem Gebiete des Bankwesens bescheidene Aktienkapital von 1 Million Frcs. ist in 2000 Aktien geteilt und voll eingezahlt.

2) Das Bankhaus Mayer & Co. in Metz, das wir ebenfalls schon vor der Annexion als Aktiengesellschaft kennen lernten, hat seinen Betrieb seitdem bedeutend ausgedehnt. 1874 verdoppelte es sein Grundkapital auf 1 200 000 Frcs., 1884 wurde es auf 2 500 000 Frcs. (1 600 000 eingezahlt) erhöht.

gründete Comptoir d'escompte de Colmar im Jahre 1884 schmählich bankerottiert [1]).

Die Zeit des Ueberganges kann mit Ablauf des Jahres 1874 als abgeschlossen betrachtet werden. Freilich fand nachher noch vielfach ein Ausbau in der Gestaltung der elsaß-lothringischen Kreditorganisation statt, der indes den Charakter, welchen sie kurz nach der Annexion erhalten hatte, nur noch etwas stärker zum Ausdruck brachte. So dehnten die großen zu Anfang der siebziger Jahre gegründeten Aktienbanken ihren Betrieb vielfach aus durch Kapitalerhöhungen und durch Gründung von neuen Zweiganstalten, wobei die Verschmelzung mit einer bereits bestehenden Einzelunternehmung nicht zu den Ausnahmen gehörte. Als ganz neu in jener späteren Zeit gegründete Aktienbank ist nur noch die Banque de Metz in Metz zu erwähnen, welche 1879 mit einem Grundkapital von 4 Millionen Frcs. ($^1/_4$ eingezahlt) ihre Thätigkeit begann. Wie außerordentlich lebensfähig die Gesellschaftsform der Aktienunternehmung auf dem Gebiete des Bankwesens in Elsaß-Lothringen gewesen ist, lehrt die Thatsache, daß mit Ausnahme des Zusammenbruches des Comptoir d'escompte in Colmar seit der Annexion keine Aktienbank in Konkurs geriet, vielmehr alle in Elsaß-Lothringen mit einheimischem Kapital ausgestatteten Institute noch heute mit bedeutend ausgedehnterem Wirkungskreis thätig sind zum Segen für Handel und Industrie [2]).

---

1) Im Jahre 1883 wurde das ehemalige französische Diskontkontor in eine neue Aktiengesellschaft unter der Firma Comptoir d'escompte de Colmar umgewandelt, welche mit dem 1. Januar 1884 ihre Thätigkeit begann. Das Grundkapital betrug 480 000 M., geteilt in 1200 Aktien zu 400 M. Der Direktor hatte sich das ausschliefsliche Recht, die Gesellschaft zu leiten und allein in ihrem Namen zu zeichnen, ausbedungen. 523 Aktien, also fast die Hälfte aller befanden sich damals im Besitze des Direktors und zweier Angestellten. Als bald darauf die mifsliche Lage des Diskontkontors bekannt wurde, sprach man noch am 8. Februar 1884 in einer Versammlung der Aktionäre die Hoffnung aus, den Konkurs durch einen Accord mit den Gläubigern vermeiden zu können. Da zeigte es sich, dafs das Grundkapital vollständig absorbiert war, und am folgenden Tage wurde die Gesellschaft bankerott erklärt. Der Sturz des Comptoir d'escompte, welcher Handel und Industrie Colmars und seiner Umgebung schwer schädigte und den Zusammenbruch verschiedener anderer Handlungshäuser nach sich zog, war die Folge einer übertriebenen Kreditgewähr — hauptsächlich an Personen, die wenige oder gar keine Garantieen geboten hatten. Die Vertrauensseligkeit, Fahrlässigkeit und Unordnung hatten einen unglaublichen Grad erreicht. Als Illustration hierzu mag die Thatsache dienen, dafs unter den Aktiven 50 000 Frcs. als Ausstand der Metzer Firma Saltzmann-Tonon figurierten, welche schon seit 8 Jahren nicht mehr existierte. Seit 1877 bereits hatte das Comptoir mit falschen Zahlen gearbeitet, und die seitdem zur Verteilung gekommene Dividende war stets den deponierten Kapitalien entnommen worden. Die Verluste beliefen sich auf ca. 2 Millionen Frcs.

2) Die Gründe, infolge deren einzelne Filialen altdeutscher Aktienbanken in Elsafs-Lothringen nach kurzer Thätigkeit wieder aufgelöst wurden, hoben wir bereits oben S. 119 hervor.

Neben der auf dem Gebiete des Bankwesens durch die Annexion hervorgerufenen Umwandlung von Einzelunternehmungen in die Form von Aktienvereinen ist die wichtigste Aenderung in der reichsländischen Kreditorganisation das Verschwinden der agents de change. Bei Einführung des deutschen Handelsgesetzbuches in Elsaß-Lothringen waren neben den Bestimmungen desselben über die Handelsmakler und Sensalen [1]) die einschlägigen Vorschriften des code de commerce [2]) in Gültigkeit geblieben [3]). Abweichend von dem deutschen Gesetz sprachen diese den von der Regierung ernannten agents de change das ausschließliche Recht zur Vermittelung von Handelsgeschäften zu in denjenigen Städten, wo der Staat offizielle Stellen für sie vorgesehen hatte. Das Prinzip aber, auf dem sich die rechtliche Stellung der französischen Makler aufbaute, war für die modernen Verkehrsverhältnisse völlig unhaltbar geworden.

In Deutschland hatte bereits seit den zwanziger Jahren eine Bewegung begonnen, die sich gegen die exceptionelle Stellung der Makler richtete und die durch Aufhebung ihres rechtlichen Monopols im deutschen Handelsgesetzbuche einen entscheidenden Sieg davongetragen hatte. Hier hatte das Gesetz endlich eine Rechtsbildung beseitigt, welche mit den realen Verhältnissen in augenfälligem Widerspruch stand. In Wirklichkeit war die Monopolstellung der Makler längst erschüttert worden durch die höhere Ausbildung des Kommissionsgeschäftes. Während der Makler die Geschäfte zwischen zwei Parteien lediglich vermittelt, und der juristische Akt der Vertragsschließung ohne ihn durch die Parteien selbst vor sich geht, schließt der Kommissionär Geschäfte kapitalistischer und spekulativer Natur in eigenem Namen auf fremde Rechnung ab. Nach S t r u c k [4]), dessen Ausführungen wir hier folgen, hatte die Bevorzugung der Kommissionäre ihren Hauptgrund in den veränderten Bedürfnissen des mit dem spekulativen Element sich mehr und mehr durchsetzenden Verkehrs, der Vervollkommnung der Verkehrs- und Transportmittel, des Post- und Telegraphenwesens, der Entstehung von zahllosen Aktienunternehmungen, der häufigen Emission staatlicher Anleihen: all dies zusammen bedingte einen ungeahnten Aufschwung des Spekulationshandels in relativ kurzer Zeit. Die Zahl der Spekulationsobjekte, die Leichtigkeit

---

1) Art. 66—84.
2) Titre V, Art. 71—90.
3) Einführungsgesetz vom 19. Juni 1872, § 1 al. 3. „Die Bestimmungen über das Börsen- und Maklerwesen und öffentliche Warenverkäufe bleiben in Kraft."
4) „Die Entwickelung des Instituts der beeidigten Handelsmakler in Deutschland während des 19. Jahrhunderts", in: S c h m o l l e r' s Forschungen, III. Bd., 1882, S. 186 ff.

der Verfügung über dieselben war dadurch bedeutend gesteigert, und der Grad der Wahrscheinlichkeit, in jedem Moment von allen die künftige Kurs- und Preisbewegung beeinflussenden Ereignissen Kenntnis zu haben, unendlich erhöht worden.

„Die Spekulation aber erheischt die Möglichkeit eines sofortigen Geschäftsabschlusses nach reif gewordenem Entschlusse zur Einleitung oder Beendigung einer Operation. Wer sich ihr als Vermittler darbieten wollte, mußte bereit sein, diesem Verlangen nachzukommen, zu festem Preise selbst zu übernehmen." Das durften die Makler nicht, während gerade der Abschluß des Geschäfts im eigenen Namen die eigentliche Aufgabe des Kommissionärs ist. So hatte in Deutschland eine völlige Verdrängung des nur vermittelnden Maklers durch den selbst übernehmenden Kommissionär stattgefunden, und der Verkehr hatte dadurch eine größere Leichtigkeit erlangt, ohne daß diese Leichtigkeit auf Kosten der Solidität erkauft worden wäre.

Eine ganz ähnliche Entwickelung hatte sich auch an den größten französischen Börsen- und Handelsplätzen vollzogen [1]); aber eine gesetzliche Reform hatte diesen Verhältnissen im Gegensatz zu Deutschland nicht Rechnung getragen. In vielen, auch größeren Provinzialstädten Frankreichs, wo die Organisation des Kredits noch auf einer tieferen Stufe stand, und auch die Form der Aktiengesellschaft im Bankwesen noch wenig Eingang gefunden hatte, war der Umfang der von den agents de change vermittelten Geschäfte noch ein recht bedeutender, — so in Elsaß-Lothringen. Eine Aenderung wurde hier erst durch die Annexion und deren Folgen herbeigeführt. Das Banksystem des Landes erhielt ein neues Fundament durch das Prinzip der kapitalistischen Assoziation. Die rechtliche Stellung der agents de change war zwar dieselbe geblieben, denn während im ganzen übrigen Deutschland den Maklern ein ausschließliches Recht zur Vermittelung nicht mehr zustand, war dieses den agents de change in Elsaß-Lothringen belassen worden. Wenn sich trotzdem der Kreis ihrer Geschäfte immer mehr verringerte, so lag das in der durch die neuen Verhältnisse bedingten Konkurrenz der Bankinstitute, die im Interesse ihrer Klientel eine rege Verbindung mit den deutschen Börsenplätzen anknüpfen und unterhalten mußten, durch deren Benützung die vermittelnde Thätigkeit der agents de change mehr und mehr überflüssig wurde.

Besonders fühlbar wurde dieser Rückschritt in Metz. Dort hatte

---

[1]) Vgl. Horn, a. a. O. S. 134, 135.

unter französischer Herrschaft eine — wenn auch nicht bedeutende — Effektenbörse bestanden. Dieselbe war aber eingegangen aus Mangel an hinreichenden Umsätzen. Deutschland besaß nicht wie Frankreich auf den Namen lautende Staatsschuldverschreibungen, deren Uebertragung ein ausschließliches Recht der agents de change gewesen war. Die Stellen der agents de change, die vor der Annexion mit hohen Summen bezahlt wurden [1]), waren fast wertlos geworden. Ein Urteil des Tribunal civil de la Seine vom 24. November 1875 stellt fest, daß die Stellen der Wechselmakler in Metz um keinen Preis verkäuflich und die Einnahmen hinter den Ausgaben zurückgeblieben waren [2]).

Durch Art. 18 des Gesetzes vom 14. Juli 1871, betreffend die Abänderung der Gerichtsverfassung in Elsaß-Lothringen, war der Grundsatz der Entschädigung für die Inhaber der zur Justizverwaltung gehörigen, verkäuflichen Stellen (offices ministériels) im Falle der Aufhebung der bisherigen Verkäuflichkeit festgestellt worden. Die agents de change fielen nicht unter diese Kategorie. Jedoch hatte sich in Art. 4 des Schlußprotokolles zum Frankfurter Friedensvertrage die Reichsregierung bereit erklärt, den Grundsatz der Entschädigung auch auf die Inhaber derjenigen verkäuflichen Stellen in Anwendung zu bringen, welche der Justizverwaltung nicht angehörten, falls deren bisherige Verkäuflichkeit aufgehoben werden sollte.

Die Aufhebung der Verkäuflichkeit ihrer Stellung und eventuelle Entschädigung, das war daher das Postulat, welches die drei agents de change der Stadt Metz auf Grund dieses Artikels in einer Petition vom 18. Dezember 1877 an den Landesausschuß formulierten. In Straßburg befanden sich damals noch elf agents de change, deren Verdienst infolge der Konkurrenz der Banken äußerst gering geworden war. Trotz des erwähnten Art. 4 des Frankfurter Schlußprotokolles hatte sich die Regierung im Jahre 1872 der Ansicht der Straßburger Handelskammer angeschlossen, welche hoffte, daß der Geschäftsumfang der agents de change sich nicht verringern werde, und deshalb die Aufhebung der Verkäuflichkeit der Stellen nicht angeordnet. In der Sitzung des Landesausschusses vom 21. Dezember 1877 wurde nun beschlossen, die Landesregierung zu bitten, die Verkäuflichkeit der Stellen der agents de change in Erwägung zu ziehen und, wenn angängig,

---

1) Nach einer Aeußerung des Herrn Schneegans in den Verhandlungen des Landesausschusses vom 21. Dezember 1877 waren noch kurz vor dem Kriege diese Aemter in Strafsburg mit mindestens 40 000—50 000 Frcs., in Metz sogar mit 80 000 Frcs. bezahlt worden.

2) Affaire Levy et Lajennesse. Jugement du 24. November 1875.

diesbezügliche Entschädigungsvorschläge bei Gelegenheit der Feststellung des Etats dem Hause zu unterbreiten.

Es ist indes alles beim alten geblieben. Die Wechselmakler wurden nicht entschädigt, und die Folge davon war, daß sie sich meist anderen Geschäften zuwandten. Heute ist als solcher keiner von ihnen mehr in Elsaß-Lothringen thätig. Die Geschäfte aber, die sich einst durch ihre Vermittelung im engen Kreise des Ortes, an welchem sie wirkten, vollzogen, finden jetzt auf telegraphischem Wege ihren Abschluß an der Frankfurter, Berliner oder Pariser Börse durch kommissionsweise Vermittelung der Banken.

Durch Einführung der Gewerbeordnung in Elsaß-Lothringen [1]) wurde den Handelsmaklern auch dort im Jahre 1888 das ausschließliche Recht zur Vermittelung genommen. Die Thatsachen waren dem Gesetze vorausgeeilt, es war selbst gegenstandslos geworden, denn seit lange existierte kein agent de change mehr in den Reichslanden.

2. Die Entwickelung einiger hervorragender Banken im Besonderen.

a) Die Aktiengesellschaft für Boden- und Kommunalkredit in Elsaß-Lothringen [2]).

Wie wir bereits im ersten Abschnitte dargethan, hatte es in Elsaß-Lothringen vor der Annexion an einer pfandbriefausgebenden Hypothekenbank mit lokal begrenztem Wirkungskreise gefehlt. Da der Crédit foncier mit dem Sitze in Paris den örtlichen Bedürfnissen des Realkredits nicht in dem Maße Rechnung tragen konnte, wie dies eine Provinzialbodenkreditbank vermocht hätte, so hatte bei dem Mangel einer solchen auch in Elsaß-Lothringen die Privathypothek, die in der Regel durch Notare vermittelt wurde, eine herrschende Stellung erlangt. Die zuerst im Jahre 1852 für das Departement Bas-Rhin beabsichtigte Gründung einer Provinzialbodenkreditbank, die wiederholten Versuche, noch kurz vor Ausbruch des Krieges in Mülhausen für das Departement Haut-Rhin eine pfandbriefausgebende Hypothekenbank ins Leben zu rufen, hatten bereits früh dem Verlangen nach einem derartigen Institut Ausdruck verliehen. Sichtbarer wie anderswo in Frankreich waren in den elsaß-lothringischen Departements die Nachteile der Monopolisierung des Bodenkredits in der Aus-

---

1) Einführungsgesetz vom 27. Februar 1888. Reichsgesetzbl. S. 57. Vgl §§ 1, 5, 6 der Gewerbeordnung.
2) Siehe Anhangstafeln V und VI.

beutung der kleineren Landwirte durch das schamlose Treiben der Wucherer zu Tage getreten, und lauter denn irgendwo anders war gerade hier der Ruf nach Decentralisierung des Realkredites erklungen. So mußte die Vereinigung einer Anzahl bekannter elsässischer Kapitalisten und Bankiers, welcher sich auch namhafte süddeutsche und Berliner sowie einige Baseler Bankfirmen anschlossen, zwecks Gründung einer Aktiengesellschaft für Boden- und Kommunalkredit in Elsaß-Lothringen mit dem Sitze in Straßburg, als im wirtschaftlichen Interesse des Landes liegend, sich auch des Beifalles der Reichsregierung erfreuen. Durch kaiserlichen Erlaß vom 18. März 1872[1]) wurde zur Errichtung dieser Gesellschaft die Genehmigung erteilt und ihr zugleich das Recht zur Ausgabe von Schuldverschreibungen, welche auf den Inhaber lauten sollten, gewährt.

Die Organisation der Aktiengesellschaft für Boden- und Kommunalkredit in Straßburg ruht durchweg auf den damals für Deutschland noch ganz neuen Prinzipien und Anschauungen der französischen Gesetzgebung, wie sie in Preußen zum ersten Male bei Gründung der Preußischen Central-Boden-Kredit-Gesellschaft, deren Konzession am 21. März 1870 erfolgt war, zum Ausdruck gekommen sind. Wie bei dieser, so wichen auch bei jener die zur Anwendung gebrachten Grundsätze bedeutend von den durch die Normativbedingungen für Hypotheken-Aktien-Gesellschaften in Preußen gegebenen engen Vorschriften[2]) ab. Sie lehnten sich dagegen enge an die bewährte Organisation des Crédit foncier de France an. Die Grenzen bei der Emission von Hypothekenbriefen sind bedeutend ausgedehnt worden, die Feststellung der Taxprinzipien, sowie die Bestimmungen über die Anlage der eigenen disponibleu Gelder und der Annahme von Depositen sind den Gesellschaftsorganen selbst überlassen, und ebenso erscheint im Statut die Bestimmung, daß zur Sicherheit der von der Gesellschaft auszugebenden Inhaberpapiere die hinterlegten Dokumente ausschließlich den Inhabern dieser Papiere haften sollen[3]).

Betrachten wir die Organisation und die Aufgaben der elsaß-lothringischen Bodenkreditgesellschaft in Straßburg, wie sie durch die Statuten vom 8. Februar 1872 vorgezeichnet sind, etwas näher. Das Grundkapital beträgt 12 Millionen Franken und ist in 24000 Aktien

---

1) Gesetzblatt S. 163.
2) Vgl. Engel: „Die Hypothekar-Obligationen ausgebenden Grundkredit-Institute, insbesondere im preufsischen Staate", im 15. Jahrgang der Zeitschrift des Kgl. Preufs. Statist. Bureaus, S. 338.
3) Vgl. Julius Basch: „Das Faustpfandrecht für Pfandbriefe und die Hypothekenbanken", Heft 15 der Volkswirtschaftlichen Zeitfragen, Berlin 1880, S. 23, 24.

à 500 Frcs. eingeteilt (Art. 8), es kann mit Genehmigung des Aufsichtsrates bis zu 24 Millionen Frcs. erhöht werden, jedoch erst dann, wenn die Volleinzahlung der vorher ausgegebenen Aktien der staatlichen Aufsichtsbehörde, deren Kontrolle die Geschäftsleitung der Gesellschaft unterliegt, nachgewiesen ist (Art. 9). Nachdem im Juni 1872 40%, im Juli desselben Jahres 10%, also zusammen 50% mit 6 Millionen Frcs. eingezahlt worden, begann das Institut seine Thätigkeit. Die Gesellschaft ist berechtigt, den Besitzern von Liegenschaften und Gebäuden hypothekarische Darlehne zu gewähren, deren Rückzahlung in ungeteilter Summe, in Raten und in Annuitäten bedungen werden kann, sowie hypothekarische oder privilegierte Forderungen auf Liegenschaften und Gebäude zu erwerben, zu beleihen oder für Rechnung von Grundbesitzern gegen Sicherstellung einzulösen (Art. 3). An Bezirke, Kreise und Gemeinden, Syndikalassoziationen (Landesmeliorationsgesellschaften) und Korporationen aller Art dürfen auch ohne hypothekarische Sicherheit Darlehne gewährt werden. Die hypothekarischen Darlehne werden nur auf erste Hypotheken und auf Grundstücke, welche einen sicheren und dauernden Ertrag haben, erteilt. Die Beleihung von Gebäuden, die noch im Bau begriffen sind, ist allerdings gestattet, jedoch findet die Auszahlung des Darlehnsbetrages nur nach Maßgabe der Fertigstellung des Baues statt (Art. 60). Für die Schätzung sind bei der Wertsermittelung der als Sicherheit angebotenen Güter gewöhnlich Kaufdokumente, gerichtliche Taxierungen, der mittlere Kaufpreis in den letzten zehn Jahren, die Feuerversicherungssumme für Gebäude oder der mit 6% kapitalisierte Nutzwert maßgebend (Art. 63). Das Minimum der zu gewährenden Hypothekendarlehne ist auf 375 Frcs. festgesetzt (Art. 64), eine Bestimmung, die allerdings wenig geeignet erscheint, das Institut gerade dem kleineren kreditbedürftigen Landwirte dienstbar zu machen [1]). Gerade die kleinen Hypothekendarlehne sind in Elsaß-Lothringen sehr zahlreich, sie hatten stets die härtesten Bedingungen seitens der Privatdarleiher zu tragen. Dadurch, daß die Gesellschaft sie zurückweist, zwingt sie gleichsam die Darlehnsnehmer zur Aufnahme von Privathypotheken. Bei Liegenschaften darf der Betrag der Darlehne $^2/_3$ des Wertes, bei Gebäuden die Hälfte des Wertes nicht übersteigen (Art. 62). Zur Gewährung der hypothekarischen und kommunalen Darlehne dient zunächst das Grundkapital der Gesellschaft; darüber hinaus können

---

1) Beim Crédit foncier de France betrug das Minimalanlehen 300 Frcs. Vgl. Horn, a. a. O. S. 98.

Kapitalien bis zum zwanzigfachen Betrage des bar eingezahlten Aktienkapitals durch Emission von Pfandbriefen, sowie ferner durch Ausgabe von Kommunalobligationen in Höhe der an Bezirke, Kreise etc. gewährten Darlehne aufgenommen werden (Art. 7). Die Bestimmung, daß Pfandbriefe bis zum zwanzigfachen Betrage des Grundkapitales zur Ausgabe gelangen dürfen, ist bereits seit 1852 beim Crédit foncier de France üblich gewesen. In Preußen war sie zum ersten Mal bei Gründung der Preußischen Centralbodenkreditgesellschaft, für deren Geschäftsbetrieb der crédit foncier als Muster diente, am 21. März 1870 in Wirksamkeit gesetzt worden, während früher nur die Ausgabe von Pfandbriefen bis zum zehnfachen Betrage des Grundkapitals konzediert worden war [1]).

Alle von der Aktiengesellschaft für Boden- und Kommunalkredit emittierten Pfandbriefe müssen zuvor durch entsprechende hypothekarische Forderungen gedeckt sein (Art. 79). Die als Deckung der ausgegebenen Pfandbriefe hinterlegten Hypothekenforderungen haften nicht für die sonstigen Verbindlichkeiten der Gesellschaft, sie werden vielmehr aus deren Vermögen ausgeschieden und dienen als ausschließliche Sicherheit für die pünktliche Zahlung von Kapital und Zinsen der Pfandbriefe (Art. 81). Hierfür haftet die Gesellschaft außerdem mit ihrem gesamten Vermögen. In gleicher Weise wie die Hypotheken für die Pfandbriefe, haften die Forderungen an Kommunen und sonstige Verbände für die auf Grund dieser Darlehne ausgegebenen Kommunalobligationen (Art. 82).

Die staatliche Aufsicht über die Gesellschaft wird durch einen Regierungskommissar ausgeübt (Art. 57). Derselbe hat sein Bureau im Gesellschaftslokal. Er überwacht die Ausgabe von Pfandbriefen und Kommunalobligationen, sowie die Einhaltung der hierfür und für die Sicherheit der Darlehne auf Hypotheken oder an Bezirke, Kreise und Gemeinden etc. vorgesehenen Bestimmungen.

Zur Annahme von Depositengeldern mit und ohne Verzinsung, zur Einziehung von Wechseln und Effekten, sowie zur Pflege des Kontokorrentgeschäftes ist die Gesellschaft ebenfalls berechtigt. Während indes das Grundkapital vorzugsweise im Hypothekengeschäft Anlage finden soll (Art. 3_4), werden die im Wege des Depositenverkehres verfügbaren Gelder zum Betriebe des eigentlichen Bankgeschäftes, zur Diskontierung von Wechseln und durch Warrants sichergestellter Forderungen, sowie zur Erwerbung und Beleihung von Effekten verwendet.

---

1) Vgl. Basch, a. a. O. S. 23.

(Art. 3₆). Diese Thätigkeit der Bodenkreditgesellschaft im eigentlichen Bankgeschäft ist durch die Statuten enge begrenzt.[1]). Die Bestimmungen über Beleihung von Wertpapieren und über den Ankauf von Wechseln weichen von denjenigen der Reichsbank nur wenig ab. Auf Acceptierung von Wechseln läßt sich die Gesellschaft prinzipiell nicht ein, sie leistet selbst keine Ehrenaccepte auf Grund von Notadressen. Der einzige, dehnbare Passus über die Verwendung der Depositengelder ist der, daß die Gesellschaft dieselben bei guten Bankhäusern zinsbar hinterlegen darf. Bei den bisherigen, streng soliden Grundsätzen, welche das Geschäftsgebaren des Instituts charakterisieren, hat aber auch diese Bestimmung in der Praxis noch nicht zu Bedenken Veranlassung gegeben, einmal, weil meist nur vorübergehend, wie z. B. Ende des Jahres 1881 bei Gelegenheit der französischen Börsenkrisis, von den Bankhäusern große Summen gebraucht wurden[2]), sodann aber, weil alle diese Konten durch solide Depots stets genügend gedeckt sind, was vom Aufsichtsrate sehr strenge kontrolliert zu werden pflegt.

Aus der im vorhergehenden geschilderten Organisation ergeben sich als Aufgaben der Gesellschaft die Thätigkeit in den einzelnen Geschäftszweigen, und zwar einerseits im Hypotheken- und Kommunaldarlehensgeschäft, zu dessen Betrieb neben dem Grundkapital die durch Ausgabe von Pfandbriefen und Kommunalobligationen beschafften Kapitalien dienen, andererseits im Depositengeschäft, d. i. in der Annahme von Depositengeldern und in der Anlage dieser im eigentlichen Bankgeschäft.

Das Hypothekengeschäft der Bodenkreditgesellschaft wurde dadurch bedeutend erleichtert, daß ihr gleich bei der Gründung die in den französischen Gesetzen vom 28. Februar 1852 [3]), 10. Juni 1853 [4]) und 19. Juni 1857 [5]) ausgesprochenen Vorrechte gewährt wurden. Danach steht der Gesellschaft das Recht zu, im Nichtzahlungsfalle der Annuitäten, ohne Zulassung einer Einrede seitens des säumigen Schuldners, zur sofortigen Sequestrierung bezw. zum öffentlichen Verkaufe des be-

---

1) So war die Berechtigung zur Erwerbung von auf den Inhaber lautenden Obligationen der Kommunalverbände und anderer öffentlichen Korporationen ursprünglich auf Elsafs-Lothringen beschränkt, wurde jedoch bei der wachsenden Bedeutung des Depositengeschäftes durch Generalversammlungsbeschlufs vom 11. Mai 1875 auf das ganze deutsche Reich ausgedehnt.
2) Damals schwoll allerdings das Debitorenkonto auf 22 Millionen M gegen 10,5 Millionen M. des Vorjahres an.
3) Bulletin des lois 516, No. 3930.
4) Bulletin des lois 56, No. 516.
5) Bulletin des lois 512, No. 4083.

treffenden Gutes zu schreiten. Die Hypothekeneinschreibungen zu
Gunsten der Gesellschaft genießen den Vorteil, daß während der ganzen
Dauer des Darlehens eine Erneuerung der Einschreibung nicht zu erfolgen braucht. Ferner darf die Gesellschaft — sofern sie es für
zweckmäßig hält — durch Purgation die Priorität der gesetzlichen
und stillschweigenden Hypotheken erwirken. Im Nichtzahlungsfalle der
von ihr gegen Verpfändung von Pfandbriefen oder Kommunalobligationen
geleisteten Lombardvorschüsse darf sie sich ohne jeden Verzug an
dem auf den Verfalltag folgenden Tage durch öffentlichen Verkauf des
Unterpfandes durch einen beeideten Makler bezahlt machen. Alle diese
Vorrechte waren bei dem damals geltenden französischen Hypotheken-
recht von der größten Wichtigkeit. „Ohne diese Privilegien — sagt der
Geschäftsbericht der Bodenkreditgesellschaft pro 1873 — wäre uns
nach der allgemeinen Hypothekenorganisation des Landes das Hypothekengeschäft zur Unmöglichkeit geworden." Wenn sich trotzdem im
Anfange die Entwickelung dieses Geschäftszweiges nicht recht günstig
gestaltete, und der Betrag der bei Ablauf des ersten Geschäftsjahres
ausstehenden hypothekarischen Darlehne nur 1,618 Millionen M. betrug,
so war dieser geringe Erfolg nach den Angaben der Direktion darin
zu suchen, daß die Optionsverhältnisse der früheren, ansässigen Notare,
welche in Elsaß-Lothringen hauptsächlich die Vermittler von Hypo-
thekengeschäften waren, deprimierend und störend auf eine gedeihliche
Entwickelung dieses Geschäftszweiges einwirkten [1]). Erst nach und nach
gewöhnte sich das Publikum daran, die Bodenkreditgesellschaft mehr
und mehr in Anspruch zu nehmen, welche dank der ihr durch die
Gesetze erteilten Privilegien in der Lage war, annehmbarere Bedingungen
bezüglich der Verzinsung und Rückzahlung zu stellen, als bei Aufnahme
von Privathypotheken zu erlangen waren. Ende 1874 bezifferte sich
der Bestand der ausstehenden Forderungen für hypothekarische Darlehne auf 8,936 Millionen M., und für solche an Kommunen auf
2,745 Millionen M. Erst 1875 schritt die Gesellschaft zur Ausgabe
von 8 Millionen M. $4^1/_2$ %igen unkündbaren Pfandbriefen, von denen
am Ende des Jahres bereits 5 Millionen M., Ende 1877 aber alle begeben waren. Im darauf folgenden Jahre war der Kurs derselben
successive bis auf 102 an der Frankfurter Börse gestiegen, 1879 wurden
sie mit 103 notiert, wurden jedoch im Lande selbst meist zu einem
höheren Kurse gehandelt, weil sie namentlich beim elsässischen Publikum
ein sehr beliebtes Anlagepapier bildeten. Die Veranlassung hierzu

---

[1]) Vgl. Geschäftsbericht von 1872.

darf wohl weniger in den von Basch[1]) angegebenen allgemeinen Ursachen der Kurssteigerung fast sämtlicher deutschen Hypothekenbriefe zu suchen sein, als in dem festen Vertrauen, das man der Leitung des vorwiegend mit elsässischem Kapital arbeitenden und von der Regierung mit der Verwaltung der öffentlichen Gelder betrauten Institutes im Lande entgegenbrachte[2]). Gerechtfertigt und gestärkt wurde dieses Vertrauen durch den kaiserlichen Erlaß vom 26. Juni 1876, demzufolge Kapitalien der Gemeinden und öffentlichen Anstalten in Pfandbriefen der Aktiengesellschaft für Boden- und Kommunalkredit in Elsaß-Lothringen angelegt werden dürfen[3]).

Die Erteilung hypothekarischer Darlehne war ursprünglich auf das Gebiet von Elsaß-Lothringen beschränkt gewesen, und trotz der größten Anstrengungen hatte die Summe der erteilten hypothekarischen Darlehne den Betrag von 10 Millionen M. nur selten erreicht. Es war deshalb durch Generalversammlungsbeschluß vom 8. Mai 1880 diese Beschränkung aufgehoben und die Berechtigung zur Gewährung hypothekarischer Darlehne auf das Gebiet von Baden, Bayern, Württemberg, Hessen-Darmstadt und die Provinz Nassau ausgedehnt worden. Von diesem Zeitpunkte ab läßt sich ein bedeutender Aufschwung des Hypothekengeschäftes konstatieren. Die am Jahresschluß ausstehenden Hypothekenforderungen der Bodenkreditgesellschaft steigerten sich successive von 10,219 Millionen M. Ende 1880 bis auf 37,562 Millionen M. Ende 1889, die als Deckung den im Umlauf befindlichen Pfandbriefen gegenüberstehen. Der Betrag letzterer erhöhte sich von 7,738 Millionen M. am 31. Dezember 1880 auf 35,042 Millionen M. am 31. Dezember 1889.

Daß die Gesellschaft bei der Erteilung von Realkredit sehr vorsichtig zu Werke geht, erhellt aus der verhältnismäßig kleinen Zahl der jeweils nötig werdenden Zwangsvollstreckungen, aus der Geringfügigkeit der übernommenen Immobilien und aus der großen Zahl der jährlich zurückgewiesenen Darlehensgesuche. Seit 1881 beläuft sich die durchschnittliche Zahl der jährlich vorgenommenen Zwangsvollstreckungen auf 10. Der Wert der zur Deckung ausgefallener Forderungen übernommenen Grundstücke hat bis 1883 die Höhe von 20000 M. nicht überschritten, erreichte 1884 den höchsten Stand mit 197000 M., um bis Ende 1888 auf 184000 M. zurückzugehen. An

---

1) a. a. O. S. 25 und 26.
2) Siehe weiter unten S. 134 ff.
3) Eine Bestimmung, die bereits durch Dekret vom 28. Februar 1852, Art. 46 für die vom Crédit foncier de France ausgegebenen Pfandbriefe erlassen worden war.

Darlehensgesuchen wurden bei der Bodenkreditgesellschaft beantragt pro 1889:

420 Gesuche in Höhe von	M.	8 128 760

davon wurden

290 Gesuche genehmigt mit	„	5 348 970
95 Gesuche abgelehnt mit	„	1 734 490
20 Gesuche zurückgezogen mit	„	516 300
15 Gesuche noch nicht erledigt mit	„	363 500

und die Summe der genehmigten Gesuche um den Betrag von M. 165500 reduziert. Seit Gründung der Gesellschaft bis 1889 wurden von 5840 Gesuchen um Gewährung hypothekarischer Darlehne 3812, also ca. 65% genehmigt. Die anderen wurden teils ganz abgelehnt, teils reduziert oder vom Antragsteller zurückgezogen.

Ohne Zweifel hat die Aktiengesellschaft für Boden- und Kommunalkredit in Elsaß-Lothringen zur Hebung des Realkredits viel beigetragen, und es hat den Anschein, daß sie dem Hypothekengeschäft eine doppelte Fürsorge zuwendet, seitdem die Sorge der selbständigen Anlage der Regierungsdepositen, die bis zum Jahre 1886 auf ihr lastete, von ihr genommen wurde. Wenngleich auch die Mehrzahl der von ihr gewährten Hypothekendarlehne auf städtische Grundstücke erteilt wird, so ist doch gewiß, daß sie die ländlichen Kreditverhältnisse mehr fördert, als dies vor der Annexion der mit dem Monopol für das ganze Kaiserreich ausgestattete Crédit foncier de France, der eben deshalb den örtlichen und persönlichen Umständen keine Rechnung tragen konnte, gethan hat und thun konnte[1]). Jedenfalls ist ihre Hülfe vom kleinen Grundbesitzer und vom wohlhabenden Bauer weit häufiger in Anspruch genommen worden, wie die des französischen Instituts.

Inwieweit die Kreditverhältnisse des ländlichen Besitzes in den Reichslanden noch der Förderung bedürfen, in welcher Art diese Förderung durch gesetzliche Neuerungen und Gründung genossenschaftlicher Kreditkassen bereits bewirkt wurde oder noch zu bewirken ist, das sind Fragen, die den Gegenstand dieser Untersuchung, welche lediglich die Darlegung der Entwickelung und Gestaltung des merkantilen Kredits und dessen Organisation durch das Banksystem bezweckt, nicht berühren. Nur so weit mußte hier auf Förderung des Grundkredits eingegangen werden, als dabei die Bodenkreditgesellschaft, die, wie wir sehen werden, hauptsächlich durch ihre Thätigkeit im Dienste

---

[1]) Vgl. Horn, a. a. O. S. 95 ff., über die Nachteile der Centralisation des Bodenkredits in Frankreich.

— 133 —

der Finanzverwaltung der Regierung eine so hervorragende Stellung in der Organisation des elsaß-lothringischen Kreditwesens einnimmt, in Betracht kommt.

Auch der zweite Geschäftszweig der Hypothekenabteilung dieses Institutes, die Erteilung von Gemeindedarlehen, gelangte erst zur Blüte, als durch Beschluß der Generalversammlung vom 12. Mai 1877 die Befugnis der Gesellschaft zur Erteilung kommunaler Darlehen, welche bisher auf das Gebiet von Elsaß-Lothringen beschränkt gewesen, auf das ganze Deutsche Reich ausgedehnt worden war. Durch diese Vergrößerung seines Wirkungskreises eröffnete sich für das Institut auch auf diesem Gebiete ein ersprießliches Feld erneuter Thätigkeit. Die Zahl und Höhe der gewährten Darlehne vermehrte sich bedeutend (am 31. Dezember 1877 betrug sie 4,025 Millionen M. gegen 2,929 Millionen M. des Vorjahres), so daß im Laufe des Jahres 1878 die Ausgabe von 1 200 000 M. $4^{1}/_{2}$ %iger Kommunalobligationen nötig wurde, welche sehr schnell bei öffentlichen Anstalten und Privaten Absatz fanden. Gegen Schluß desselben Jahres konnte bereits mit der Ausgabe von weiteren 2 Millionen M. $4^{1}/_{2}$ %iger Kommunalobligationen vorgegangen werden, die bedeutend über dem Parikurse vergriffen wurden, so daß der Gesellschaft ein nicht unbedeutender Agiogewinn dadurch zufloß. Den Ende 1879 in Umlauf befindlichen 3 200 000 M. Kommunalobligationen standen 6 011 000 M. Forderungen gegenüber. Noch zweimal, 1880 und 1881, wurde eine Emission von je 4 Millionen M., diesmal zu 4% nötig infolge des steten Anwachsens der erteilten Darlehne, so daß am Schluß des letzteren Jahres 11,394 Millionen M. in Umlauf befindliche Obligationen durch 11,833 Millionen M. Forderungen an Gemeinden gedeckt waren.

Von den pro 1881 erteilten Gemeindedarlehen waren 151 mit M. 1 161 061,84 in Elsaß-Lothringen, und 43 mit M. 1 159 860,87 in Altdeutschland abgeschlossen worden, ein deutlicher Beleg dafür, wie wichtig die Ausdehnung der Darlehensbefugnis auf ganz Deutschland für die Entwickelung dieses Geschäftszweiges gewesen ist.

Verschiedene Konversionen, die die Gesellschaft bezüglich ihrer Pfandbriefe und Kommunalobligationen im Laufe der Jahre durchzuführen imstande war, gaben einen schlagenden Beweis dafür, daß diese Seite ihrer Geschäftsthätigkeit sich im Publikum großen Vertrauens erfreute.

Während das eigentliche Bankgeschäft bei allen anderen Hypothekenbanken nur von untergeordneter Bedeutung ist, konnte dieser Geschäftszweig bei der Aktiengesellschaft für Boden- und Kommunalkredit in Elsaß-Lothringen ganz ungeheuere Dimensionen annehmen. Das war in besonderen Umständen begründet. Zur Zeit der französischen Verwaltung waren alle öffentlichen Gelder sowie die überschüssigen Bestände von Gemeinden, Sparkassen, Gerichts- und Verwaltungsdepositen, Dienstkautionen und die Gelder der Hilfsgenossenschaften an die Caisse des dépôts et consignations bezw. durch diese an den Trésor public abgeführt worden, welcher für die sichere Aufbewahrung und zinsbare Anlage dieser Gelder Sorge trug. Nach der Annexion hatte die Landesregierung die vorläufige Anordnung getroffen, jene Ueberschüsse an die Landeshauptkasse in Straßburg abzuliefern, und eine kurze Zeit hindurch hatte sie selbst die zinsbare Anlage jener großen Summen in die Hand genommen [1]). Gleich bei ihrer Gründung bewarb sich die Aktiengesellschaft für Boden- und Kommunalkredit in Elsaß-Lothringen bei der Regierung um die Verwaltung jener öffentlichen Gelder, und in der That wurden die eifrigen Bemühungen des jungen Instituts mit Erfolg gekrönt.

Durch. das Gesetz vom 4. November 1872 [2]) betreffend die Depositenverwaltung waren die Rechte und Verpflichtungen des französischen Trésor public und der Caisse des dépôts et consignations bezüglich der Annahme, Verwaltung und Rückzahlung der Kautionen von Beamten, der gerichtlichen und administrativen Depositen und verfügbaren Kapitalien von Bezirken, Kreisen und Gemeinden, öffentlichen Anstalten, Sparkassen und gegenseitigen Hilfsgenossenschaften der Landeskasse von Elsaß-Lothringen übertragen und zugleich das Oberpräsidium ermächtigt worden, die Annahme, Verwaltung und Rückzahlung jener Gelder sowie den geschäftlichen Verkehr mit den Interessenten im Namen der Landeskasse unter seiner Oberaufsicht durch einen kündbaren Vertrag einem Bankinstitute gegen eine von diesem zu leistende Vergütung zu übertragen. In Gemäßheit dieses Gesetzes wurde am 25. November zwischen dem Oberpräsidenten von Möller und der Aktiengesellschaft für Boden- und Kommunalkredit in Elsaß-Lothringen ein zunächst für zehn Jahre gültiger Vertrag abgeschlossen, durch welchen die Verwaltung der genannten Kapitalien auf die Gesellschaft überging. Während bereits am 20. November ein freiwilliges Depot von 17 022 000 Frcs. seitens der Regierung bei der Bodenkreditgesellschaft hinterlegt worden war, trat erst mit dem 1. Januar 1873 in einer besonders gebildeten, vom Hypothekengeschäft

---

1) Vgl. Schricker, a. a. O. S. 112.
2) Gesetzblatt S. 766.

völlig getrennten und unter der Aufsicht des Staatskommissars stehenden Staatsdepositenabteilung das Vertragsverhältnis förmlich in Kraft [1]). Ende des Jahres 1872 wurden dem Institute die durch die gemischte Kommission liquidierten und von Frankreich ausbezahlten Fonds überwiesen, wodurch der geregelte Gang in der Geldverwaltung der Gemeinden, Stiftungen, Sparkassen etc. wiederhergestellt wurde. Auch die von einer größeren Anzahl von Departements, Städten und Gemeinden bei der Caisse des dépôts et consignations gemachten und nach den Bestimmungen der Frankfurter Zusatzkonvention vom 11. Dezember 1871 Art. 11 zu liquidierenden Anleihen waren von der Bodenkreditgesellschaft übernommen worden [2]). Durch die Uebertragung der Depositenverwaltung auf die Bodenkreditgesellschaft war die Regierung in die Lage gesetzt, eine alt bewährte Einrichtung, welche die verschiedensten Bevölkerungsklassen berührte, fortbestehen zu lassen.

Eine eingehendere Regelung des Verhältnisses der öffentlichen Kassen zu der Bodenkreditanstalt auf der Grundlage des Vertrages von 1872 wurde erst durch das Reglement vom 5. Januar 1875 vorgenommen, welches im wesentlichen Folgendes bestimmt:

Die bei der Gesellschaft eingehenden Gelder der Gemeinden und öffentlichen Anstalten, wie Armenkassen, Hospitäler, Leihhäuser, Wohlthätigkeitsanstalten, Kirchenfonds, Syndikalassoziationen sind mit 3 %/₀ jährlich zu verzinsen; die Gelder der Sparkassen, deren Verwaltungen übrigens die anzukaufenden Wertpapiere selbst zu bestimmen hatten, zum Satze von 4 %/₀ (§ 97 des Reglements). Die Anschaffung der Effekten erfolgt provisionsfrei durch die Bodenkreditgesellschaft. Bei den Gerichts- und Verwaltungsdepositen, als welche auch Wertpapiere anzunehmen sind, tritt eine Verpflichtung zur Rückzahlung seitens der Aktiengesellschaft spätestens innerhalb 10 Tagen nach Eingang des Rückzahlungsantrages ein. Die Verzinsung erfolgt zu 3 %/₀ vom 61. Tage nach der Einzahlung bis zum Tage der Rückzahlung gerechnet (§ 118 des Reglts.). Zu dem gleichen Satze von 3 %/₀, jedoch unter Anrechnung der Zinsen vom 30. Tage nach der Einzahlung, werden die freiwilligen Einlagen von öffentlichen Verwaltungen, worunter die verfügbaren Barbestände öffentlicher Kassen und Verwaltungen, wie Landeskassen, Bezirks-, Kreiskassen, Universität, Lyceen, Handelskam-

---

1) Die Bestände der Landeshauptkasse an Wertpapieren wurden zum Tageskurse übernommen. § 2 des Vertrages vom 25. November 1872.
2) Vgl. Schricker, a. a. O. S. 183. — § 4 des Vertrages vom 25. November 1872.

mern zu verstehen sind, verzinst (§ 132 des Reglts.); ebenso die Barkautionen von Beamten und öffentlichen Bediensteten, sowie von Zeitungsverlegern zu 3 %, vom Einzahlungstage bis zum Rückzahlungstermine. Auf Einlagen der Hilfsgenossenschaften auf Gegenseitigkeit, sofern sie nachweislich und öffentlich als solche anerkannt sind, werden sogar $4\,{}^1/_2\,\%$ Zinsen, jedoch nur im Falle einer mindestens 30-tägigen Hinterlegung gewährt (§ 161 des Reglts.). Die bei der Gesellschaft im Staatsdepositenverkehr niedergelegten Wertpapiere sind aufzubewahren und zu verwalten, und Ankäufe von Staatspapieren sowie Einlösung der Zinsscheine von solchen für Rechnung der erwähnten politischen und genossenschaftlichen Verbände ohne Anrechnung einer besonderen Gebühr oder Provision zu besorgen (Art. 5 des Vertrages).

Außerdem hatte sich die Gesellschaft neben Uebernahme aller Verwaltungskosten vertragsmäßig verpflichtet, jährlich an die Landeskasse eine Entschädigung zu entrichten, welche einem Fünfzehntel der Gesamtsumme der nach dem jährlichen Rechnungsabschlusse den Beteiligten zu bezahlenden oder gutzuschreibenden vorschriftsmäßigen Zinsen gleichkam (§ 8 des Vertrages). Die Gesellschaft war für alle ihr für Rechnung der Regierung zufließenden Fonds mit ihrem ganzen Vermögen haftbar. Zur Erhöhung der Sicherheit war sie außerdem verpflichtet, für die ihr anvertrauten Gelder ganz oder teilweise Deckung, sei es durch hypothekierte Forderungen oder durch statutenmäßig ausgestellte Pfandbriefe sowie durch Staatspapiere zu bestellen, deren Wahl und Höhe die Aufsichtsbehörde bestimmte und welche sie unter ihren Mitverschluß zu nehmen befugt war (Art. 2 des Vertrages). Selbstverständlich hatte sich die Aktiengesellschaft in ihren Barbeständen stets so vorzusehen, daß sie den an sie herantretenden Verpflichtungen jederzeit innerhalb der festgesetzten Fristen nachzukommen vermochte. Geschah dies nicht, so war die Aufsichtsbehörde befugt, auf Kosten der Gesellschaft die erforderlichen Mittel zu beschaffen (Art. 3 des Vertrages). Zur Erleichterung des Verkehrs waren in all denjenigen Städten Elsaß-Lothringens, welche Sitz eines Landgerichtes sind, Agenturen eingerichtet worden, die für Rechnung und unter Verantwortlichkeit der Gesellschaft Zahlungen annehmen und leisten durften. (Art. 6 des Vertrages). Neben diesen Organen der staatlichen Depositenabteilung wurde zum gleichen Zwecke in fast allen Kreisstädten Elsaß-Lothringens eine Verbindung mit „Korrespondenten" angeknüpft.

Um die großen ihr zufließenden Kapitalien fruchtbringend anzulegen, war die Bodenkreditgesellschaft genötigt, seit Uebernahme des staatlichen Depositenverkehrs dem eigentlichen Bankgeschäft eine erhöhte Aufmerksamkeit zuzuwenden. Bezüglich der Anlage jener Summen zogen die Statuten ihr allerdings enge Grenzen. Unter Beobachtung dieser mußte sie vor allem stets auf leichte und möglichst wenig Zinsverlust bringende Liquidmachung der Kapitalien Bedacht nehmen. „Wir hielten deshalb — so führt der Bericht von 1873 aus — die Unterhaltung eines starken Wechselportefeuilles, das vermöge der Bonität und Reichhaltigkeit der verschiedenen Devisen, sowie deren Durchschnittsverfallzeit uns jederzeit in den Stand setzte, größere Summen ohne sonderlichen Zinsverlust flüssig zu machen, für notwendig. Nächstdem bot uns die Anlage größerer Summen in guten deutschen und französischen Fonds und Effekten, welche jederzeit, eventuell auch in großen Posten wieder umgesetzt werden konnten, einen guten und ergiebigen Zinsgewinn, der durch namhaften Kursgewinn noch vermehrt wurde."

Den großen Summen der der Gesellschaft stets zufließenden Gelder entspricht stets ein bedeutender Bestand an Wechseln und Effekten. So stand Ende 1873 dem Guthaben der Verwaltung öffentlicher Gelder von 36,2 Millionen M. ein Wechselbestand von 26,57 Millionen M. und ein Effektenbestand von 9,23 Millionen M. gegenüber. Ende 1885 betrug das Guthaben der Verwaltung öffentlicher Gelder 55,7 Millionen M., der Bestand an Wechseln 22,4 Millionen M., derjenige an Effekten 24,3 Millionen.

Seit dem Jahre 1879 fließen auch alle Steuereingänge des Landes nicht mehr wie bisher in die Landeshauptkasse, sondern direkt in die Kasse der Bodenkreditgesellschaft; dagegen waren von jenem Zeitpunkte ab auch alle den Spezialkassen des Landes zu leistenden Zahlungen durch die Gesellschaft zu machen. Auch wurde der Landesverwaltung gleichzeitig das Recht zugestanden, im Bedarfsfalle über ihr Guthaben hinaus zu disponieren und den Kredit der Aktiengesellschaft vorübergehend in Anspruch zu nehmen, wodurch die in solchen Fällen nötig gewesenen Zuschüsse der Reichshauptkasse überflüssig wurden. Diese Modifikation des Vertrages mit der Landesregierung gestaltete sich insofern für die Bank ungünstig, als ihr häufiger große Posten unerwartet entzogen wurden und sie zur Beschaffung derselben zu öfteren bedeutenden Diskontierungen oder Lombardierung von Effekten bei der Reichsbankhauptstelle in Straßburg veranlaßt wurde, wodurch diese in höherem Maße als bisher Gelegenheit fand, die ihr zu Gebote stehenden Kapitalien fruchtbringend anzulegen.

Unterdessen hatte der Geldmarkt eine immer flüssigere Tendenz angenommen. Der Zinsfuß war in langsamem, aber stetigem Sinken begriffen, und die nutzbringende Anlage der der Gesellschaft zur Verfügung stehenden großen Summen, welche zu verhältnismäßig hohen Sätzen verzinst werden mußten, wurde immer schwieriger. Die öffentlichen Depositen waren stetig angewachsen, und unter ihnen hatten gerade die Sparkassengelder, die mit 4 $^0/_0$ verzinst werden mußten, ungeheuere Dimensionen angenommen. Von 8,4 Millionen M. Ende 1873 waren sie successive bis Ende 1876 auf 18,3 Millionen M. angeschwollen, so daß schon damals die Gesellschaft die Reduktion dieser Einlagen auf den gesetzlichen Höchstbetrag bei der Regierung erwirkt hatte [1]). 1880 hatten die Sparkassengelder die Höhe von 26,3 Millionen M. erreicht, und in ihren Geschäftsberichten äußerte sich die Gesellschaft wiederholt über den kärglichen Gewinn, der ihr bei dem andauernden Sinken des Diskontsatzes durch die Verwaltung der öffentlichen Gelder erwuchs. So klagt sie im Berichte pro 1880: „Wie wir dies schon in früheren Jahren andeuteten, fließen uns aus dieser Verwaltung seit der Zeit, da sich der allgemeine Zinsfuß für Wechsel und Wertpapiere bedeutend ermäßigt hat, keinerlei Vorteile zu, denn die von uns zu zahlenden Zinsen und zu tragenden Lasten stehen nicht mehr im Einklang mit den jetzigen Verhältnissen." Auf die diesbezüglichen Vorstellungen, die Verzinsung der Depositen der Lage des Geldmarktes mehr anzupassen, wurde allerdings im Jahre 1881 eine kleine Erleichterung in den Bedingungen des bestehenden Vertrages von der Regierung gewährt, und so wurde der am 31. Dezember 1882 abgelaufene erste Vertrag auf weitere 10 Jahre erneuert.

Da indes nach wie vor die Sparkassengelder mit 4 $^0/_0$ verzinst werden mußten [2]) und dieselben noch fortwährend im Wachsen begriffen waren — bis Ende 1885 hatten sie sich bis auf 43 Millionen Mark gesteigert und machten allein circa 78 $^0/_0$ der gesamten, circa 55,7 Millionen M. [3]) betragenden, staatlichen Depositen aus — so

---

1) Uebersteigt die Höhe des Guthabens des einzelnen Einlegers einen bestimmten gesetzlich fixierten Betrag, oder haben seit 30 Jahren keine Umsätze auf dem Konto des Einlegers stattgefunden, so wird der Ueberschufs bezw. das ganze Guthaben in französischen Renten angelegt (Ges. v. 30./6. 1851, Art. 2 u. 4, u. Ges. v 7/5. 1853, Art. 4). Seit Erlaß der Oberpräsidialverfügungen vom 19./10. 1874 bezw. 2./3. 1877 traten an die Stelle der französischen Renten verzinsliche deutsche Staatspapiere, seit dem Erlaß vom 19./4. 1884 elsafs-lothringische Renten. Vgl. Finanzarchiv 1884, S. 449.

2) Vgl. Geschäftsbericht der Gesellschaft für 1884.

3) Das Anschwellen der Sparkassengelder entspricht der Vermehrung der Sparkassen im Lande, die zur Förderung der Sparthätigkeit allenthalben ins Leben traten. Die Zahl derselben hat sich seit der Annexion fast verdreifacht. Während damals 22 Sparkassen ihre Gelder an die Caisse des dépôts et consignations abführten, fliefsen heute

kündigte die Bodenkreditgesellschaft im Frühjahr 1885 den bestehenden Vertrag mit der gleichzeitigen Erklärung, daß sie bereit sei, die Verwaltung der öffentlichen Gelder unter anderen mit den Interessen ihrer Aktionäre vereinbaren Bedingungen fortzuführen.

Das mit dem 31. März 1886 abgelaufene Verhältnis der Bodenkreditgesellschaft zur Landesregierung hat naturgemäß während der ganzen Dauer desselben auf die Geschäftsthätigkeit des Institutes einen bedeutenden Einfluß ausgeübt. Derselbe äußerte sich — wie bereits erwähnt — hauptsächlich in der großen Ausdehnung der eigentlichen Bankgeschäfte, deren Betrieb der Finanzabteilung des Instituts obliegt. Die Bedeutung des Wechsel- und Effectengeschäftes springt am deutlichsten in die Augen, wenn wir die anderen deutschen Hypothekenbanken zum Vergleiche heranziehen [1]). Ende des Jahres 1878 war der Bestand

	an Wechseln	Effecten
	in tausend Mark	
bei der Aktiengesellschaft für Boden- und Kommunalkredit in Strafsburg	18 940	13 809
„ 8 preufsischen Hypothekenbanken	13 000	5 300
„ 6 norddeutschen „	2 600	3 600
„ 2 sächsischen „	—	200
„ 7 süddeutschen „	13 600	10 800
„ 23 deutschen „ (einschliefslich 6 Banken gemischten Systems)	29 200	19 900

Diese 23 deutschen Hypothekenbanken arbeiten mit einem eingezahlten Kapital von 180 Millionen M., die elsaß-lothringische Hypothekenbank mit einem solchen von 4,8 Millionen M. Ende 1885 betrug bei dieser Gesellschaft der Bestand an Wechseln 22,45 Millionen M., an Effekten 24,325 Millionen M. Gleichzeitig war die Höhe der staatlichen Depositen auf 55,739 Millionen M. gestiegen. Für dieselben sind im Laufe des Jahres 2,081 Millionen M. an Zinsen ent-

---

der Bodenkreditgesellschaft die Bestände von 61 derartigen Instituten zu. Aus der erhöhten Sparthätigkeit des Landes erklärt sich auch das Anwachsen der durch die Bodenkreditgesellschaft für Rechnung der Landesregierung verwalteten Wertpapiere, deren Betrag sich von 14,8 Millionen M. am 31./12. 1875 successive bis auf 40,2 Millionen M. am 31./12. 1885 gesteigert hat. — Die Bestände der Staatsdepositen setzten sich am 31. Dezember 1885 zusammen aus:

M. 5 992 869,16 Gemeindegelder etc.,
„ 42 994 582,81 Sparkassengelder,
„ 2 793 478,86 Gerichts- und Verwaltungsdepositen,
„ 3 214 322,58 Oeffentliche Verwaltungen,
„ 362 850,47 Dienstkautionen,
„ 381 044,24 Gelder der Hilfsgenossenschaften.
M. 55 739 148,12

[1]) Vgl Basch, a. a. O. S. 30, 31.

richtet worden. Im Durchschnitt mögen die von der Gesellschaft zu zahlenden Zinsen $3\,^1/_2 - 3^3/_4\,^0/_0$ betragen haben [1]). Da mußte es natürlich immer schwieriger für die Bank werden, bei dem billigen Geldstande einen noch höheren Gewinn herauszuschlagen. Die Möglichkeit dazu lag hauptsächlich in der Anlage der eigentlichen Staatsdepositen, ich meine, in der Nutzbarmachung der momentan überflüssigen Regierungsgelder, des „fluktuierenden Bestandes"[2]) der Spezialkassen, besonders seitdem auch die Steuereingänge in die Kassen der Bodenkreditgesellschaft flossen. Die durchschnittlichen Bestände dieser Gelder betrugen allerdings nur etwa 4—5 Millionen M. Aber für kürzere Zeiträume schwollen sie oft auf viel höhere Summen an. Die Umsatzbewegung ist in diesem Zweige der Verwaltung öffentlicher Gelder naturgemäß am stärksten. So betrug 1880 die Summe der Kapitaleinzahlungen auf diesem Konto 33,7 Millionen M., dagegen bei den Gemeindegeldern 7,4 Millionen M., bei den Sparkassen 2,7 Millionen M., bei den Gerichts- und Verwaltungsdepositen 1,9 Millionen M., bei den Dienstkautionen 0,2 Millionen M. und bei den Geldern der Hilfsgenossenschaften 0,1 Million M. Zudem waren die Verzinsungsbedingungen für die eigentlichen Staatsdepositen der Gesellschaft am günstigsten. Der Satz betrug nur $3\,^0/_0$, die erst vom 30. Tage nach dem Einzahlungstage an entrichtet zu werden brauchten. Wurden die Gelder also vorher zurückgezogen, so fand überhaupt keine Zinsvergütung statt. Die Gesellschaft mußte daher auf die möglichst schleunige Anlage Bedacht nehmen. Darin aber liegen gerade die Mängel des Systems der Vergütung fester und hoher Zinsen.

Die Bank kann unter den gegebenen Verhältnissen nicht warten, bis die Konjunkturen für den Ankauf der betreffenden Papiere an der Börse günstig sind, sie muß sofort und unter allen Umständen kaufen bezw. verkaufen und vermag dadurch einen völlig unbegründeten Einfluß auf den Geldmarkt auszuüben. Aber auch aus anderen Gründen scheint es bedenklich, das Verfügungs- bezw. Anlagerecht der Staatsdepositen in die Hand einer Privatgesellschaft zu legen. Stets wird eine solche bei Verwertung jener Bestände nur den einen Zweck im Auge haben, unter Wahrung ihrer eigenen Sicherheit für die Aktionäre einen größtmöglichen Gewinn herauszuschlagen. In welcher Weise dies geschieht, — wenn nur die durch die Statuten vorgeschriebenen Grenzen

---

[1]) Unserer diesbezüglichen Berechnung konnten wir allerdings nur die am Jahresschlusse vorhandenen Bestände der Staatsdepositen zu Grunde legen, da die durchschnittliche Höhe derselben in den Geschäftsberichten nicht angegeben ist.
[2]) Siehe oben S. 103. Anm. 1.

nicht überschritten werden ist gleichgültig. Man kommt leicht dazu, weniger auf den Ursprung der anzukaufenden Wechsel zu sehen als auf die Sicherheit derselben. Letztere ist oft gar nicht zu beanstanden, wenn z. B. die Unterschriften von zwei großen Bankhäusern, deren Kreditwürdigkeit zweifellos ist, auf dem Wechsel stehen, so bietet das ja hinreichende Garantie. Trotzdem pflegen oft solche Wechsel lediglich „Finanzwechsel" zu sein — im Kleinverkehr haben sie den weniger wohlklingenden Namen „Reitwechsel" — zur Beschaffung von Geld ins Leben gerufen. Der Staat würde einer derartigen Geldmacherei niemals Vorschub leisten, auch die Reichsbank lehnt den Ankauf derartiger Wechsel ab. Dies ist nur ein Beispiel, welches zeigt, wie durch das einer Privatgesellschaft eingeräumte Anlagerecht der staatlichen Depositen das allgemein wirtschaftliche Interesse zurücktreten kann hinter das einzelwirtschaftliche.

Auch im engeren Kreise der Provinz kann der wirtschaftliche Nutzen einer in der geschilderten Weise mit dem Vorrecht der Anlage ausgestatteten Privatgesellschaft sehr zweifelhaft werden. In Zeiten des Ueberflusses giebt sie mit Leichtigkeit Geld gegen billigen Zins, macht den anderen Bankgeschäften eine bedeutende und unliebsame Konkurrenz und zwingt diese gleichsam, ebenfalls mit ihren Forderungen herabzugehen; später aber, wenn ihr die großen Summen vom Staate wieder entzogen werden, kann sie nicht helfend eintreten, wenn es Not thut. Speziell eine Hypothekenbank kann endlich sehr leicht dazu geführt werden, ihren eigentlichen Zweck, die Unterstützung des Realkredits durch Gewährung hypothekarischer Darlehne, mehr und mehr aus den Augen zu verlieren, ohne zugleich den Personalkredit in der Weise zu fördern, wie die Verfügung über so große Summen es gestattet. Wenn nun auch die Aktiengesellschaft für Boden und Kommunalkredit in Elsaß-Lothringen sich seit ihrem Bestehen einer guten Leitung erfreut hat, so lassen weder die theoretische Erkenntnis noch die praktischen Erfahrungen, welche zu einer Auflösung des bisherigen Verhältnisses der Gesellschaft zur Regierung führten, es wünschenswert erscheinen, daß einem derartigen Institute Staatsdepositen zur beliebigen Benutzung übergeben werden, um so weniger, als die Anlage derselben bei einer minder vorsichtigen und zuverlässigen Leitung zu Operationen Veranlassung geben könnte, die eine materielle Schädigung des Staates nach sich ziehen; — ist doch die Gesellschaft statutenmäßig berechtigt, disponible Gelder bei Bankhäusern zinsbar anzulegen.

Es liegt auf der Hand, daß ein mit so bedeutenden Mitteln ausgestattetes Institut wie die Bodenkreditgesellschaft der Reichsbankhauptstelle in Straßburg ihre wirtschaftliche Mission, für die Nutzbarmachung verfügbarer Kapitalien zu sorgen, bedeutend erschweren mußte. So betrug im Jahre 1885 die durchschnittliche Höhe der Bestände an Platzwechseln (in Straßburg zahlbar) bei der Bodenkreditgesellschaft 4 693 200 M., bei der Reichsbankhauptstelle in Straßburg 4 250 700 M. Wenn nun auch ein Teil der im Portefeuille der Bodenkreditgesellschaft befindlichen Wechsel wieder bei der Reichsbank diskontiert wird, so sind dies doch fast nur Papiere mit kürzerer Laufzeit. Meist ist die Reichsbank nicht in der Lage, mit ihrem Privatdiskontsatze den Schwankungen des Börsendiskontes zu folgen, und so würde sich die Gesellschaft ja selbst schädigen, wenn sie sich bei Wechseln, die sie an der Frankfurter Börse gekauft, einen größeren Abzug gefallen lassen wollte, als ihr beim direkten Verkauf an der Börse berechnet wird. Vielfach bleiben die Wechsel auch bis kurz vor Verfall im Besitze der Bodenkreditgesellschaft, um bei Verfall an die Korrespondenten eingesandt zu werden. Dagegen ist nicht zu verkennen, daß das nach durchaus soliden Grundsätzen operierende Institut der Reichsbank ein schätzbares Material, wenn auch meist nur an kurzfristigen Diskonten, zuführt, das ihr unter anderen Verhältnissen nicht zu Gesicht kommen würde, und daß durch jene großen Transaktionen Straßburg in eine wünschenswerte Berührung mit den großen Börsenplätzen Deutschlands gebracht wird.

Nach Kündigung des Vertrages im Frühjahr 1885 schien es eine Zeit lang, als ob die Landesregierung selbst die Gründung einer lediglich im Dienste ihrer Interessen stehenden eigenen Depositenbank beabsichtige, welche neben der Verwaltung der Landesgelder und der Kapitalien der öffentlichen Anstalten zugleich die Beleihung von Grundstücken und die Ausgabe von Pfandbriefen behufs Hebung des landwirtschaftlichen Kredites bezwecken sollte. Da wurde durch den Landesausschuß mit Genehmigung des Bundesrates beschlossen, daß vom 1. April 1886 ab — zu welchem Termin der Vertrag ablief — die Sparkassengelder den Einlegern anstatt wie bisher mit $3^1/_2\%$ fortan mit $3^1/_4\%$ verzinst werden sollten. Dadurch wurde für die Regierung die Möglichkeit geboten, der Bodenkreditgesellschaft günstigere Bedingungen bezüglich der Verwaltung der öffentlichen Gelder zu stellen, und sie schloß mit ihr einen mit dem 1. April 1886 in Kraft getretenen Vertrag auf gänzlich neuer Basis ab[1]). Danach gehen zwar nach

---

[1]) Dieser neue Vertrag wurde nicht veröffentlicht. Die Kenntnis des wesentlichen Inhalts desselben verdankt Verfasser privaten Mitteilungen des Finanzministeriums.

wie vor sämtliche Gelder durch die Kassen der Gesellschaft, jedoch ist der letzteren nur ein verhältnismäßig kleiner Teil derselben, durchschnittlich 15 Mill. Mark, zu einem Durchschnittszins von etwa 3% auf längere Kündigungsfristen belassen worden. Dieses Guthaben der Regierung ist ein einfaches Kontokurrentguthaben. Die Gesellschaft haftet dafür in keiner anderen Weise wie für alle anderen freiwilligen Depositen. Sie kann es nach Maßgabe ihrer Statuten beliebig anlegen und ist nur zur Zahlung der laufenden Kontokurrentzinsen verpflichtet. Eine besondere Entschädigung wie früher wird nicht mehr gewährt. Das Regierungsguthaben darf nicht unter eine bestimmte Minimalhöhe von 10 Millionen Mark herabsinken.

Es betrug Ende 1886 M. 16 805 000
1887 „ 16 634 000
1888 „ 14 933 000
1889 „ 11 808 000

Die Disposition über alle anderen für Rechnung der Landesverwaltung der Bodenkreditgesellschaft zufließenden Gelder hat die Regierung selbst übernommen. Sie legt dieselben in Wertpapieren an, deren Ankauf, Verwaltung und Verkauf von der Bodenkreditgesellschaft gegen ein jährlich zu zahlendes Pauschquantum besorgt wird. Die Agenturen wurden aufgehoben und die Verbindung mit den Korrespondenten gelöst. Die Auszahlung bezw. Einzahlung der Gelder außerhalb Straßburgs wird heute durch die Post, durch Anweisung bei anderen Bankhäusern oder durch Ueberweisung der Beträge auf Reichsbankgirokonto bewirkt.

Dieser für das Institut sehr günstige Vertrag überhebt es einerseits der Sorge bezüglich der Anlage der bedeutenden ihm zur Verwaltung anvertrauten Kapitalien, und es ist daher nicht mehr genötigt, ein so großes Wechselportefeuille zu unterhalten, andererseits sind durch ihn die für das Institut so nachteiligen Folgen einer festen Verzinsung größerer Summen beseitigt. Da seit Inkrafttreten dieses Vertrages die Anlage der öffentlichen Gelder seitens der Aktiengesellschaft nicht mehr für eigene Rechnung, sondern im Auftrage der Regierung erfolgt, so sind von jenem Zeitpunkte an auch in den Geschäftsberichten der ersteren die Spezifikationen über die bei Verwaltung der öffentlichen Gelder erzielten Resultate fortgefallen. Daß diese pro 1888 noch recht günstig waren, erhellt aus den Angaben des Unterstaatssekretärs von Schraut gelegentlich der ersten Lesung des Landeshaushaltetats am 1. Februar 1889: „Die Depositenverwaltung — sagt er — verzinst der Sparkasse $3\frac{1}{2}$%. Zur Zeit betragen die Einlagen der Sparkassen bei der Depositenverwaltung nicht weniger als 50 Millionen Mark. Auf der anderen Seite ist es bei dem fortwährenden Sinken des Zinsfußes auf dem Geldmarkt sehr schwierig, absolut und unbedingt sichere Anlagen für die Depositenverwaltung zu erwerben. Noch ist es uns gelungen, einen Zinsfuß von $3^3/_4\%$ herauszuwirtschaften. Wenn aber auf dem Geldmarkte der Zinsfuß weiter so sinken sollte, wie das in der letzten Zeit der Fall war, werden wir uns der Frage nicht verschließen können, ob wir nicht den Zinsfuß, den wir den Sparkassen bewilligen, um ein wenig herunterzusetzen gezwungen sind."

Die Wirkungen des neuen Vertrages äußerten sich sofort in einer bedeutenden Einschränkung des Wechsel- und Effektengeschäftes bei der Bodenkreditgesellschaft. Von 22,45 Millionen M. Ende 1885 sinkt der Wechselbestand bis Schluß des darauf folgenden Jahres auf 11,11 Millionen M., der Effektenbestand sogar von 24,325 Millionen M. auf 2,925 Millionen M. Im Vergleich zu den anderen deutschen reinen Hypothekenbanken sind diese auf der Basis des Kontokurrentguthabens der Regierung von der Bodenkreditgesellschaft in Straßburg gehaltenen Bestände noch immer außergewöhnlich hoch. Am 31. Dezember 1888 betrug der Bestand an Wechseln und Effekten zusammen bei 10 preußischen, reinen Hypothekenbanken mit einem Aktienkapital von insgesamt 81,376 Millionen M.: 12,386 Millionen M., bei 8 anderen deutschen Hypothekenbanken mit einem Grundkapital von 71,776 Millionen M.: 17,539 Millionen M. und bei der Aktiengesellschaft für Boden- und Kommunalkredit in Elsaß-Lothringen mit einem Aktienkapital von 4,8 Millionen M.: 14,052 Millionen M.[1]).

Wie vorteilhaft die Erneuerung des Vertrages der Bodenkreditgesellschaft mit der Regierung für die erstere war, das zeigte sich recht deutlich bei Gelegenheit der durch die Kriegsbefürchtungen im Frühjahr 1887 in Elsaß-Lothringen hervorgerufenen Geldklemme. Die Depots wurden damals aus den Bankhäusern zurückgezogen, ja sogar Sparkassengelder in bedeutenden Summen gekündigt, und dadurch war die Regierung genötigt, ihr Guthaben bei der Bodenkreditgesellschaft bis auf die Minimalhöhe von 10 Millionen M. zu reduzieren. Das Institut mußte starke Posten seines Wechselportefeuilles flüssig machen und seine Wechselankäufe am Platze eine Zeit lang ganz einstellen.

---

[1]) Bei den Banken gemischten Systems, welche das Hypothekengeschäft als Nebenzweig oder verquickt mit anderen Bankgeschäften betreiben, sind die Bestände an Wechseln und Effekten höher. Dieselben betrugen bei 8 Banken gemischten Systems (bei einem Grundkapital von zusammen 134,87 Millionen M.) 92,973 Millionen M. Vgl. die vom „Deutschen Oekonomist" vom 27. Juli 1889 No. 345 veröffentlichte Statistik „der deutschen Hypothekenbanken."

Wäre der frühere Vertrag noch in Geltung gewesen, so würde sich die Gesellschaft die bedeutenden, von der Regierung plötzlich benötigten Summen zweifellos nur unter großen Verlusten haben beschaffen können; — jetzt hingegen war sie in der vorteilhaften Lage, der Regierung die Sorge und Verantwortung für Beschaffung der erforderlichen Mittel selbst zu überlassen, nachdem die Minimalgrenze von 10 Millionen M. erreicht war. So lieferte jene kleine Krisis den Beweis, wie wichtig für die Bodenkreditgesellschaft die Erneuerung des Vertrages auf der jetzigen Grundlage gewesen ist.

Wenn wir auch bereits im Vorhergehenden einzelne Angaben über die Verwertung der Staatsdepositen im eigentlichen Bankgeschäft, dem die Finanzabteilung des Instituts dient, gemacht haben, so erfordert doch die große Bedeutung, welche diesem Geschäftszweige beizumessen ist, noch eine nähere Betrachtung. An erster Stelle steht hier der ausgedehnte Wechselankauf, der indes seit dem Inkrafttreten des neuen Vertrages eine nicht unbedeutende Einschränkung erfuhr. Bis zu diesem Zeitpunkte betrug der Jahreseingang an Wechseln im Durchschnitt etwa 23450 Stück, welcher Zahl eine Durchschnittssumme von 107,4 Millionen M. entspricht. Von da ab sinken die Ein- und Ausgänge bis unter die Hälfte der früheren Beträge. Eine ähnliche Reduktion erlitten die am Jahresschluß vorhandenen Wechselbestände. Die Durchschnittshöhe der einzelnen Appoints stellt sich auf ca. 6073 M., welcher Berechnung wir die Durchschnittsgrößen aus 16 Geschäftsjahren zu Grunde legten. Aus dieser verhältnismäßig hohen Zahl erkennen wir, daß der größte Teil der im Portefeuille der Bodenkreditgesellschaft befindlichen Wechsel größeren kaufmännischen Transaktionen entsprungen ist. Sie werden an der Börse oder bei Banken angekauft. Auf kleinere Beträge lautende Papiere fließen dem Institute kaum zu, weil dasselbe nicht wie die anderen dem Handel und der Industrie ausschließlich dienenden Banken sich mit Erteilung von Personalkredit in laufender Rechnung befaßt. Die Jahreseingänge an Wechseln verteilten sich nach den Zahlungsorten:

Wechsel auf:	im Jahre 1874	1877	1881	1885	1888	1889
	in Millionen Mark:					
deutsche Bankplätze	54	75	23	77	16	15
Strafsburg	18	30	40	26	20	20
Paris und Belgien	25	9	17	7	4	4
andere Auslandsplätze	6	13	10	18	7	4
zusammen	103	127	90	128	47	43

Die durchschnittlich von der Gesellschaft bis 1885 in Wertpapieren angelegten Summen bezifferten sich auf ca. 14,6 Millionen M.,

Ende 1885 erreichten sie die bedeutende Höhe von 24 Millionen M., um sodann auf ca. 3—4 Millionen M. herabzusinken. Ende der siebziger Jahre bereits war die Bodenkreditgesellschaft der deutschen Finanzgruppe, die unter Leitung der Generaldirektion der Seehandlungs-Sozietät in Berlin steht und vorzüglich bei der Uebernahme von preußischen Anleihen figuriert, einverleibt worden. In neuester Zeit gehörte das Institut zum ersten Male dem unter Führung der Reichsbank stehenden und zur Uebernahme der $3^1/_2$ %igen deutschen Reichsanleihe von 1888 [1]) gebildeten Konsortium an, welches am 14. Februar 1890 die Zeichnung auf jene 129 Millionen M. betragende Anleihe entgegennahm.

Im Vergleich zu der bedeutenden Ausdehnung des Wechsel- und Effektengeschäftes sind die von der Gesellschaft im Lombard- und im Kontokurrentverkehr angelegten Summen nur geringfügig. Der gedeihlichen Entwickelung des Lombardverkehrs, der gleich anfangs nach den Grundsätzen der Preußischen Bank eingeführt wurde, stehen auch bei der Bodenkreditgesellschaft die gleichen, mehrfach erwähnten und in den örtlichen Verhältnissen begründeten Hindernisse entgegen wie bei den Zweiganstalten der Reichsbank in Elsaß-Lothringen [2]). Die Summe der jährlich im Lombardverkehr seitens der Gesellschaft erteilten Darlehne hat nur ausnahmsweise den Betrag von einer halben Million Mark überschritten. Die im Kontokurrentverkehr meist bei sicheren Bankhäusern am Platze gegen Deckung zinsbar hinterlegten Summen kulminierten Ende 1881 mit 22 Millionen M., um dann langsam bis auf 7,3 Millionen M. Ende 1888 herabzugehen.

Die materiellen Erfolge der Bodenkreditgesellschaft sind stets sehr befriedigend gewesen. Nennenswerte Verluste, die imstande gewesen wären, die errungenen Resultate erheblich herabzudrücken, hat sie dank des auf durchaus soliden Prinzipien ruhenden Geschäftsgebahrens niemals erlitten. Wie weit die Entwicklung des Instituts durch die Schwankungen des Wirtschaftslebens überhaupt beeinflußt wurde, werden wir, gleich wie für die übrigen Banken im Schlußabschnitt darzulegen suchen.

b) Die Allgemeine Elsässische Bankgesellschaft [3]).

Wir haben die Société générale pour favoriser le développement du commerce et de l'industrie en France als ein Bankinstitut größten

---
1) Kaiserl. Erlaß vom 5. März 1888 (R.-G.-Bl. S. 65) und vom 17. Dezember 1888 (R.-G.-Bl. S. 298).
2) Siehe oben S. 114.
3) Siehe Anhangstafel VII.

Stiles kennen gelernt, das sich neben einem ausgedehnten Betrieb crédit-mobilier-artiger Geschäfte um die Pflege des verzinslichen Depositen- und Checkverkehrs sehr verdient gemacht hat. So sehr nun auch die Solidität dieses Instituts über jeden Zweifel erhaben war, mußten die elsaß-lothringischen Filialen der Preußischen Bank, welche grundsätzlich jede direkte Geschäftsverbindung mit ausländischen Firmen ablehnte, zunächst von einer Anknüpfung von Beziehungen zu diesem lediglich mit französischem Gelde arbeitenden und französischen Interessen dienenden Institut Abstand nehmen, um so mehr als den Leitern der elsaß-lothringischen Succursalen desselben nicht im Sinne des deutschen Handelsgesetzbuches Prokura erteilt war [1]), die Gesellschaft aus den von den Agenturen abgeschlossenen Geschäften also nicht unbedingt, sondern nur nach Maßgabe der denselben erteilten beschränkten Vollmacht verpflichtet wurde und aus solchen Geschäften nicht bei deutschen Gerichten, sondern nur in Paris zu belangen war.

Diese letzteren Bedenken fielen weg mit der Einführung der neuen Civilprozeßordnung vom 30. Januar 1877, insofern nämlich nunmehr Klagen gegen die im Elsaß befindlichen Niederlassungen der Société générale zweifellos bei dem Gerichte des Ortes der Niederlassung erhoben werden konnten [2]). Auch konnte nach dem Wortlaut der Eintragung dieser Filialen in das Handelsregister [3]) ein Zweifel darüber nicht mehr obwalten, daß sie als Niederlassungen im Sinne der angeführten Gesetzesstelle anzusehen waren. Es handelte sich daher nicht mehr um den Verkehr mit bloßen Prokuristen einer in Frankreich domizilierenden Handelsgesellschaft, welche eventuell nur in Paris zu belangen gewesen wäre, und ebensowenig um den direkten Verkehr mit einer ausländischen Firma, da deren Zweigniederlassung in Deutschland ein inländisches Geschäftshaus darstellte. Zudem berücksichtigte die Preußische Bank, daß die infolge der Annexion von Elsaß-Lothringen in Deutschland verbliebenen Filialen eines der ersten Geldinstitute

---

1) Art. 37. Abs. 8 der Statuten der Gesellschaft lautete: „Il peut (le directeur) avec l'autorisation du conseil constituer des mandataires pour un ou plus objets déterminés et par des mandats spéciaux." Die Agenturen führten daher auch nicht die Firma „Agence de la société générale" mit beigefügter Unterschrift des Direktors derselben, sondern sie zeichneten: „ppr^a du Directeur de la Société générale." Man hatte es also mit einer Spezialvollmacht zu thun, mit einem Prokuristen, der nur in Gemäßheit der ihm unter Geltung des französischen Rechtes erteilten Vollmacht, also in beschränkter Weise die Gesellschaft rechtlich verbindlich machen konnte. Agenturen als selbständige juristische Personen existierten bei der Société générale nicht — wollte man die Tochteranstalt verklagen, so mußte man sich an die Hauptgesellschaft in Paris wenden.

2) § 22 der Reichs-Civilprozeßordnung.

3) Der Direktor ist Vertreter der Zweigniederlassung mit der Befugnis, die Gesellschaft in Straßburg zu vertreten und die Gesellschaftsfirma zu zeichnen.

Frankreichs inzwischen innige Handelsbeziehungen mit altdeutschen Geschäftshäusern angeknüpft hatten und diese regelmäßig unterhielten, und daß denselben ferner viele Depositen von nunmehr deutschen Staatsangehörigen vertrauensvoll übergeben wurden. Da auch grundsätzliche Bedenken gegen die Zulassung der Société générale zum Diskontverkehr der Preußischen Bank nicht mehr vorlagen, wurde ihr im Jahre 1880 ein Wechselkredit eingeräumt.

Werfen wir einen kurzen Blick auf die enormen Umsätze des Pariser Institutes. In der Bilanz vom 31. Dezember 1880 weisen die Passiva neben dem Grundkapital von 120 Millionen Frcs. und einer Reserve von ca. 13,4 Millionen Frcs. an Depositen mit festen Verfalltagen 114 Millionen Frcs., Giroguthaben (Checkkonto) 139 Millionen Frcs. nach. Auf Seiten der Aktiva beträgt Wechsel- und Barbestand 139 Millionen Frcs., Reports 69 Millionen Frcs., Effekten, Konsortial- und Finanzbeteiligungen zusammen 119 Millionen Frcs. Die Anzahl der Zweiganstalten in den Departements betrug in demselben Jahr 101. In Paris belief sich die Anzahl der Büreaux auf mehr als 34 [1]). Der Verwaltungsbericht pro 1875 sagt: „Nach unserer Ansicht muß eine Bank, um den Depositen- und Chekverkehr im Publikum einzubürgern und beliebt zu machen, den Deponenten selbst zu sich heranziehen. Durch günstige Bedingungen muß sie ihn sozusagen zwingen, von seiner veralteten Gewohnheit abzuweichen". Im Hinblick darauf ist auch die Anzahl der Büreaux in Paris selbst eine so große. Die Ausdehnung, welche der Checkverkehr der Gesellschaft angenommen hat, bietet den Beweis für die Richtigkeit und den Erfolg dieser Methode. Die auf Checkguthaben gewährte Zinsvergütung betrug damals $1^o/_o$.

Mit dem 15. Oktober 1881 wurden die 3 elsässischen Filialen der Société générale pour favoriser le développement du commerce et de l'industrie en France vom Mutterinstitute in Paris abgezweigt und ihre Umwandlung in eine selbständige Aktiengesellschaft mit dem Hauptsitze in Straßburg und den Zweigniederlassungen in Mülhausen und Colmar unter der Firma „Allgemeine Elsässische Bankgesellschaft" („Société générale alsacienne de Banque") vollzogen. Das Grundkapital wurde auf 12 Millionen M. ($40^o/_o$ = 4 800 000 M. eingezahlt) festgesetzt. Die Gründung der Allgemeinen Elsässischen Bankgesellschaft charakterisiert sich als sogenannte „qualifizierte Gründung". Es gingen

---

[1]) Bezeichnend ist es, daſs in dem im September 1873 in Paris gedruckten Verzeichnis der Succursalen der Société générale die Zweigniederlassungen in Straſsburg und Mülhausen nicht unter dem Rubrum: „Agences à l'étranger", sondern vielmehr unter dem Titel: „Agences dans les départements" zu finden sind.

nämlich die Gebäulichkeiten des französischen Stammhauses sowie die ausgedehnte Klientel, welche das letztere im Elsaß besessen hatte, auf das neue Institut über und bildeten als „Apports" den nicht in barem Gelde eingebrachten Teil des mit 40% eingeforderten Grundkapitales. Als Gegenwert dieser unter den Aktiven der Bilanz mit 1,6 Millionen M. bewerteten „Apports des agentures" erhielt die Pariser Gesellschaft 10 000 Stück Aktien à 400 M., die als der dritte Teil des ganzen Nominalkapitals unter den Passiven figurierten. Neben dem statutenmäßigen Reservefonds sollte ein Spezialreservefonds gebildet werden und aus diesem allmählich das unter den Aktivis verbuchte, durch Immobilien und die Klientel repräsentierte Apportkonto amortisiert werden. Das Institut sah sich indessen veranlaßt, die Langsamkeit eines derartigen Verfahrens im Jahre 1889 zu beschleunigen. Kaufmännische Kundschaft ist kein wirtschaftliches Gut und darf nach dem seit 1884 geltenden Recht[1]) nicht in der Jahresrechnung als Aktivbestand erscheinen. Die zum Erwerb einer bereits bestehenden Kundschaft nötigen Zahlungen fallen rechtlich unter die Kategorie der im § 4 Art. 185a des Allgem. Deutsch. Handelsgesetzbuches aufgeführten „Kosten der Organisation". Ihre Amortisation muß möglichst bald nach der Gründung der Gesellschaft geschehen. Die Bewertung der Kundschaft und der Gebäulichkeiten mit 1,6 Millionen M. war eine durchaus willkürliche, und die Einstellung dieses Postens als Apportkonto in die Aktiva, welche nach dem neuen Aktienrechte unzulässig ist, hatte praktisch den Nachteil, daß die deutschen Börsen den Aktien des Institutes so lange verschlossen bleiben mußten, als das Apportkonto nicht durch einen gleich hohen Barbetrag kompensiert war. Diese Gesichtspunkte führten endlich i. J. 1889 zur Tilgung des Apportkonto in der Weise, daß auf jede Aktie 40 M., also im ganzen 1 200 000 M. bar eingefordert wurden. Zur Aufbringung der noch fehlenden 400 000 M. wurde der auf 344 000 M. angewachsene Spezialreservefonds sowie 56 000 M. des Gewinnes pro 1889 verwendet[2]). Die Amortisation des Apportkonto hat nicht unwesentlich die der Gesellschaft zu Gebote stehenden Mittel vergrößert. In welchem Umfange die günstigen Folgen hiervon ihren Einfluß auf die Resultate der Gesellschaft geltend machen werden, bleibt abzuwarten.

Bei Abzweigung der Allgemeinen Elsässischen Bankgesellschaft hatte sich die Société générale in Paris durch Uebernahme von 10 000

---
[1]) Gesetz vom 18. Juli 1884, Art. 175 b.
[2]) Vgl. den Bericht der Direktion und den Generalversammlungsbeschlufs vom 22. November 1889.

auf ihren Namen ausgestellten Aktien [1]) einen mächtigen Einfluß auf das Tochterinstitut gesichert, der noch dadurch bedeutend gesteigert wurde, daß sie sich für immer das Recht ausbedang, je ein Mitglied des Aufsichtsrates und des Conseil de direction nach Belieben zu bestimmen. Dem großen Anteil entsprechend, welchen das Pariser Stammhaus am Aktienkapitale der Allgemeinen Elsässischen Bankgesellschaft hat, macht es seinen Einfluß keineswegs nur in einer formalen Aufsicht geltend. Allmonatlich tritt der Vorstand, darunter das Pariser Mitglied, zusammen, fixiert die zu gewährenden Kredite und trifft wichtigere Anordnungen für die Art der Geschäftsführung. Die Veranlassung der Lostrennung der elsaß-lothringischen Filialen vom französischen Stammhause war der Ministerialerlaß vom 11. März 1881, durch welchen den ausländischen Versicherungsgesellschaften in Elsaß-Lothringen der Geschäftsbetrieb untersagt wurde mit Bezug auf das französische Gesetz vom 30. Mai 1857 [2]), wonach ausländische Aktiengesellschaften nur dann als Rechtssubjekte anerkannt und zum Geschäftsbetrieb zugelassen werden können, wenn sie entweder durch landesherrliche Verordnung oder durch internationale Vereinbarung mit dem Lande, welchem sie angehören, ausdrücklich für das Inland ermächtigt worden sind. Das Institut fürchtete eine Ausdehnung dieses Erlasses auch auf die ausländischen Banken und zog es vor, um jeder Eventualität vorzubeugen, in der äußeren Form sich vom Stammhause loszulösen.

Die neu gegründete Aktiengesellschaft hat stets und mit Recht ein großes Vertrauen genossen. Die seit lange erprobte Thätigkeit der früheren Filialen der Pariser Société générale schuf der jungen Gesellschaft ein nachahmungswürdiges Vorbild und regelte den Gang ihrer Unternehmungen. Besonders wurde die schwierige Zeit des Ueberganges wesentlich erleichtert durch die direkten Beziehungen zum Stammhaus in Paris, sowie durch vorteilhafte Bedingungen mit dessen Zweiganstalten. Schon 1882 konnten in Gebweiler und Metz von der Allgemeinen Elsässischen Bankgesellschaft Zweigniederlassungen errichtet werden. Die erstere sollte dem wirklichen Bedürfnisse des Ortes entsprechen in einer außerordentlich reichen Gegend mit bedeutender Industrie, die letztere sollte Beziehungen in Lothringen anknüpfen, ein Gebiet, auf welchem die Gesellschaft noch keine Kundschaft besaß. Die Hauptstärke der Metzer Filiale liegt in dem sehr ausgedehnten Inkassogeschäft, zu dessen Betrieb zahlreiche neue Verbindungen in

---

1) Die weiteren 20 000 Stück Aktien waren auf den Inhaber ausgestellt.
2) Collection des lois, XI Série, No. 15787.

Altdeutschland angeknüpft wurden. Dank des ausgedehnten Netzes von Korrespondenten im In- und Auslande vermittelt die Allgemeine Elsässische Bankgesellschaft speziell durch ihre Metzer Agentur die Einziehung von Wechseln zu ganz erstaunlich billigen Tarifsätzen, so daß es uns nicht Wunder nimmt, wenn die Prosperität jener Zweiganstalt zu wünschen übrig läßt. Dagegen hatte das Gebweiler Haus bereits im zweiten Jahre seines Bestehens sämtliche durch seine Errichtung erwachsenen Unkosten aufgebracht. Am 1. Januar 1886 wurde auch außerhalb der Reichslande und zwar in Frankfurt a. M. eine Filiale errichtet durch Uebernahme des an jenem Platze seit Jahren im besten Ruf stehenden Bankhauses A. von Reinach & Co. Von diesem Zeitpunkte an resultiert ein mächtiger Aufschwung des ganzen Geschäftes, der in den Zahlen der Bilanzen in so überraschender Weise zum Ausdruck kommt, daß wir uns nicht versagen dürfen, auf jene geradezu verblüffende Steigerung der Umsätze seit Gründung der Frankfurter Zweiganstalt näher einzugehen und uns deren Ursachen zu vergegenwärtigen.

Ein sehr bedeutendes Diskontgeschäft und erhebliche Wechselarbitrage, sowie Börsenoperationen bilden die Hauptthätigkeit der Frankfurter Filiale und drücken ihr ein vom Betriebe der anderen Zweiganstalten im Elsaß abweichendes Gepräge auf. 1886 betrug der Gesamtumsatz in Frankfurt allein 1030 Millionen Mark, während er sich bei den anderen Niederlassungen der Allgemeinen Elsässischen Bankgesellschaft zusammen auf 1573 Millionen Mark belief. Die Umsätze in Frankfurt sind also nur um den dritten Teil geringer wie die in Straßburg, Mülhausen, Colmar, Metz und Gebweiler insgesamt. Bei der gänzlich verschiedenen Bedeutung, die diesen beiden Zahlen beigemessen werden muß, scheint es nicht rätlich, weitere Deduktionen daraus zu ziehen. Sehr bedeutend ist das Anschwellen des Wechselportefeuilles und damit in Zusammenhang stehend die Steigerung des Kontokurrentverkehrs. Die Jahresumsätze (Eingänge plus Ausgänge) des Wechselportefeuilles seit Gründung der Gesellschaft beziffern sich auf:

Jahr	Stückzahl	Betrag in Millionen Mark
1881	114 881	57
1882	190 537	90
1883	360 089	145
1884	504 736	178
1885	630 655	229
1886	700 501	422
1887	640 164	385
1888	700 069	422
1889	806 074	440

Der Wechselbestand, welcher Ende 1885 2,1 Millionen M. betrug, steigt Ende 1886 auf 4,1 Millionen M. Während die Summe der jährlich ins Portefeuille der Allgemeinen Elsässischen Bankgesellschaft fließenden Wechsel nach Errichtung der Filiale in Frankfurt fast auf das Doppelte steigt, erfährt die Stückzahl der Wechsel eine kaum nennenswerte Vermehrung, ein Beweis dafür, daß in Frankfurt meist Wechsel über sehr große Beträge angekauft werden, während in den Reichslanden der auf kleine Summen lautende Wechsel prävaliert. Hand in Hand mit der Steigerung des Wechselkontos geht das Anwachsen des Kontokurrentverkehrs nach Gründung der Frankfurter Niederlassung. Die Debitoren, deren Salden Ende 1885 insgesamt 8,65 Millionen M. betrugen, erhöhen sich Ende 1886 auf 12,7 Millionen M., die Kreditorensalden wachsen von 7,185 Millionen M. am 31. Dezember 1885 auf 12,778 Millionen M. Ende 1886 an. Dagegen erfährt die Höhe der Guthaben auf Checkkonto keine nennenswerte Steigerung. Sie bezifferten sich Ende 1885 auf 2,612 Millionen M., Ende 1886 auf 2,694 Millionen M. Sehr stark wieder ist die Vermehrung der für die Kundschaft einkassierten Kupons, deren Beträge seit dem Bestehen des Instituts folgende Zahlen nachweisen. An fälligen Zinsscheinen wurden eingezogen (in tausend Mark):

im Jahre		im Jahre	
1881	2874	1886	4817
1882	2697	1887	6298
1883	2815	1888	6210
1884	2922	1889	5018
1885	3024		

Fassen wir zusammen, so bemerken wir überall in denjenigen Zweigen eine Steigerung der Umsätze, deren besondere Pflege durch die Eigenschaften eines bedeutenden Börsenplatzes bedingt wird, hauptsächlich im Wechsel- und Effektenverkehr. Der Geschäftsbetrieb ist nach dem Muster des Pariser Stammhauses zugeschnitten; wie bei jenem wird auch bei der Allgemeinen Elsässischen Bankgesellschaft auf die Pflege des Depositen- und Checkverkehrs ein besonderes Augenmerk gerichtet. Auch hat das Institut vielfach an Emissionen und Gründungen partizipiert. Ueber die Bedeutung dieser Beteiligungen geben die veröffentlichten Uebersichten keinen genauen Aufschluß. Die am Jahresschluß im Emissionsgeschäft angelegten Summen waren bis 1886, wo sie 474 000 M. betrugen, nur gering. Ende 1887 dagegen weist die Bilanz einen Bestand an Effekten und Konsortialbeteiligungen von 2,222 Millionen M. nach, der in den darauf folgenden Jahren nicht erheblich herabgemindert wird [1]).

---

[1]) Immerhin ist es interessant, den Geschmack der Gesellschaft bei der Anlage ihrer Gelder in crédit-mobilier-artigen Geschäften kennen zu lernen. Seit seinem Be-

Die von der Allgemeinen Elsässischen Bankgesellschaft veröffentlichten Bilanzen gestatteten bis 1888 auf die Liquidität des Instituts gar keinen Schluß, da die Aktiva: „Kontokurrent- diverse- und Bankkonten" zu einem Posten zusammengezogen waren. Erst im Abschluß pro 1889 fand die so notwendige Spezialisierung statt.

c) Die Bank von Elsaß und Lothringen[1]).

Indirekt hat die französische Regierung selbst den Anstoß zur Gründung einer der größten in Elsaß-Lothringen thätigen Aktienbanken gegeben. Im Sommer 1871 autorisierte sie die vier Straßburger Bankhäuser Ed. Klose & Co., L. Grouvel & Co., Léon Blum-Auscher und F. Bastien & Co. zur Auszahlung der rückständigen französischen Renten und Pensionen. Infolgedessen erklärte die Liquidationskommission der Trésorerie générale am 24. Juni[2]), welche bis dahin diese Geschäfte besorgt hatte, daß sie sich nicht mehr mit den hierauf bezüglichen, bei ihr angemeldeten Forderungen befasse, und es von nun an den betreffenden Gemeinden, Instituten, Gesellschaften und Privaten überlassen bleibe, sie bei den genannten vier Bankhäusern zu realisieren. Mit dem 1. August konstituierten diese eine Teilhabergesellschaft, welche den Zweck hatte, unter ihrer Garantie Bankoperationen zu machen und besonders die verfallenen Zinsen der Renten und der Civil- und Militärpensionen, sowie diejenigen des französischen

---

stehen war das Institut an folgenden Emissionen und Gründungen für eigene Rechnung beteiligt: 1882 L'émission des actions des mines de Rio-Tinto. — 1884 Argentinische 5 %ige Anleihe, Panama-Kanal, Crédit foncier de France, Russische 5 %ige Anleihe, Konversion der Prinz-Rudolph-Eisenbahn-Aktien, 3 %ige elsafs-lothringische Renten, Prag-Duxer Eisenbahn-Obligationen, 4 %ige Norwegische Anleihe. — 1885 Obligationen von 1885 des Crédit foncier de France, Obligationen der Compagnie du Gaz pour la France et l'Etranger, 3½ %ige Hamburger Stadtanleihe. — 1886 Panama-Kanal, 4 %ige Obligationen der Aktiengesellschaft für Boden- und Kommunalkredit in Elsafs-Lothringen, Karlsruher Stadtanleihe, Konstanzer Stadtanleihe, Konversion der 4 %igen Obligationen der Ungarischen Bodenkreditgesellschaft. — 1887 Konversion von Provinzialpfandbriefen, Emission der Verdigris Valley, Independence and Western-Railroad (Uebernahme und Einführung dieser Anleihe auf dem Frankfurter Markt), Emission der 3½ %igen Reichsanleihe, Emission der 3½ %igen Hamburger Stadtanleihe, Konversion der 5 %igen Kursk-Kiew Eisenbahnobligationen, Emission der 4½ %igen Brasilianischen Eisenbahnobligationen, Emission der 3 %igen Panama-Kanal-Obligationen. — 1888 Emission der Obligations douanières Ottomanes 5 %, der 3½ %igen italienischen Eisenbahnobligationen, der 4½ %igen portugiesischen Anleihe, der 4 %igen russischen Anleihe, der 3½ %igen Freiburger Stadtanleihe, Konversion von Provinzialpfandbriefen — 1889 Emission der 4½ %igen portugiesischen Anleihe, der 3 %igen italienischen Eisenbahnobligationen, der 4 %igen russischen Anleihe, der Anleihen von Chile und von Tunis. — Im Auftrage und für Rechnung ihrer Kunden war die Allgemeine Elsässische Bankgesellschaft stets nicht unbedeutend bei verschiedenen in- und ausländischen Finanzoperationen beteiligt.

1) Siehe Anhangstafel VIII.
2) Bekanntmachung vom 24. Juni 1871 in der Strafsburger Zeitung No. 151 vom 27. Juni 1871. No. 525.

Crédit foncier ohne Erhebung von Gebühren auszuzahlen. Auch befaßte sie sich mit der Einziehung fälliger Zinsscheine, dem An- und Verkauf von öffentlichen Fonds, Aktien, Obligationen u. s. f. Man hatte beabsichtigt, einerseits ein Geldinstitut zu schaffen, welches den Interessen der französischen Regierung sich dienstlich erweisen sollte und andererseits einen Ersatz für die ausgefallenen Trésoreries générales zu finden. Beide Zwecke sind erreicht worden. Die Bank verwaltete die Anlage der Einzahlungen auf die französische Anleihe der Stadt Paris, sie zahlte die Rentenkupons wie die Pensionen und erhielt gleich der alten Trésorerie générale viele Depositengelder zu 3 %. Außerdem erfreute sich die Gesellschaft einer Subvention seitens der französischen Regierung. Da indessen die Betriebsfonds zu klein erschienen, und ein Hinsiechen der Beziehungen zu Frankreich immer sichtbarer hervortrat, so beschlossen die Unternehmer, die Bank in eine Aktiengesellschaft umzuwandeln. Noch im gleichen Jahre, am 16. Dezember 1871 erfolgte die Gründung derselben unter der Firma „Banque d'Alsace et de Lorraine".[1]). Sie wurde dotiert mit einem Grundkapital von 12 Millionen Frcs., geteilt in 24000 auf den Inhaber lautende Aktien à 500 Frcs., von welchem Kapital bis heute 9 Millionen Frcs. eingezahlt sind.

Seit ihrer Gründung besorgt die Bank bis heute gegen entsprechende Vergütung die Auszahlung verschiedener Pensionen und die Einlösung der französischen Rentenkupons für Rechnung der französischen Finanzverwaltung. In Mülhausen und Colmar sind jetzt die Banque de Mulhouse bezw. deren Filiale [2]), in Metz die Filiale der Internationalen Bank in Luxemburg als Korrespondenten der französischen Finanzverwaltung offizielle Einlösestellen der französischen Rentenkupons. Die Auszahlung der Pensionen an die in Elsaß-Lothringen wohnhaften französischen Staatsangehörigen, welche auf Grund ihrer früheren Anstellung im französischen Civil- oder Militärdienst einen Anspruch darauf haben [3]), erfolgt gegen Vorzeigung der Lebensatteste, die Auszahlung der Kupons gegen Vorzeigung dieser bezw. der Rententitel an den Kassen der vier erwähnten Institute. Es kann nicht Wunder nehmen, daß die Banque d'Alsace et de Lorraine als

---

1) Neuerdings auch unter der Firma: „Bank von Elsaſs und Lothringen" in das Handelsregister eingetragen.
2) Bis 1882 das Bankhaus Ab. Sée & fils in Colmar.
3) Gemäſs Art. 2 der Zusatz-Konvention vom 11. Dezember 1871 zum Frankfurter Frieden hat die deutsche Reichsregierung nur die Zahlung der Pensionen an diejenigen früher im französischen Civil-, Kirchen- oder Militärdienst angestellten Personen übernommen, welche sich innerhalb einer gestellten Frist für die deutsche Nationalität entschieden hatten.

ein auf einheimischem Boden erwachsenes und mit französischen Sympathien ausgestattetes Institut von Anfang an eine große Zugkraft auf das geschäftstreibende Publikum ausübte, daß sie sich einer großen Beliebtheit erfreute, und daß ihr Geschäftskreis sich stetig ausdehnte. Neben der für die Bankiergeschäfte so überaus günstigen Konjunktur im Anfang der siebziger Jahre ist das wachsende Vertrauen, welches dem jungen Institut entgegengebracht wurde, und seine schnelle Prosperität sicherlich zurückzuführen auf seine Thätigkeit im Dienste der Trésorerie pour le gouvernement français, der Stadt Paris und des Crédit foncier de France. Gleich anfangs beteiligte sich die Bank von Elsaß und Lothringen an mehreren großen französischen Finanzoperationen, so vor allem an der Emission der 3-Milliardenanleihe, auf welche die Gesellschaft offiziell Zeichnungen entgegennahm. Bis Ende des Jahres 1872 hatte sie bereits 25 906 910 Frcs. französischer Rente abgesetzt, was einem Kapital von 437 826 779 Frcs. entsprach. Ende Juli 1872, im Augenblick der Auflage jener Anleihe, hatte die Filiale in Metz ihre Thätigkeit aufgenommen. Pro 1872 waren 8,84 %, pro 1873 sogar 9 % und pro 1874 8 % Dividende an die Aktionäre verteilt worden.

Ermutigt durch solche Erfolge, schritt die Bank 1874 zur Errichtung einer Zweiganstalt in Mülhausen. Sie übernahm zu diesem Zwecke die in Mülhausen bereits bestehende Filiale des großen Basler Bankhauses Oswald frères & Co. mit sämtlichen Aktivis und Passivis. Mit dem 1. Oktober 1874 begann die „succursale de la Banque d'Alsace et de Lorraine" in Mülhausen ihre Thätigkeit. Die Ausdehnung ihres Geschäftskreises war jedoch nicht von den erhofften Erfolgen begleitet. Im Gegenteil, es wurden bis 1878, in welchem Jahre 5% Dividende verteilt wurden, die erzielten Gewinne immer kleiner. Erst von 1879 ab beginnt wieder ein allgemeiner Aufschwung von Handel und Industrie, der auf die Thätigkeit und gedeihliche Entwickelung aller Banken nicht ohne erfreulichen Einfluß gewesen ist. Dies sowohl wie die damalige friedliche politische Stimmung veranlaßte die Gesellschaft zur Gründung einer Filiale in Nancy im November 1880. Zur Beschaffung der Betriebsmittel wurde die Erhöhung des eingezahlten Aktienkapitales von 6 Millionen Frcs. auf 9 Millionen Frcs. notwendig. Der französische Börsenkrach des Jahres 1882 hatte auch für die Bank von Elsaß und Lothringen bedeutende Verluste zur Folge, auf deren spezielle Ursachen und Wirkungen für das Institut wir in einem weiteren Abschnitte zurückkommen werden. Im Jahre 1884 wurde der Wirkungskreis der Bank durch Errichtung von drei sogenannten

Agenturen¹) in Commercy, Hagenau und Saargemünd ausgedehnt. Dieselben sind mit beschränkter Vollmacht ausgestattet und erhalten ihre Fonds von den ihnen zunächst befindlichen Niederlassungen der Gesellschaft. Diejenige in Commercy ressortiert von der Filiale in Nancy, die zwei übrigen vom Stammhause in Straßburg, ebenso auch eine Agentur in Markirch, welche bereits Mitte der siebziger Jahre gegründet worden war.

Das Wechselportefeuille, welches die Bank von Elsaß und Lothringen unterhält, ist ein sehr bedeutendes; die jährlichen Eingänge an Wechseln sind seit 1872, wo sie ca. 88 800 000 M. betrugen, successive bis 1886 auf 225 899 000 M. gestiegen. Von da an wird die Anlage wieder geringer. Pro 1889 gingen 375 624 Wechsel im Gesamtbetrage von 173 077 000 M. (einschl. Bestand am Ende des Vorjahres) ins Portefeuille des Institutes ein. Der Wechselbestand am Schlusse desselben Jahres beträgt 6 456 000 M. Die Anlage in Effekten und Konsortialbeteiligungen war je nach dem Stande der Börsen in den verschiedenen Jahren ein verschiedener. Ende 1889 waren 3 317 000 M. auf diese Weise angelegt. Die Liquidität der veröffentlichten Bilanzen ist meist eine sehr zweifelhafte gewesen. Auch fehlen in den neueren Berichten alle Angaben über die Zusammensetzung des erzielten Gewinnes. Auf die Art der Geschäftsführung und die Leitung der Gesellschaft werden wir weiter unten noch zurückkommen.

d) Die Bank von Mülhausen²).

Fast zur gleichen Zeit, als in Straßburg die Banque d'Alsace et de Lorraine gegründet worden war, wurde in Mülhausen am 8. November 1871 als Nachfolgerin des Bankhauses M. A. Schlumberger-Ehinger die Banque de Mulhouse³) mit einem Grundkapital von 12 Millionen Frcs., ebenfalls in 24 000 Aktien à 500 Frcs. geteilt, konstituiert⁴). Auch hier betrug die erste Einzahlung ein Viertel des Gesellschaftskapitals, also 3 Millionen Frcs. Der Emissionskurs war im November 1871 auf 106 %, also 580 Frcs. für die Aktie festgesetzt worden. Unter den Gründern figurierten die Chefs der größten Mülhäuser und Baseler Handlungshäuser — so Aug. Dollfus, A. Köchlin-

---

1) In Gemäfsheit des Artikels 2 der Statuten.
2) Siehe Anhaugstafel IX.
3) In neuester Zeit auch als „Bank von Mülhausen" ins Handelsregister eingetragen.
4) Die Aktien wurden auf den Namen ausgestellt, jedoch mit der Fähigkeit, gemäfs Generalversammlungsbeschlufs auf den Inhaber umgeschrieben zu werden.

Steinbach, G. Schmalzer, Alfr. Engel, Ed. Zahn-Rognon und andere, welche auch zum Verwaltungsrate gehörten, bezw. zum Teil heute noch Mitglieder des Aufsichtsrates sind. Die Erwerbung des Hauses M. A. Schlumberger-Ehinger erfolgte zum Preise von 100000 Frcs., die successive abgezahlt wurden. Gleich im ersten Jahre ihrer Thätigkeit steigerte die Banque de Mulhouse die Zahl ihrer Kontokurrent-Kunden von 613 auf 922. Diese schnelle Ausdehnung ihres Wirkungskreises machte noch vor Ablauf des Jahres 1872 die Einforderung von weiteren 3 Millionen Frcs. des Grundkapitals notwendig. Am 1. Juli 1877 errichtete sie unter dem Druck der allgemeinen Geschäftsstille und des damit verbundenen Zusammenfließens von Privatkapitalien eine Filiale in Straßburg und am 15. September desselben Jahres eine solche in Epinal. Erstere entstand durch Uebernahme der Firma Les fils de Louis Bloch, eines alten Bankhauses mit soliden Prinzipien. Der Geschäftskreis dieser Zweiganstalt erweiterte sich derartig, daß sie am 1. Juli 1884 mit dem ebenfalls schon seit vielen Jahren in Straßburg bestehenden Bankhause C. E. Ehrmann fusionierte. Inzwischen war auch in Colmar eine Filiale errichtet worden (1883) durch Uebernahme der Firma Ab. Sée & fils. In ähnlicher Weise wie die Bank von Elsaß und Lothringen in Straßburg erweist diese Zweiganstalt der Bank von Mülhausen sich dem französischen Tresor durch Einlösung der französischen Rentenkupons und Zahlung von Pensionen dienstbar. Die Bilanzen von 1883 und 1884 weisen unter den Aktiven unter dem Rubrum „Service de trésorerie à Colmar" die Summen von 82400 M. und 93600 M. nach.

Die Bank unterhält an ihrem Hauptsitze in Mülhausen und in ihren Zweiganstalten in Straßburg und Colmar ein bedeutendes Kontokurrentgeschäft. Die Zahl der Kunden belief sich 1875 auf 1178. Davon hatten ihren Wohnsitz 605 in Elsaß-Lothringen, 251 in Frankreich und 322 im Ausland. Es ist interessant, zu beobachten, wie die Klientel in Elsaß-Lothringen von Jahr zu Jahr eine bedeutende Ausdehnung erfährt, während diejenige in Frankreich eher im Abnehmen begriffen ist. 1876 wohnen von 1192 Kunden 705 in Elsaß-Lothringen, 242 in Frankreich und 245 im Auslande, 1877 steigt die Gesamtzahl auf 1275, wovon 793 auf Elsaß-Lothringen, 242 auf Frankreich und 240 auf das Ausland entfallen. Leider wird diese Spezifikation in den Geschäftsberichten der folgenden Jahre nicht mehr angegeben, wohl aber die Gesamtzahl der Kontokurrent-Kunden. Ende 1889 zählte das Institut 1764 Schuldner und 3448 Gläubiger, im Ganzen also 5212 Kunden.

Ganz erstaunlich groß ist der Wechselverkehr, den die Banque de Mulhouse unterhält, er übertrifft an Umfang den aller anderen Aktienbanken in Elsaß-Lothringen. Die Beträge der jährlich in das Portefeuille eingehenden Wechsel haben sich seit 1872 fast vervierfacht, sie sind seit einigen Jahren größer wie die Summe aller von den elsaßlothringischen Filialen der Reichsbank angekauften Wechsel. Die Jahreseingänge betrugen:

Jahr	Stückzahl	Tausende Mark
1872	47 369	66 720
1877	122 656	106 602
1883	337 668	262 452
1889	409 717	239 346

Die Höhe der Bestände an Wechseln entspricht diesen bedeutenden Summen. Ende 1889 erreichte der Wechselbestand die enorme Höhe von 23,451 Millionen Mark bei einem eingezahlten Kapital von 4,8 Millionen Mark, ein Verhältnis, welches für Kreditbanken einzig in ganz Deutschland dasteht.

Begründet von den Hauptvertretern der oberelsässischen Industrie, ist die Banque de Mulhouse dieser so bedeutenden Industrie vorwiegend nützlich. Sie vermittelt den Fabrikanten die Deckung der aus dem Auslande bezogenen Rohstoffe, sie diskontiert ihnen die billets und die zahlreichen Wechsel auf das Ausland, kurz sie hat ihren Betrieb völlig auf die konkreten Bedürfnisse der Mülhäuser Großindustrie zugeschnitten und wird diesen in ausgedehntem Maße gerecht. Die Hauptvertreter dieser Industrie — so Dollfus, Mieg, Engel und Lantz — sitzen im Aufsichtsrat und bilden das Comité de direction, fast sämtliche Aktien der Bank befinden sich in ihren Händen. Bei der über jeden Zweifel erhabenen Sicherheit eines großen Teiles ihrer Klientel wird das Risiko, welches die Bank läuft, im Vergleiche zu anderen minder gut in dieser Hinsicht versehenen Instituten bedeutend eingeschränkt. Dabei ist auch die Leitung eine äußerst vorsichtige. Die Effekten im Besitze der Bank sind von zweifelloser Sicherheit, der Anteil der Bank an Finanzoperationen von crédit-mobilier-artigem Charakter ist ein geringer. Die bisher erzielten materiellen Erfolge, nicht groß genug, um das Ergebnis von Spekulationen zu sein, nicht gering genug, um eine bedeutende Schädigung der Gesellschaft durch Fallissements etc. erkennen zu lassen, sowie die große Gleichmäßigkeit der verteilten Dividende, die stetig bis zu bedeutender Höhe angewachsenen Reserven, und last not least die Thatsache, daß die Interessen der Mülhäuser Industriefürsten auf das innigste mit denjenigen der Bank verkettet sind, —

all das sind Momente, welche völlig das große Vertrauen rechtfertigen, welches der Banque de Mulhouse von Seiten der Kaufmannschaft entgegengebracht wird. Zieht man diese Gesichtspunkte in Betracht, so kann selbst die Illiquidität der Bilanzen zu Bedenken nicht Veranlassung geben [1]).

c) Die Straßburger Bank Ch. Stachling, L. Valentin & C. [2]).

Aus der Fusion zweier sehr alten, seit 1852 bestehenden Straßburger Bankhäuser, der Kommanditgesellschaft auf Aktien Ed. Klose u. Co. und der Firma Ch. Stachling u. Co. ging am 1. Januar 1874 als eine neu gegründete Aktienkommanditgesellschaft die „Straßburger Bank Ch. Stachling, L. Valentin & Co." hervor. Das ursprünglich 2400000 M. (voll eingezahlt) betragende Gesellschaftskapital wurde im Jahre 1880 durch Ausgabe von 1000 neuen Aktien à 800 M. auf 3200000 M., im darauf folgenden Jahre durch Ausgabe weiterer 1000 Aktien von gleichem Betrage auf 4 Millionen M. erhöht. In beiden Fällen gelangten die jungen Aktien zu 900 M., also mit einem Aufgelde von 100 M. pro Stück zur Ausgabe und wurden meist von den Besitzern der alten Aktien, denen durch Generalversammlungsbeschluß vom 28. Februar 1880 und 19. März 1881 das Vorkaufsrecht gesichert war, erworben. Die jeweilige Prämie von 100000 M. wurde dem Reservefonds zugeschlagen. Im Jahre 1884 wurde das Grundkapital auf 4800000 M. erhöht. Die hierzu nötigen 800000 M. wurden diesmal gemäß Art. 22 der Statuten dem Reservefonds, welcher Ende 1883 bereits auf 1040000 M. angewachsen war, entnommen. Nach dem neuesten Gesellschaftsvertrage von 1884 sollen die persönlich haftenden Gesellschafter immer eine dem zehnten Teile des Gesellschaftskapitales gleichkommende Anzahl Aktien besitzen, welche unübertragbar und unveräußerlich am Stamme bleiben sollen und der Gesellschaft als Garantie bis zur endgiltigen Rechnungsstellung übertragen wurden. Jedoch erhielt der Aufsichtsrat die Befugnis, die Garantie der persönlich haftenden Gesellschafter bis auf die von denselben gesetzlich verlangte Höhe zu reduzieren.

Die erzielten Gewinnresultate sind seit Bestehen der Gesellschaft ausnahmslos günstig gewesen. Den Versuch zur Gründung von Zweiganstalten hat die Straßburger Bank niemals gemacht, sie besitzt jedoch

---

1) Siehe Anhangstafel IX.
2) Siehe Anhangstafel X.

von Alters her im ganzen Unterelsaß und besonders in Straßburg eine bedeutende Klientel, für welche sie alle Bankiergeschäfte im Rahmen eines entsprechend ausgedehnten Kontokurrentverkehrs besorgt. Die jährlich veröffentlichten Geschäftsübersichten sind außerordentlich unklar und lückenhaft. Die am Jahresschlusse verbleibenden Salden der Gläubiger und Schuldner sind gar nicht angegeben, geschweige denn eine Trennung der Kontokurrentkunden in Bankiers und Nichtbankiers. Es sind vielmehr nur die Eingänge und Ausgänge sowie der sich daraus ergebende Generalsaldo des Kontokurrentkontos verzeichnet, wodurch allein schon jeder Schluß auf die Liquidität des Instituts illusorisch wird.

3. Beurteilung der Thätigkeit der Privatbanken.

In ganz Elsaß-Lothringen sind heute nicht weniger als 72 Privatbanken jeder Art in Betrieb [1]). Davon entfallen auf den Bezirk Unter-Elsaß 37, davon auf Straßburg 16, auf den Bezirk Ober-Elsaß 16, davon auf Mülhausen 7, auf Colmar 4, endlich auf den Bezirk Lothringen 19, davon auf Metz 8. — Von 72 Bankunternehmungen verteilen sich also 35 auf die vier größten Städte, die übrigen 37 genügen dem Kreditbedürfnis an den kleineren Handelsplätzen und auf dem Lande. Wir scheiden die Einzelunternehmung von der Aktiengesellschaft. 17 Bankunternehmungen sind in Händen von 9 Aktiengesellschaften, welche mit einem Kapital von zusammen 51,8 Millionen M. ausgestattet sind, worauf bis jetzt 29,5 Millionen M. bar eingezahlt wurden [2]). Das Grundkapital der 5 größten, im vorigen Abschnitte besprochenen Gesellschaften beträgt allein 45,6 Millionen M. mit einer Gesamteinzahlung von 26,4 Millionen M. [3]). In sämtlichen Privatbanken Elsaß-Lothringens dürfte der Gesamtbetrag der verantwortlichen Kapitalien die Summe von 100 Millionen M. kaum übersteigen, eine Schätzung, die auf absolute Genauigkeit natürlich keinen Anspruch erheben kann.

Die Art und der Umfang des Geschäftsbetriebes bei den einzelnen

---

1) Die genossenschaftlichen Kassen nach Raiffeisen'schem und Schultze-Delitzsch'schem System zur Hebung der Landwirtschaft sind in dieser Statistik nicht berücksichtigt.
2) Die Zweiganstalten der Reichsbank sowie die Metzer Filiale der Internationalen Bank in Luxemburg sind in dieser Statistik nicht berücksichtigt.
3) Bereits Ende 1880 bestanden im Elsaß allein 27 industrielle Aktiengesellschaften mit einem Gesamtkapital von 61,6 Millionen M., darunter 15 mit 34,4 Millionen M. Grundkapital. Vgl. Engel-Dollfus, a. a. O. S. 238.

Unternehmungen richten sich nach den konkreten Bedürfnissen ihrer Klientel und nach deren Ausdehnung. Die kleineren Landbankiers betreiben neben dem Kontokurrent- und Diskontgeschäft oft noch Handelsgeschäfte, manchmal gewiß deshalb, weil sich dadurch die wucherische Ausbeutung der Landbevölkerung, wie sie leider in den Reichslanden in großem Maßstabe stattfindet, besser verschleiern läßt [1]). Den größten Umfang nimmt aber jedenfalls das Diskontgeschäft ein vermöge der bereits oft berührten, altdeutsche Verhältnisse weit überragenden Wechselcirkulation des Landes. In welchem Grade diese größer ist als in Alt-Deutschland, ergiebt sich aus dem folgenden Vergleich. Reduzieren wir das Aktienkapital der im Banksystem Elsaß-Lothringens vorzugsweise in Betracht kommenden 5 großen Aktienbanken mit einem eingezahlten Kapital von 26,4 Millionen M.[2]) auf 1000 M. als Einheit, und setzen wir dazu die Summe aller am Jahresschluß in den Portefeuilles dieser Kreditinstitute befindlichen Wechsel in ein Verhältnis, so ergiebt sich, daß auf 1000 M. Aktienkapital an Wechselgröße entfallen:

```
1883 M. 1986     1886 M. 1722
1884  „  2175    1887  „  1658
1885  „  2121    1888  „  1558
```

Führen wir nun in gleicher Weise das von 1883 bis 1888 zwischen 700,8 und 767,6 Millionen M. variierende eingezahlte Aktienkapital von 70 altdeutschen Kreditbanken auf 1000 M. als Einheit zurück, so ergeben sich als Summen aller am Jahresschluß in den Portefeuilles dieser 70 Banken befindlichen Wechsel [3]):

```
1883 M. 623      1886 M. 605
1884  „  608     1887  „  669
1885  „  681     1868  „  681
```

Danach würde sich also der Wechselbestand in den Portefeuilles der elsaß-lothringischen Banken zu demjenigen in den altdeutschen verhalten wie 1870 zu 644 oder ungefähr wie 3 zu 1, und — da sich in diesen Beständen gewissermaßen die ganze Wechselcirkulation des Landes wiederspiegelt — so kämen wir zu dem Schlusse, daß der

---

1) Vgl. „Der Wucher auf dem Lande" von Metz, a. a. O.
2) Bodenkreditgesellschaft   mit 4,8 Millionen M.
    Bank von Elsaß und Lothringen   „ 7,2   „   „
    Bank von Mülhausen   „ 4,8   „   „
    Allgemeine Elsässische Bankgesellschaft   „ 4,8   „   „
    C. Staehling, L. Valentin & Co.   „ 4,8   „   „
    Fünf Bankgesellschaften   mit 26,4 Millionen M. Grundkapital.
3) Vgl. „Die deutschen Banken im Jahre 1888" im „Deutschen Oekonomist" vom 17. August 1889 No 348. Noten- und reine Hypothekenbanken mußten natürlich bei unserer Berechnung außer Acht gelassen werden.

Wechselumlauf in Elsaß-Lothringen heute ungefähr dreimal so groß ist wie in einem volkswirtschaftlich gleich großen Teile Altdeutschlands [1]). Jedenfalls bietet diese Berechnung einen weiteren unumstößlichen Beweis dafür, daß die Form des Wechsels in den Reichslanden zur Schuldregulierung weitaus häufiger Anwendung findet wie im übrigen Deutschland, und wenn man bedenkt, daß im Großverkehr bezüglich der Anwendung des Wechsels wohl zwischen besagten Gebieten kaum ein beträchtlicher Unterschied bestehen dürfte, daß mithin der Mehrbetrag der in den Portefeuilles der elsaß-lothringischen Privatbanken befindlichen Wechsel fast lediglich dem gewerblichen Kleinverkehr seine Entstehung verdankt, wofür uns bereits die geringe Durchschnittsgröße der einzelnen Appoints einen Beleg lieferte, so muß uns die Differenzierung noch charakteristischer für die Ausbreitung des Wechselverkehrs erscheinen.

Soweit es die Homogenität in den Bilanzen der elsaß-lothringischen und altdeutschen Bankinstitute zuläßt, wollen wir versuchen, die Ausdehnung der einzelnen Bestände am Jahresschluß auch in anderen Geschäftszweigen einer vergleichenden Kritik zu unterziehen. Reduzieren wir wiederum die Bestände auf ein Aktienkapital von 1000 M., so ergiebt sich, daß Ende 1888 auf 1000 M. Aktienkapital entfallen [2]):

	Aktivbestände				Passivbestände			
	Kasse	Wechsel	Effekten [3])	Debitoren	Immobilien	Kapital	Kreditoren und Depositen	Reserven	Reingewinn
Für 5 elsaſs-lothringische Aktienbanken	117	1558	526	2859[3])	67	1000	3134[3])	146	88
Für 70 altdeutsche Aktienbanken	196	681	410	1902	60	1000	1865	148	97

1) Am Schluſs des Jahres 1881 stellte sich in Frankreich bei 49 mit Frcs. 371,3 Millionen eingezahltem Aktienkapital ausgestatteten Kreditbanken das Verhältnis des Kapitals zu den Wechselbeständen wie 1000 zu 1937, also ganz ähnlich wie in den Reichslanden. Für die französischen Banken stand uns leider nur eine Statistik aus dem Jahre 1881 zu Gebote, die wir unserer Berechnung zu Grunde legten und die wir dem „Manuel des fonds publics et des sociétés par actions" von Alph. Courtois fils — Paris 1883 — entnahmen. Dabei durften alle diejenigen Banken, welche sich vorzugsweise mit crédit-mobilier-artigen Geschäften befassen, sowie die Hypothekenbanken und die Banque de France keine Berücksichtigung finden.

2) Auch hier liegt der Berechnung die im „Deutschen Oekonomist" vom 17. August 1889 No. 348 enthaltene Statistik zu Grunde. Leider läſst das Acceptkonto wegen mangelnder Angaben einzelner elsaſs-lothringischer Aktienbanken keinen Vergleich zu. — Die Lombardbestände sind im Kontokurrentkonto mitenthalten, da in den Bilanzen der meisten elsaſs-lothringischen Aktienbanken eine Trennung des Lombardkontos vom Kontokurrentkonto nicht stattfindet.

3) Diese Zahlen beziehen sich nur auf 4 Aktienbanken, da die Strafsburger Bank Ch. Staebling, L. Valentin & Co. die Höhe ihres Effektenbestandes gar nicht, und auf

Außer der im Vorhergehenden begründeten Abweichung der Wechselbestände weisen sehr erhebliche Verschiedenheiten nur das Debitoren- und das Kreditoren-Konto auf. Beide Konten repräsentieren den Kontokurrentverkehr. Die Ausdehnung dieses Geschäftszweiges in Elsaß-Lothringen verhält sich zu derjenigen in Altdeutschland wie 5993 zu 3767 oder ungefähr wie 3 zu 2. Diese Erscheinung ist sicherlich durch die in Elsaß-Lothringen größere Wechselcirkulation zu erklären. Der Umstand, daß dieselbe hier weitere Kreise des wirtschaftlichen Lebens berührt als in Altdeutschland, macht eine größere Beteiligung der Handeltreibenden am Kontokurrentverkehr der Banken notwendig. Hier kann der Kaufmann — mag sein Geschäft auch noch so unbedeutend sein — die Hilfe eines Bankiers zur Begebung seiner zahlreichen Wechsel schlechterdings nicht entbehren, in Altdeutschland aber, wo das System der Buchschuldregulierung herrscht, würde ihm eine Bankverbindung in vielen Fällen nur Kosten verursachen. So bedingt die Größe des Wechselverkehrs die im Vergleich zu Altdeutschland ausgedehntere Klientel der elsaß-lothringischen Banken, die größere Zahl ihrer Kontokurrentkunden. Diese aber bildet die Hauptursache für die Höhe ihrer Debitoren- und Kreditorensalden, überhaupt für die Ausdehnung ihres Kontokurrentverkehrs.

Nicht bloß in der Größe, auch in der Form weist der Wechselverkehr Elsaß-Lothringens charakteristische Unterschiede gegenüber Altdeutschland auf. Wir hoben bereits früher hervor, daß unter französischer Herrschaft das billet à ordre bei der Inanspruchnahme des Bankkredites durch den Kaufmann eine bedeutende Rolle spielte. Daran ist durch die Einführung der Allgem. Deutschen Wechselordnung materiell nichts geändert worden. Indes trat an die Stelle des billet à ordre der Solawechsel. Noch heute ist es eine ganz allgemeine in Elsaß-Lothringen übliche Usance, daß der Bankier sich von dem Geschäftsmann, welchem er einen Kredit eröffnet, Solawechsel zur Erhöhung seiner Sicherheit geben läßt. Der Bankier verschafft sich diese rechtlich größere Sicherstellung durch Solawechsel des Schuldners dann, wenn die ihm übergebene Deckung bedeutenden Wertschwankungen unterworfen ist, hauptsächlich aber, wenn eine Inanspruchnahme des Kredits über die Höhe der hinterlegten Deckung hinaus stattfindet. Die Form eines völlig ungedeckten oder Blanko-Kredits ist in Elsaß-Lothringen so gut wie gar nicht gebräuchlich.

Kontokurrentkonto nur die Jahreseingänge und Ausgänge, nicht aber die Debitoren- und Kreditorensalden am Jahresschluß in ihren Bilanzen angiebt. Bei Berechnung dieser Zahlen konnten wir daher auch das Kapital dieser Gesellschaft nicht berücksichtigen.

Der Handeltreibende, welcher beim Einkauf seiner Waren auf die Gunst der Konjunktur warten muß, kommt aber außerordentlich leicht in die Lage, für kürzere oder längere Zeit einen Kredit in Anspruch nehmen zu müssen, für den er nur zum kleinsten Teile eine reale Unterlage stellen kann. In all jenen Fällen findet seitens des Kunden die Ausfertigung von an die Ordre des Bankiers gestellten Solawechseln statt. Der Betrag derselben wird dem Kunden gutgeschrieben abzüglich der Zinsen bis zum Verfalltag. Derartige Kreditwechsel oder crédit-billets, wie der Sprachgebrauch sie bezeichnet, sind bei dem kreditgebenden Bankhause zahlbar gestellt und werden von letzterem am Verfalltage zu Lasten des kreditnehmenden Kunden eingelöst, welcher dagegen der Bank wieder einen neuen Kreditwechsel gleichen Betrages übergiebt u. s. w. Die Prolongation wird so lange fortgesetzt, als das geschäftliche Verhältnis des Bankiers zu seinem Kunden das gleiche bleibt.

In Altdeutschland kennt man ein derartiges Verfahren, wenigstens in derselben Form und Allgemeinheit, nicht. Allerdings herrscht materiell die gleiche Praxis in den östlichen Provinzen Deutschlands, jedoch mit dem formalen Unterschiede, daß dort an die Stelle des Solawechsels des Schuldners das Accept desselben tritt [1]). Der Bankier zieht einen Wechsel auf den Kunden an eigene Ordre. Im Westen Deutschlands hingegen, speziell in den rheinisch-westfälischen Industriebezirken findet bei Ueberschreitung des gedeckten Kredits eine Sicherstellung des Bankiers durch Wechsel überhaupt nicht statt. Dort tritt neben den gedeckten Kredit der reine Personal- oder Blankokredit. Die in Elsaß-Lothringen ganz allgemein und im östlichen Deutschland zum Teil übliche Art der Kreditgewähr bietet dem Bankier erhebliche Vorteile. Einmal besitzt er im Solawechsel bezw. im Accept des Schuldners eine Sicherheit, bei deren Realisierung ihm das beschleunigte Verfahren der prozessualen Wechselstrenge zur Seite steht. Sodann kann er im Bedarfsfalle — und das ist besonders in Zeiten knappen Geldstandes von der größten praktischen Bedeutung — durch Weiter-

---

[1]) Ueberhaupt ist die Form des Solawechsels (richtiger eigener oder trockener Wechsel genannt) zur Beurkundung einer Schuld in Deutschland fast gar nicht gebräuchlich. Nur in einigen Ausnahmefällen pflegt er Anwendung zu finden. So verlangen die Eisenbahn- und Zollverwaltungen zuweilen als Kaution für die einem Handeltreibenden gestundeten Frachten bezw. Zölle die Hinterlegung eines Solawechsels seitens eines kreditwürdigen Bankhauses für Rechnung jenes Kaufmannes. In ähnlicher Weise werden die Aktionäre gewisser Aktiengesellschaften, vornehmlich bei Versicherungsgesellschaften, veranlaßt, den auf sie entfallenden Anteil des noch nicht eingeforderten Teiles des Grundkapitals durch Hinterlegung von Solawechseln beim Aufsichtsrat der Gesellschaft sicherzustellen. Die Weiterbegebung derartiger „Sicherheitswechsel" oder „Depotwechsel" wird in der Regel mit Rücksicht auf ihren besonderen Zweck, als Kaution zu dienen, durch den Vermerk „Nicht an Ordre" unmöglich gemacht.

begebung des Wechsels sich Geld verschaffen. Der an seine Ordre gestellte Wechsel bietet ihm gewissermaßen die Handhabe, den Kredit, welchen er gewährte, zu seinem eigenen Vorteil zu mobilisieren. Nur eine sehr weitgehende Benutzung dieser Möglichkeit läßt es uns verständlich erscheinen, daß das in den elsaß-lothringischen Aktienbanken thätige und im Verhältnis zum Debitorenkonto nur geringe Grundkapital ausreicht, um dem Kreditbedürfnis von Handel und Industrie in so ausgedehntem Maße Rechnung zu tragen, wie dies thatsächlich geschieht. Belief sich doch Ende 1888 bei 4 großen reichsländischen Aktienbanken die Summe der ausstehenden Forderungen auf $286\,^0/_0$ des eingezahlten Kapitals, während sie bei 70 altdeutschen Aktienbanken nur $190\,^0/_0$ des Kapitals betrug.

Den Vorteilen, welche der Bankier aus der in Elsaß-Lothringen üblichen Art der Kreditgewähr zieht, stehen Nachteile auf seiten des Schuldners gegenüber. Die größere oder geringere Kreditwürdigkeit des letzteren bildet naturgemäß den Maßstab für die Berechnung der Risikoprämie, welche er außer dem landesüblichen Zinsfuß dem Bankier bei Inanspruchnahme von Kredit zahlen muß. Im Westen Altdeutschlands ist dem Kunden die Gelegenheit geboten, durch eine bestimmte Form der Verfügung über den ihm eingeräumten Bankierkredit die Höhe der zu zahlenden Zinsen erheblich herabzumindern. Braucht er Geld, so entnimmt er den Betrag durch Abgabe eines Dreimonatswechsels auf den Bankier. Das Accept des letzteren erhöht den Wert des Wechsels so, daß er sich durch Negoziierung desselben an einen Dritten das Geld billiger beschaffen kann, als wenn er es in bar direkt beim Bankier entnommen hätte. Diese Art der Verfügung über den Bankierkredit (Acceptkredit) ist indessen in den Reichslanden nur wenig gebräuchlich, da der elsaß-lothringische Bankier im Falle einer plötzlich eintretenden Geldklemme nicht gesonnen ist, sich durch Acceptierung von Kreditwechseln für die ungewisse Zukunft zur Zahlung bestimmter Summen rechtlich zu verpflichten. Beim Solawechsel ist das anders. Gegen diesen erhält der Schuldner das bare Geld, und hält der Bankier beim Verfall der Schuldforderung eine Prolongation nicht für geraten, so kann er die Zahlung dem Aussteller des Eigenwechsels zuschieben, da er als Zahlungsadressat rechtlich nicht zur Einlösung verpflichtet ist. Um nun die teuere Bankierprovision in Elsaß-Lothringen einigermaßen herabzumindern, kommt es nicht selten vor, daß der elsaß-lothringische Kaufmann zu demselben unreellen Mittel greift, das ehedem vielfach angewendet wurde, um die Diskontierung bei der Banque de France zu ermöglichen, nämlich zur Beschaffung einer Gefälligkeitsunterschrift, so daß bei Begebung des Wechsels nur der landläufige Zinsfuß in Anrechnung gebracht wird. Die gefährlichen Folgen dieses Mißbrauchs haben sich unlängst bei dem Zusammenbruch einer bedeutenden Straßburger Baufirma gezeigt[1]).

Im großen und ganzen aber steht das Privatbankwesen in Elsaß-Lothringen auf einer gesunden Basis. Daß hier die Aktiengesellschaft auf dem Gebiete des Bankwesens ihre volle Berechtigung hat, zeigt die gedeihliche Entwicklung der einzelnen Kreditinstitute, die in dieser Form der gesellschaftlichen Unternehmung begründet wurden. Den Anforderungen des modernen wirtschaftlichen Verkehrs in vollem Umfange gerecht werdend, nehmen sie einen wichtigen Anteil an der Befriedigung der kreditwirtschaftlichen Bedürfnisse der Reichslande. Hier und da sind sie sogar aus dem Rahmen dieses natürlichen Wirkungskreises hinausgetreten und haben ihre Thätigkeit auf Altdeutschland und Frankreich durch Gründung von Zweiganstalten zum Teil nicht ohne Erfolg ausgedehnt. In erster Linie sind aber die größeren Städte im Lande selbst als Centren des einheimischen Handels und Verkehrs, als Hauptsitze einer bedeutenden Großindustrie von internationaler Bedeutung das Hauptgebiet, auf welchem ihre Kapitalien eine zweckmäßige Anlage suchen und finden. Die direkte Verbindung mit den Haupthandelsplätzen der civilisierten Welt, in hervorragendem Maße die direkte Fühlung mit den Börsen in Paris, Frankfurt a./M. und Berlin gestattet ihnen, sich der ihnen zu Teil werdenden Aufträge in promptester Weise zu entledigen.

Die Leiter der großen Aktienbanken sind ausnahmslos Männer der Praxis, die, meist noch aus der französischen Zeit stammend und in ihrem heutigen Wirkungskreis aufgewachsen, im Laufe der Jahre sich eine genaue Kenntnis von Land und Leuten erworben haben. Das ist aber gerade in Elsaß-Lothringen, dessen Kreditorganisation noch heute so viele Spuren einer besonderen Entwickelung aufzuweisen hat, von der größten Wichtigkeit. Wir sehen das bestätigt an den traurigen Schicksalen, welche die Zweigniederlassungen von altdeutschen Aktienbanken in den Reichslanden zu Anfang der siebziger Jahre erlitten haben. Nur die wenigsten Pflanzen gedeihen in jedem Boden. So mußten jene altdeutschen Unternehmungen der einheimischen Konkurrenz weichen, die in ihrem Gebahren durch eine eingehende Kenntnis der herrschenden Gebräuche und Gewohnheiten unterstützt wurde.

---

1) Vgl. „Strafsburger Post" von 1889. No. 128—134. Prozefsverhaudlungen Petiti-Lachappelle.

Die Einzelunternehmung auf dem Gebiete des Bankwesens unterscheidet sich von der Aktienbank in Elsaß-Lothringen nur durch die geringere Ausdehnung ihres Betriebes. Der Wirkungskreis derselben ist lokal begrenzter, ihre Umsätze und ihr Verdienst sind kleiner — eine natürliche Begleiterscheinung des geringeren in ihnen arbeitenden Kapitals. Die geringe Höhe des letzteren verbietet auch der Einzelunternehmung die Beteiligung an größeren Finanzoperationen, so an der Emission von Anleihen, an der Gründung industrieller Gesellschaften, oder sie läßt die Beteiligung an derartigen Geschäften nur in einem verschwindend kleinen Maße zu. Nur eine Schattenseite zeigt das Bankiertum. Man findet häufig, daß die kleinsten Bankiers die höchsten Zinsen in Anrechnung bringen. Speziell bei den Landbankiers in Elsaß-Lothringen steht der Wucher noch in hoher Blüte [1]. Durch Errichtung genossenschaftlicher Kassen und gesetzliche Reformen des Hypothekenwesens sucht man eine Aufbesserung der herrschenden Mißstände anzustreben. Neuerdings erst wurde in Straßburg auf Grund des Reichsgesetzes über die Erwerbs- und Wirtschaftsgenossenschaften vom 1. Mai 1889 die „Kreditgenossenschaft für Elsaß-Lothringen" mit beschränkter Haftpflicht, welche mit der Berliner Centralgenossenschaft in Verbindung steht und speziell die Erteilung ländlichen Kredits und Bekämpfung des Wuchers anstrebt, gegründet. Mit dem 1. Januar 1890 erst hat die Genossenschaft, deren Mittel übrigens bis jetzt eine nennenswerte Höhe nicht erreicht haben, den Betrieb eingeleitet. Ein Urteil über ihr Wirken fällen zu wollen, würde daher verfrüht sein.

Die Aufgaben, welche den Privatbanken in Elsaß-Lothringen im Allgemeinen zufallen, sind wie überall außerordentlich vielseitig und in ihrer Erfüllungsart abhängig von den konkreten Bedürfnissen, welche die im Lande entwickelten Hauptzweige des Handels und der Industrie hervorrufen. In der Erfüllung ihrer Aufgaben ist die Einzelunternehmung am beweglichsten, sie ist nicht wie die Aktienbank durch Statuten gebunden. Freilich ist auch bei der Privataktienbank die Beweglichkeit noch eine sehr große. Ihr Wirkungskreis ist zwar meist ausgedehnter als derjenige der Einzelunternehmung, aber immerhin ist er nicht groß genug, um erhebliche Verschiedenheiten bei der Inanspruchnahme des Kredits in die Erscheinung treten zu lassen. Der Gesellschaftsvertrag richtet sich in den Befugnissen, die dem Institut eingeräumt werden, nach den lokalen Gebräuchen und Bedürfnissen. Anders ist es bei der Reichsbank, deren Filialnetz das ganze Deutsch-

---

[1] Vgl. Metz: Der Wucher auf dem Lande, a. a. O.

land bedeckt. Die Normen für ihren Geschäftsbetrieb sind durch das Bankgesetz einheitlich fixiert. Der Notenemission und dem Giroverkehr auf der einen Seite steht das Diskont- und das Lombardgeschäft auf der anderen Seite gegenüber. Bestimmungen, die im volkswirtschaftlichen Interesse aufs peinlichste innegehalten werden müssen, fixieren Art und Ausdehnung des Betriebes auf das genaueste.

Betrachten wir die Aufgaben, welche den Privatbanken in Elsaß-Lothringen neben der Reichsbank zukommen, etwas näher. Im Diskontgeschäft tritt naturgemäß der Wettbewerb zwischen der Reichsbank und den Privatbanken am schärfsten hervor. Dennoch ist er in Wirklichkeit nicht so stark, wie es den Anschein hat; insofern nämlich durch die Verschiedenheit in den Anforderungen, welche auf der einen und auf der anderen Seite an die formalen und sachlichen Eigenschaften der zum Diskont angebotenen Papiere gestellt werden, gewissermaßen ein Ausgleich durch Scheidung des vorhandenen Materials geschaffen wird. Bei dem hohen Werte, den die Reichsbank auf die zweifellose Sicherheit und die Formgerechtheit der ihr zum Kauf angebotenen Papiere legen muß, zieht nur ein Teil des Handelsstandes direkte Vorteile von ihren Einrichtungen. In sehr vielen Fällen ist auch heute noch die Privatbank das Bindeglied zwischen der Handelswelt und der Centralbank. Die notwendige Beschränkung der Reichsbank auf bestimmte, wenige Geschäfte veranlaßt ganz wie ehedem den Kaufmann, welcher der Unterstützung eines Bankiers nicht entraten kann, die Dienste des letzteren ausschließlich in Anspruch zu nehmen, selbst wenn die Möglichkeit für ihn vorliegt, einzelne Geschäfte direkt mit der Reichsbank unter Umgehung des Privatbankiers abzuschließen. Speziell als Bindeglied zwischen dem Kleinverkehr und der Reichsbank kommt den Privatbanken eine hohe Bedeutung zu. Die meisten der diesem Verkehr gerade in Elsaß-Lothringen entspringenden Kreditpapiere genügen vielfach nicht den Bestimmungen der Reichsbank.

Die ureigene Domäne der Privatbanken ist aber der außerordentich weite Kreis all' der Geschäfte, deren Betrieb durch die Centralbank nicht erfolgen darf, oder derjenigen, bei deren Abschluß ein nennenswerter Wettbewerb seitens der Reichsbank nicht stattfindet. An erster Stelle ist hier das Kontokurrentgeschäft zu nennen, die Eröffnung einer laufenden Rechnung und die Erteilung eines durch größere oder geringere Sicherheiten gedeckten Kredits. Die Diskontierung der hierbei entstehenden Kreditwechsel seitens des kreditgebenden Bankhauses mag beiläufige Erwähnung finden. Innerhalb oder außerhalb des Kontokurrentverkehres vermitteln die Privatbanken eine Reihe anderer Geschäfte, die für sie zu einer je nach ihrer Ausdehnung mehr oder minder ergiebigen Quelle des Verdienstes werden. Der bedeutende Wechselverkehr des Landes hat das Inkassogeschäft, die Einziehung von Wechseln für Rechnung und im Auftrage Dritter, in Elsaß-Lothringen eine größere Ausdehnung gewinnen lassen, als anderwärts in Deutschland. Die Usance, den Fälligkeitstermin der Wechsel auf den ersten oder auf einen durch 5 teilbaren Tag des Monats zu stellen, die große Anzahl der Inkassowechsel selbst, die den Banken aus allen Gegenden von ihren zahlreichen Korrespondenten zugehen, ermöglicht ihnen, außergewöhnlich billige Tarifsätze für die Einziehung der einzelnen Appoints in Anrechnung zu bringen. Selbst Wechsel auf französische Plätze fließen zum Inkasso vielfach aus Altdeutschland zunächst nach Elsaß-Lothringen, weil die innige Geschäftsverbindung der reichsländischen Privatbanken mit Frankreich auch die Einziehung solcher Papiere zu sehr niedrigen Sätzen ermöglicht. Für die einheimische Industrie und den Handel aber liegt die Regulierung aller Forderungen zwischen Inland und Ausland in den Händen der Privatbanken. Besonders führt diesen die für den Weltmarkt arbeitende oberelsässische Baumwollindustrie bedeutende Gewinne zu. Einen für Kreditbanken verhältnismäßig hohen Grad der Ausbildung hat ferner das Effektengeschäft und die Beteiligung an industriellen Unternehmungen und der Emission und Uebernahme von Anleihen erreicht. Die Anlage in Wertpapieren einschließlich Konsortialbeteiligungen für eigene Rechnung belief sich Ende 1889 bei 4 großen Aktienbanken auf 11,189 Millionen M. oder auf 52,9 %, des eingezahlten Aktienkapitals. Für Rechnung Dritter wurden pro 1889 allein von der Bank von Elsaß und Lothringen für ca. 48 Millionen M. Börsenaufträge effektuiert. Hand in Hand mit dem Kommissionseffektengeschäft geht die Einlösung der Zinsscheine. Zum Schlusse mag noch des neben dem Passivkontokurrentgeschäft betriebenen verzinslichen Depositenverkehrs der elsaß-lothringischen Kreditinstitute gedacht werden, der bereits lange vor der Annexion durch die Société générale gepflegt wurde. Heute hat sich der Checkverkehr auf Grund von Hinterlegung verzinslicher Depositen bei allen Aktienbanken sowie bei den größeren Einzelunternehmungen eingebürgert.

So sehr wir aber von der Notwendigkeit und Ersprießlichkeit des Betriebes bei den elsaß-lothringischen Privatbanken überzeugt sind, um so weniger vermögen wir uns mit den äußeren Formen ihrer Geschäftsführung einverstanden zu erklären. Speziell die Aktienbanken weisen in dieser Hinsicht erhebliche Mängel auf, deren Beseitigung indes nur durch deren eigene Initiative herbeigeführt werden kann. Das Prinzip der Publizität ist bei ihnen in äußerst mangelhafter Weise durchgeführt. Die frühere ängstliche Geheimhaltung der Resultate des Bankbetriebes sollte heute doch als überwundener Standpunkt längst erkannt sein, aber gerade bezüglich der Vollständigkeit und Durchsichtigkeit der Bilanzen und Jahresberichte steht Elsaß-Lothringen weit hinter dem übrigen Deutschland zurück. „Bilanzen, Rechnungsabschlüsse und Jahresberichte — sagt Wagner[1]) — haben vor vielen anderen statistischen Dokumenten den Vorzug, daß sie in den Zahlen absolut genau sein können und müssen. Aber auch sie enthalten in der Hauptsache nur Quantitäts-, nicht Qualitätsangaben, ein Mangel, welcher gerade im Bankwesen oft verhängnisvoll geworden ist. Auf die Qualität der Bankaktiva und Bankpassiva kann nur durch eine richtige Spezialisierung der Quantitätsangaben einigermaßen zurückgeschlossen werden. Diese Spezialisierung ist daher das wichtigste Erfordernis, sonst verlieren die Veröffentlichungen sehr, ja fast ganz an Wert." Die von den elsaß-lothringischen Aktienbanken veröffentlichten Abschlüsse gestatten in gar vielen Fällen zur zuverlässigen Beurteilung der Geschäftsthätigkeit keinen hinreichenden Einblick. So fehlt in den von der Bank von Elsaß und Lothringen veröffentlichten Jahresabschlüssen nicht nur jede Angabe, aus welchen Quellen der Gewinn resultiert, sondern es ist sogar die Gesamtsumme des Bruttogewinnes nicht angegeben. Das Gewinn- und Verlustkonto verzeichnet vielmehr als einzigen Habenposten nur diejenige Summe, welche aus dem Bruttogewinn verbleibt, nachdem davon der „Verlust bei Konkursen und zweifelhaften Forderungen" abgeschrieben worden. Weder dient die Verwaltung mit einer derartigen mangelhaften Veröffentlichung den Aktionären, indem sie diesen jeden Einblick in die Thätigkeit der Bank entzieht, noch dem Interesse des Institutes selbst, da das Publikum — wie sich die Frankfurter Zeitung s. Z. sehr richtig ausdrückte — für diese auffallende Schweigsamkeit der Verwaltung natürlich ganz besondere Gründe sucht, besonders nachdem gerade die Bank von Elsaß und Lothringen in früheren Jahren bedeutende Abschreibungen auf Verluste vorzunehmen hatte, und nachdem der Straßburger Platz gerade im Jahre 1888 durch den Zusammenbruch einer großen Baufirma ziemlich stark in Mitleidenschaft gezogen wurde.

Aehnliche Mängel findet man bei fast allen Aktienbanken in Elsaß-Lothringen. Besonders lassen die Jahresberichte an Vollständigkeit

---

1) a. a. O. S. 85.

und Ausführlichkeit noch recht viel zu wünschen übrig. Der Erfüllung dieser Anforderungen stehen gar keine Schwierigkeiten im Wege; — ist sie doch bei den Jahresberichten noch leichter als bei den Bilanzen, weil die Rücksicht auf Raum und Uebersichtlichkeit keine Hindernisse verursacht. Vor allem kommt es darauf an, mit Sicherheit aus dem veröffentlichten Status einer Bank auf ihre Liquidität Rückschlüsse zu ziehen [1]). Das ist jedoch bei manchen elsaß-lothringischen Banken vollständig ausgeschlossen, da vielfach eine Scheidung der Debitoren nach ihrer Qualität in Bankiersdebitoren und diverse Debitoren nicht gemacht wird. Eine endgültige Beseitigung dieser Mißstände erscheint daher dringend wünschenswert. Eine solche würde u. E. am besten dadurch zu erreichen sein, daß in die Statuten der einzelnen Gesellschaften präzise Bestimmungen hinsichtlich Form und Inhalt der zur Kenntnis des Publikums zu bringenden Jahresberichte aufgenommen werden. Im Wege der Gesetzgebung sind derartige spezialisierte Anordnungen nicht zu erwarten und auch wohl nicht anzustreben. Im Prinzip sollten sich die Aktienbanken bei Aufstellung ihres Jahresberichtes die Verwaltungsberichte der Deutschen Reichsbank bezüglich Vollständigkeit, Ausführlichkeit und Klarheit zum Muster nehmen. Die Mängel in der Form der veröffentlichten Bilanzen und Geschäftsübersichten konnten wir selbstredend nur für eine Gruppe der Privatbanken konstatieren, nämlich für die Aktiengesellschaften und die Kommanditgesellschaften auf Aktien, da nur für diese die gesetzliche Verpflichtung zur Veröffentlichung der Bilanz, sowie der Gewinn- und Verlustrechnung vorliegt[2]). Bei allen Privatbanken in Elsaß-Lothringen aber finden sich noch andere sehr charakteristische Eigentümlichkeiten in der Form der Geschäftsführung, die uns zwar erklärlich, aber deshalb nicht weniger unberechtigt erscheinen.

Buch und Rechnung werden noch wie vor der Annexion in der Frankenwährung geführt. Das geschieht auch seitens der Aktienbanken mit alleiniger Ausnahme der Bodenkreditgesellschaft. Die Tragweite dieses Gebahrens ist sehr groß, weil dadurch ein unheilvoller Einfluß auf den ganzen wirtschaftlichen Verkehr des Landes ausgeübt

---

[1]) Allerdings ist ein liquider Status auch nicht immer als Kriterium für die stete Realisationsfähigkeit der Aktiva anzusehen, wenn man weifs, wie beim Herannahen des Jahresschlusses die Aktiengesellschaften bestrebt sind, ihren Effektentresor zu leeren und ihre Kassen dagegen zu füllen. Hat man am 31. Dezember hier die hohen, dort die niedrigen Bestände in die Bilanz aufgenommen, so hat jener flüchtige Sylvesteraufputz seinen Zweck erfüllt. Man beeilt sich, die grofsen Summen brach liegenden baren Geldes wieder durch zinstragende Wertpapiere zu ersetzen. Namentlich an Börsenplätzen, wo man die Schwankungen der Kurse in nächster Nähe beobachten kann, sind derartige Manöver ganz allgemein gebräuchlich.

[2]) Gesetz vom 18. Juli 1884, Art. 185 c und 239 b.

wird, dessen Fäden in den Banken zusammenlaufen. Man würde indes fehlgehen, wollte man diese Thatsache als eine Demonstration des elsaß-lothringischen Handelsstandes gegen das Deutschtum auffassen. Sie ist lediglich das Ergebnis der Verhältnisse. Nach der Annexion behielten die Geschäftstreibenden in ihren Büchern die Frankenwährung bei, weil es ihnen zu unbequem erschien, sich von ihrer liebgewordenen Gewohnheit zu trennen [1]). Die vis inertiae ist aber von Alters her besonders im Elsaß sehr stark gewesen. Als weiteres Moment trat hinzu die Beibehaltung der geschäftlichen Beziehungen zu Frankreich. So kam es, daß auch der Bankier, um den Verkehr mit den Kunden zu erleichtern, seine Bücher in beiden Währungen führte und je nach Wunsch seines Kunden ihm den Rechnungsauszug in deutscher oder französischer Währung und Sprache ausfertigte. Die Verzeichnisse, welche von den Privatbankiers der Reichsbank mit den zu diskontierenden Wechseln eingereicht werden (bordereaux), enthalten meist die Wechselbeträge in beiden Währungen. Bei Ausstellung von Wechseln bedient sich der Elsaß-Lothringer durchweg der französischen Sprache, vielfach auch der Frankenwährung. Die Zahl der auf Franken lautenden Wechsel ist freilich im Laufe der Jahre wesentlich geringer geworden, wohl hauptsächlich infolge der Bestimmung, wonach innerhalb Deutschlands in der Frankenwährung ausgestellte Wechsel auf deutsche Bankplätze vom Diskontverkehr der Reichsbank ausgeschlossen sind. Wie sehr aber im Wechselverkehr die französische Sprache vorherrscht, erhellt allein schon aus dem Umstande, daß sich z. B. von den am 24. Januar 1890 im Platzwechselportefeuille der Reichsbank zu Straßburg befindlichen 2510 Stück Wechseln 1405 Stück, also 56 % mit französischem Kontext befanden.

Unzweifelhaft dürfen wir in den erwähnten Momenten eine Erschwerung des vollkommenen Anschlusses der Reichslande an die deutsche Volkswirtschaft erblicken. Die Beseitigung derselben erscheint demnach im nationalwirtschaftlichen Interesse dringend wünschenswert. An Vorschlägen hierfür hat es denn auch nicht gefehlt. Ein kurz vor Erledigung der Bankfrage im Deutschen Reichstage gegen Ende 1889 in den „Grenzboten" [2]) erschienener Aufsatz, welcher lebhaft für die

---

[1]) Uebrigens ist auch in Altdeutschland Aehnliches zu finden. Schätzt doch heute noch vielfach der Norddeutsche den Wert von Gütern in Thalern, der Süddeutsche in Gulden, weil ihnen die Vorstellung des Wertes in derjenigen Münzsorte, die sie in ihrer Jugend als die geltende kennen lernten, am geläufigsten ist. Dasselbe ist es, wenn die Reichsbank heute noch das Gewicht des in Beuteln verpackten Silbers nach Zollpfunden berechnet.

[2]) No. 41 und 42.

Kündigung der Banknotenprivilegien eintritt und für die Umformung der Deutschen Reichsbank in eine reine Staatsbank plaidiert, führt aus: „Haben wir lediglich eine Reichsbank als reines Reichsinstitut, so kann sie auch zur Beschleunigung der Germanisierung von Elsaß-Lothringen viel beitragen. Sie wird den Firmen, die in ihrer Buchführung u. s. w. französische Sprache und französisches Münzsystem anwenden, dieses Verhalten sehr bald dadurch abgewöhnen können, daß sie nicht bloß mit solchen Französlingen selbst keine Geschäfte macht, sondern auch keine Wechsel ankauft, auf denen irgend welcher Reichsangehörige unter den früheren Wechselverpflichteten sich der französischen Sprache oder französischen Rechnungsweise bedient hat."

Das ist indes leichter gesagt als gethan. Scheint schon ein derartiges rigoroses Vorgehen der Reichsbank unter den vom Verfasser jenes Artikels angestrebten Verhältnissen im Hinblick auf ihren Zweck, den Verkehr zu erleichtern, nicht geboten, so würde dasselbe beim gegenwärtigen Stande der Dinge mit Rücksicht auf die Privatanteilseigner wohl kaum durchführbar sein. In jedem Falle würde aber ein solches Vorgehen nur dahin führen, daß alle jene Wechsel in französischer Sprache — und deren Zahl ist keine geringe — der Reichsbank entzogen würden. Man würde sie umgehen, wo dies nur irgend angängig wäre, ihre wirtschaftliche Aufgabe, für die Nutzbarmachung der ihr zur Verfügung stehenden Gelder Sorge zu tragen, würde in Elsaß-Lothringen illusorisch, und trotz alledem wäre eine sofortige Aenderung der Sachlage nicht zu erwarten. Eine Radikalkur durch landesgesetzliche Regelung, die in der kaufmännischen Buchführung und Rechnung die Reichswährung und den Gebrauch der deutschen Sprache obligatorisch machte, scheint u. E. das einzige und zweckmäßigste Mittel zur Bekämpfung bezw. Ausrottung der herrschenden Anomalien zu sein. Das würde gewiß namentlich in der ersten Zeit sehr viel böses Blut machen; auf die Dauer wird aber der Einsichtigere die notwendige Zweckmäßigkeit einer derartigen Maßregel nicht mehr verkennen, und vor allem würde dadurch die wirtschaftliche Aufgabe der Reichsbank eine erhebliche Förderung erfahren, insofern alle diejenigen Wechsel, die früher im Inlande in der Frankenwährung ausgestellt wurden, jetzt in der Markwährung gezogen würden und damit die Fähigkeit erlangten, an die Reichsbank begeben zu werden.

V. Die Geschäftsthätigkeit der Banken in Elsafs-Lothringen unter dem Einflufs der allgemeinen wirtschaftlichen Lage.

1. Der Geschäftsbetrieb der Banken als Mafstab der allgemeinen wirtschaftlichen Lage.

Gesteigerte Thätigkeit auf allen Gebieten des Handels und der Industrie bedingt stets — und in sehr hohem Maße, wenn sie krankhafter Natur ist — eine erhöhte Inanspruchnahme des Kredits bei der Centralbank des Landes, und umgekehrt wird ein Niedergang der Wirtschaftsthätigkeit einen rückgängigen Einfluß auf die von dem Centralbankinstitute erzielten Resultate ausüben [1]). Nie hat die Preußische Bank größere Umsätze im Diskont- und Lombardverkehr und zugleich größere Gewinne erzielt, wie in jenem Zeitraum der wildesten Spekulation und des Gründertums 1873. So wurden auch von den elsaß-lothringischen Bank-Kommanditen in jenem Jahre die meisten Wechsel angekauft, die größten Gewinne erzielt. Von diesem Zeitpunkte bis heute lassen sich vier Perioden unterscheiden. In der ersten Periode mit weichender Tendenz wird die Inanspruchnahme des Wechselkredits und somit der von der Preußischen bezw. Reichsbank in Elsaß-Lothringen erzielte Gewinn stets geringer, bis er im Jahre 1878 den Tiefpunkt erreicht. Für ganz Deutschland zeigt das Jahr 1879 mit 5 % Dividende den niedrigsten Gewinnstand. Wir wissen, daß es zugleich das Jahr ist, in welchem die Rücksicht auf die wirtschaftliche Lage die Errichtung von Zollschranken zum Schutze

---

[1]) Ueber den Einflufs des Wirtschaftslebens und der Politik auf die Leihthätigkeit der deutschen Reichsbank vgl. die seit 1886 jährlich in dem Schmoller'schen „Jahrbuche für Gesetzgebung, Verwaltung und Volkswirtschaft" erscheinenden Aufsätze von Struck über den „internationalen Geldmarkt".

der einheimischen Wirtschaftsthätigkeit gegen die ausländische Konkurrenz veranlaßte. Im Anschluß an die Aufbesserung der allgemeinen national-wirtschaftlichen Lage erhöhte sich auch die Inanspruchnahme des Bankkredits und demzufolge der Bruttogewinn der Reichsbank. Der Blüte von Handel und Industrie im Jahre 1882/83 entspricht ein Kulminationspunkt der von der Reichsbank in Elsaß-Lothringen wie in Altdeutschland erzielten Gewinne. Eine dritte Periode zeigt wieder eine rückgängige Bewegung, deren Tiefpunkt 1886 erreicht wird. Die Zeit, in der wir leben, gehört einer aufstrebenden Wirtschaftsthätigkeit an, deren Ende bereits erreicht zu sein scheint oder doch nahe bevorsteht.

Die Gesamtsumme der bei den drei elsaß-lothringischen Bankanstalten angekauften Wechsel sowie der daraus und aus dem Lombardverkehr erzielten Gewinne weist folgende Tabelle nach [1]):

Jahr	Wechsel	Gewinne	Jahr	Wechsel	Gewinne
	Tausende Mark			Tausende Mark	
1871	30 634	107	1881	152 950	583
1872	170 978	669	1882	171 153	703
1873	200 684	821	1883	171 977	602
1874	189 077	506	1884	164 036	500
1875	153 488	404	1885	171 076	527
1876	143 557	324	1886	143 905	378
1877	133 272	287	1887	157 217	509
1878	127 225	278	1888	168 430	519
1879	139 638	299	1889	175 358	591
1880	145 184	356			

Fast den gleichen Entwickelungsgang erkennen wir in den von sämtlichen altdeutschen Filialen der Preußischen bezw. Reichsbank angekauften Wechseln, welche in Straßburg, Mülhausen und Metz zahlbar sind. Gleich nach dem Ankauf werden diese „Versandt-Wechsel" von der betreffenden diskontierenden Anstalt an die am Zahlungsorte befindliche Schwesteranstalt eingesandt, und die Summe der daselbst im Laufe der einzelnen Zeitabschnitte von auswärts eingetroffenen Wechsel, bezw. die Höhe ihrer Bestände im Jahresdurchschnitt liefert uns den Nachweis jener Analogie. Die durchschnittliche Höhe der Bestände der eingetroffenen Wechsel betrug aber:

---

1) Näheres in den Anhangstafeln I—IV, wo die analoge Bewegung bei den einzelnen Bankanstalten deutlich hervortritt.

Jahr	Straßburg	Mülhausen	Metz	Elsaß-Lothringen	Jahr	Straßburg	Mülhausen	Metz	Elsaß-Lothringen
	Tausende Mark					Tausende Mark			
1871	835	358	890	2083	1881	2060	1246	1958	5264
1872	1515	770	1228	3513	1882	2056	1244	2108	5408
1873	1985	1318	1452	4755	1883	1906	1145	2147	5198
1874	1564	757	1318	3639	1884	1468	977	1961	4406
1875	1191	613	1269	3073	1885	1522	885	1823	4230
1876	1192	523	1302	3017	1886	1769	881	1659	4309
1877	1041	509	1383	2933	1887	1982	997	1697	4676
1878	1211	574	1401	3186	1888	2139	1001	1941	5081
1879	1365	671	1576	3612	1889	2228	1345	1658	5231
1880	1648	984	1809	4441					

Sieht man von diesen durch die Einwirkung der Wirtschaftserscheinungen verursachten Schwankungen vorstehender Zahlenreihen ab, so vermögen wir unschwer in denselben die Tendenz einer fortschreitenden Entwickelung zu erkennen. Ein langsames, aber stetiges Anwachsen hat unzweifelhaft stattgefunden. Der größte Teil jener Wechsel ist in Deutschland ausgestellt und auf elsaß-lothringische Handelshäuser gezogen. Wie nun die von den elsaß-lothringischen Bankanstalten diskontierten, in Altdeutschland zahlbaren Wechsel als Ziehungen reichsländischer Häuser auf altländische Kunden den Gegenwert reichsländischer Erzeugnisse bilden, die auf dem deutschen Markte Absatz fanden, so stellen sich umgekehrt die Ziehungen altländischer Häuser auf elsaß-lothringische Firmen zum weitaus größten Teile als Schuldregulierungen für die auf dem deutschen Markte gekauften Waren dar. Wir glauben demnach aus dem Anschwellen der durchschnittlichen Bestände derartiger Wechsel ein Wachsen der Handelsbeziehungen der Reichslande zu Altdeutschland folgern zu dürfen. Auf die seit ihrer Begründung in ganz Deutschland wachsende Bedeutung der Reichsbank, wobei auch die Ausdehnung ihres Filialnetzes ins Gewicht fällt, darf die steigende Tendenz aus dem Grunde nicht zurückgeführt werden, weil im gesamten Wechselankauf der Reichsbank eine fortschreitende Größenbewegung durchaus nicht nachgewiesen werden kann[1]).

1) An Wechseln auf das Inland wurden von der Reichsbank in ganz Deutschland angekauft

in Millionen Mark

1876	4123	1881	3662	1886	3559
1877	3824	1882	4001	1887	3953
1878	3356	1883	3800	1888	3918
1879	3369	1884	3780	1889	4336
1880	3485	1885	3559		

Es ist sogar anzunehmen, daß ein Teil jener Wechsel, welche früher dem Portefeuille der Preußischen bezw. der Reichsbank zuflossen — besonders die größeren Beträge — heutzutage bei dem gesteigerten Wettbewerb der Privatnotenbanken anderweitig begeben wird.

Es ist klar, daß die wirtschaftlichen Vorgänge und die dadurch veranlaßten Bewegungen des Geldmarktes sich auch in der Inanspruchnahme des Kredits bei den Privatbanken Elsaß-Lothringens in gewissem Maße widerspiegeln müssen. Natürlich bei weitem nicht mit der Treue, wie dies bei einer staatlichen Centralbank möglich ist. Während Anzahl und Wirkungskreis der Zweiganstalten der Preußischen- bezw. der Reichsbank seit ihrer Gründung in Elsaß-Lothringen bis zum Jahre 1889, in welchem die Nebenstelle in Colmar errichtet wurde, ganz dieselben geblieben sind, wurde der Wirkungskreis der elsaß-lothringischen Privatbanken von ihrer Gründung bis zur Gegenwart bedeutend ausgedehnt. Es erscheinen daher zuweilen in den Berichten jener Institute plötzliche Steigerungen der Umsätze, die lediglich auf eine Erweiterung des Geschäftsumfanges zurückzuführen sind und die geeignet erscheinen, die Einflüsse der wirtschaftlichen Vorgänge auf die Inanspruchnahme des Kredits zu verschleiern. Einen ähnlichen Einfluß üben Erhöhungen des eingezahlten Aktienkapitales. Allerdings wird man sagen können, daß die beiden erwähnten Ausdehnungen des Geschäftsbetriebes bei den Privatbanken durch den Einfluß des Wirtschaftslebens meist selbst bedingt sind, und das ist sicherlich richtig; indes darf man auch nicht vergessen, daß es oft nur akut wirkende Umstände sind, welche eine dauernde Vergrößerung des Betriebes zur Folge haben. Jedenfalls aber bildet der Umstand, daß bei den meisten Privatbanken seit ihrem Entstehen Betriebskapital und Wirkungskreis bedeutenden Wandlungen unterworfen waren, ein Hemmnis für die Untersuchung des Einflusses, welchen das Wirtschaftsleben auf die Inanspruchnahme des Kredits bei den Privatbanken in Elsaß-Lothringen ausgeübt hat, ein Moment, das bei der Reichsbank nicht vorhanden ist. Dazu kommt, daß die Geschäftsführung der Privatbanken genötigt ist, sich weit mehr den lokalen Interessen anzupassen als die Reichsbank. Der Endzweck ihrer Thätigkeit ist lediglich auf Erzielung eines größtmöglichen Gewinnes gerichtet, und um diesen sicher zu erhalten, wird ein größeres Risiko gerne mit in den Kauf genommen. Die Reichsbank dagegen dient vorwiegend nationalwirtschaftlichen Interessen. Im ganzen Reiche verfährt sie bei der Gewährung von Kredit nach den gleichen bewährten fundamentalen Grundsätzen, und ohne aus dem Rahmen dieser herauszutreten, ist sie bestrebt, innerhalb der einzelnen Territorien sich den lokalen Verhältnissen anzupassen.

Die Inanspruchnahme des von den Privatbanken gewährten Kredits unterliegt daher oft Schwankungen der mannigfaltigsten Art, die zuweilen in den Verhältnissen einzelner Kunden begründet sind. Im einzelnen läßt sich somit die Einwirkung des Wirtschaftslebens auf die Leihthätigkeit der Privatbanken nicht verfolgen. Noch weniger kann von einer solchen — im einzelnen Falle zu verfolgenden — Einwirkung auf ihre materiellen Erfolge, die durch ein einziges unglückliches Fallissement in ihrem Kundenkreise zu nichte werden können, die Rede sein. Ja, wenn die von den Privatbanken erzielten Bruttogewinne ohne jeglichen Abzug in den Bilanzen erschienen, ließen sich gewiß auch an der Größenbewegung jener die Schwankungen des Wirtschaftslebens unschwer erkennen. Leider wird aber dieses Prinzip nur von den wenigsten befolgt. Von den 5 größten in Elsaß-Lothringen thätigen Privataktienbanken bildet in dieser Hinsicht nur die Aktiengesellschaft für Boden- und Kommunalkredit eine rühmliche Ausnahme, deren Jahresberichte durchsichtig und vollständig sind. In den Berichten der anderen Gesellschaften erscheinen die Bruttogewinne nach Abzug der Verluste, ohne daß Größe und Spezifikation der letzteren angegeben würde. Die Aufstellung einer vergleichenden Statistik dieser „Bruttogewinne" kann also zu keinem Ergebnis führen.

Wenn wir es nun unternehmen, unter Berücksichtigung der lokalen Verhältnisse im Folgenden Art und Größe des Einflusses der Politik und des Wirtschaftslebens auf die Inanspruchnahme des Bankkredits in Elsaß-Lothringen in zeitlicher Ordnung zu schildern, so müssen wir dieser Darstellung die Entwicklung bei den elsaß-lothringischen Zweiganstalten der Reichsbank zu Grunde legen, indem wir gleichzeitig darauf verweisen, wie auch die Privatbanken durch die Zeitverhältnisse beeinflußt worden sind. Wir werden uns aber in letzterer Beziehung damit begnügen, auf die in den einzelnen Zeitabschnitten erzielten Reingewinne und die zur Verteilung gelangten Dividenden zu verweisen. Aus den Dividenden einiger Jahre läßt sich aber auch nicht ohne weiteres ein Rückschluß auf die Rentabilität eines Unternehmens ziehen, obgleich gerade sie theoretisch ein getreues Spiegelbild der Entwicklung einer Aktienunternehmung sein müßten. „Die Praxis scheidet sich hier von der Theorie. In der That und Wahrheit entsprechen die Dividenden nicht immer den faktischen Verhältnissen, weil oft allerlei künstliche Manipulationen angewandt werden, um eine Dividende herauszubekommen und den Kurs der Aktien dadurch zu halten."[1]). So können uns die von den Privatbanken erzielten Ergebnisse nur einen schwachen Anhalt bieten bei Feststellung des Einflusses der wirtschaftlichen und politischen Verhältnisse auf die Leihthätigkeit der Privatbanken, — sie bedürfen der Ergänzung durch Hervorkehrung der im besonderen für ihre Entwicklung maßgebenden Momente. Einzelne entscheidende Wendepunkte in der deutschen Wirtschaftsgeschichte treten freilich ohne weiteres deutlich in ihnen zu Tage, wie z. B. der seit 1879 hauptsächlich durch die veränderte Zollpolitik begünstigte Umschwung der wirtschaftlichen Konjunktur.

2. Von der Krisis 1873 bis zur Zollreform 1879.

Mit der Umwandlung der Preußischen Bank in die deutsche Reichsbank, mit der Einführung der Markwährung hatte sich ein völliger Umschwung auch in Elsaß-Lothringen auf dem Gebiete des Bank- und Kreditwesens vollzogen. Handel und Verkehr hatten seit der Annexion die verschiedensten Phasen durchlaufen. Besonders hatte das Bestehen der verschiedenen Währungen nebeneinander viele Mißstände heraufbeschworen, die sich allerdings am wenigsten für den Bankier fühlbar gemacht hatten. Bald nach der deutschen, bald nach der französischen Börse hin operierend, hatte er sich die Kursdifferenzen des tarifierten Münzsystems wohl zu Nutze gemacht und sowohl aus der Verschiedenheit der Währungen wie aus dem zeitweilig herrschenden Banknotenwirrwarr die größten Vorteile gezogen. Er hatte wahrlich keine Veranlassung, sich über die damals herrschenden Mißstände zu beklagen, da er stets mit den gegebenen Faktoren geschickt zu rechnen wußte. Ebenso wie die elsaß-lothringischen Filialen der Preußischen Bank in den Jahren 1872 und 1873 die größten Gewinne erzielt hatten, so waren auch die von den reichsländischen Privatbankinstituten in jenen Zeitabschnitten erzielten Resultate außerordentlich günstige gewesen. Die zur Verteilung gelangte Dividende betrug pro 1872 bei der Straßburger Bank Ch. Stachling, L. Valentin u. Co. 10%, bei der Bank von Elsaß & Lothringen 8,84%, bei der Bank von Mülhausen 8%; pro 1873 bei der Straßburger Bank 7%, bei der Bank von Elsaß und Lothringen 9%, bei der Bodenkreditgesellschaft 8%.

Mit der Zeit allerdings war auch der Gewinn der Privatbanken ein geringerer geworden, je mehr Kapital nach Frankreich abfloß, ohne daß es von Deutschland aus in entsprechender Höhe ersetzt worden

---

[1] v. d. Borght, a. a. O. S. 23.

wäre, je mehr sich nach 1873 ein Niedergang der Industrie und des Handels fühlbar machte. Allerdings müssen auch andere Momente hervorgehoben werden, die geeignet scheinen, diesen Ausfall einigermaßen zu decken. Die große Zahl der in Elsaß-Lothringen garnisonierenden Truppen, die vielen Beamten, die an Kommunen und Private gezahlten Entschädigungsgelder, die umfassende Bauthätigkeit des Staates — besonders zu militärischen Zwecken — all' dieses wirkte mit zur Hebung der wirtschaftlichen Entwicklung der annektierten Provinzen, aber es vermochte doch nicht, eine 1874 begonnene und immer mehr zu Tage tretende Stockung im reichsländischen Handel und Verkehr zu paralysieren. Zunächst kamen noch zwei Momente hinzu, welche eine gedeihliche Entwicklung des Bankwesens in Elsaß-Lothringen hintanhielten. Einerseits war dies der Ausbruch des russisch-türkischen Krieges, andrerseits die stets wachsende Konkurrenz süddeutscher Banken. Die geringe Unternehmungslust reduzierte das Kreditbedürfnis, zu dessen Befriedigung hinreichende, Anlage suchende Kapitalien vorhanden waren. Der aus dem Wechselankauf und Lombardverkehr von den elsaß-lothringischen Zweiganstalten der Reichsbank im Jahre 1876 erzielte Gewinn war bis auf 324 000 M. heruntergegangen, während von der Preußischen Bank pro 1875 noch 404 000 M. erzielt worden waren. Die Aktiengesellschaft für Boden- und Kommunalkredit in Elsaß-Lothringen motiviert den Rückgang des pro 1876 erzielten Reingewinnes (M. 315 416,07 gegen M. 423 380,69 im Jahre 1875) wie folgt:

„Wenn die erzielten Resultate denen der früheren Jahre nicht gleichkommen, so finden wir den Grund hierfür in dem abnorm flüssigen Geldstande und der Geldabundanz, welche während des ganzen vorigen Jahres allenthalben bestanden. Letztere im Verein mit dem durch die polititische Lage hervorgerufenen Mißtrauen haben es unmöglich gemacht, bessere Resultate zu erzielen"[1]). An Dividende gelangten zur Verteilung pro 1876 bei der Straßburger Bank Ch. Staehling, L. Valentin u. Co. 7½ % (gegen 8 % des Vorjahres), bei der Bank von Elsaß und Lothringen 6 % (gegen 7 % des Vorjahres), bei der Bodenkreditgesellschaft 6 % (gegen 8 % des Vorjahres) und bei der Bank von Mülhausen 5 % (gegen 5 % des Vorjahres).

Naturgemäß mußte diese immer mehr sich steigernde Ermattung auf wirtschaftlichem Gebiete in Elsaß-Lothringen auch äußerlich zum Ausdruck kommen. Schwache Handelsfirmen brachen 1876 und 1877

---

[1]) Jahresbericht der Aktiengesellschaft für Boden- und Kommunalkredit für 1876.

in ungewöhnlich großer Zahl zusammen. Im Unterelsaß allein fallierten 1876 siebzehn ins Handelsregister eingetragene Handelsfirmen, fünf weitere stellten ihre Zahlungen ein und arrangierten sich mit ihren Gläubigern auf außergerichtlichem Wege. In demselben Jahre fallierten außerdem zweiunddreißig Handels- und Geschäftsleute, die nicht ins Handelsregister eingetragen waren. Noch ungünstigere Verhältnisse weist die Fallissementsstatistik des Jahres 1877 für das Unterelsaß nach, wo dreiundzwanzig eingetragene Firmen in Konkurs gerieten, acht nach erfolgter Zahlungseinstellung sich außergerichtlich mit den Gläubigern abfanden, und dreißig nicht eingetragene Handels- und Geschäftsleute den Konkurs anmeldeten [1]). Auch das bisher gut accreditierte Bankhaus Fr. Sim. Meyer in Straßburg war infolge hoher an unglückliche Getreidespekulanten gewährter Kredite zusammengebrochen. Eine andere Straßburger Bankfirma Les fils de Louis Bloch, die bei den veränderten Zeitverhältnissen nicht sonderlich prosperierte, fusionierte mit der kapitalkräftigeren Aktiengesellschaft der Bank von Mülhausen.

Inzwischen war die Goldwährung in den Reichslanden mehr und mehr heimisch geworden. Ein Rückfluß an Thalern zur Bank machte sich bemerkbar, und die als Zahlungsmittel so sehr beliebte Goldkrone wurde in solchen Mengen verlangt, daß die Reichsbank kaum den gestellten Anforderungen zur Deckung des Bedarfes gerecht werden konnte. Nicht allein durch die besonders in den oberelsässischen Industriebezirken ganz allgemein gewordene Verwendung der Krone zu Löhnungszwecken [2]) verteilte sich das Gold mehr und mehr in die kleinsten Kanäle des alltäglichen Verkehres, auch auf dem Lande wurde es gerne vom wohlhabenden Bauer, der stets eine große Abneigung gegen das Papiergeld zeigt, benutzt, um die Ersparnisse in dieser Münze anzulegen.

Die schlechtesten Jahre für Handel und Industrie waren 1878 und 1879. Die elsaß-lothringischen Filialen der Reichsbank haben

---

1) Die statistischen Angaben gründen sich auf Mitteilungen des Kais. Handelsgerichtssekretariates in Straßburg.

2) Das Verlangen nach Gold war ein andauerndes. Im Jahre 1881 beklagten sich Colmarer Bankhäuser über den Mangel an Gold und Scheidemünzen. Auf ein an die Reichsbankstelle zu Mülhausen gerichtetes Gesuch der Handelskammer in Colmar um Abstellung des Mangels wurde geantwortet, dafs der Markt immer mit der nötigen Quantität Silbermünzen versorgt werden könne, dafs es aber der Reichsbank unmöglich sei, besonders auf eigene Kosten überall dorthin, wo ein Bedürfnis vorliege, Gold zu versenden. Bereits bei dieser Gelegenheit wurde von der Handelskammer in Colmar die Frage erörtert, ob es nicht im Interesse des Platzes liege, daselbst eine Zweiganstalt der Reichsbank zu errichten. Vgl. Jahresbericht der Colmarer Handelskammer 1881, S. 11.

nie weniger Wechsel diskontiert, nie einen geringeren Gewinn erzielt, als im ersteren dieser beiden Zeitabschnitte. Ein völliges Darniederliegen der oberelsässischen Baumwollindustrie, Stockung im Absatze der Produkte erzeugten eine Geschäftslosigkeit, wie sie sich in normalen Zeiten nie bemerkbar gemacht hatte. Der Produktenhandel des Unterelsasses litt unter den Folgen der Mißernte des Jahres 1877. Der Wohlstand des Landmannes war ernstlich gefährdet; es machte ihm Schwierigkeiten, seinen Verpflichtungen nachzukommen. Die Ausbeutung durch Wucherer erreichte bei dem Mangel einer Organisation des ländlichen Kredits eine große Ausdehnung.

Zur Aufnahme von Kredit bediente sich der Bauer infolge der mangelhaften Hypothekengesetzgebung und der hohen Enregistrementsgebühren häufig des Wechsels [1]). Bei den Schwierigkeiten, Geld auf anderem Wege zu erhalten, erschien ihm die Wechselform am billigsten und einfachsten, so wenig sie sich auch zur Aufnahme langterminlicher Kredite, wie der Landmann sie benötigt, empfiehlt. Von humanen Gläubigern wurden derartige Wechsel bei Verfall stets prolongiert, indes birgt die Anwendung eines Schuldtitels, welcher auf Tag und Stunde bezahlt werden muß, eine unleugbare Gefahr in sich. Bietet sie doch dem gewissenlosen Wucherer eine Handhabe, den Bauer in der schamlosesten Weise auszubeuten. Die Schuldverhältnisse des elsässischen Bauernstandes, der ursprünglich sehr konsumtionsfähig, bis zu einem gewissen Grade an Luxus gewöhnt war, hatten sich im Laufe der Jahre infolge verschiedener Mißernten sehr verschlechtert. Erst in neuerer Zeit hat man durch Errichtung ländlicher Darlehnskassen und Kreditgenossenschaften, durch gesetzliche Reformen im Hypothekenwesen, vor allem durch die Einführung des Grundbuches der weiteren Verschuldung des ländlichen Besitzes im Elsaß Einhalt zu bieten gesucht; die Erfolge sind aber bis jetzt noch nicht von großem Belang.

. Die Rückwirkung des Mißwachses im Jahre 1877 einerseits, die hochgehende Spekulation des elsaß-lothringischen Getreidemarktes infolge des russisch-türkischen Krieges und die Furcht vor weiteren politischen Wirren andrerseits hatten gegen Ende des Jahres 1878 eine größere Leihthätigkeit bei den Banken hervorgerufen. Fast das

---

[1]) Die Aktiengesellschaft für Boden- und Kommunalkredit, obgleich zum Zwecke der Gewähr hypothekarischer Darlehen gegründet, machte doch auf diesem Gebiete verhältnismäfsig wenig Geschäfte, weshalb die Gesellschaft durch Generalversammlungsbeschlufs vom 8. Mai 1880 ermächtigt wurde, auch aufserhalb Elsafs-Lothringens in Süddeutschland hypothekarische Darlehen zu gewähren. Vgl. Statuten der Gesellschaft.

ganze Jahr hindurch war der Geldstand ein äußerst flüssiger gewesen, und dementsprechend auch größere Summen zu sehr niedrigem Zinssatze verfügbar. Bereitwilligst hatte der französische Markt und die süddeutschen Notenbanken ihre Kapitalien dem reichsländischen Handel und Verkehr zur Verfügung gestellt [1]). Aber bei dem Stillstand vieler Betriebe, bei der allgemeinen Unlust zur Produktion bediente man sich ihrer kaum. War doch das Angebot des einheimischen Kapitales selbst viel zu groß, um Beschäftigung zu finden. Zu Börsenspekulationen hat der Elsaß-Lothringer nie geneigt, und so erklärt es sich, daß den geachteten und vertrauenswürdigen Privatbanken besonders im Anfange des Jahres 1878 bedeutende Summen von Depositengeldern zuflossen. Erhielt hier der Kapitalist auch nur eine geringe Nutzung, so schätzte er diese doch höher als den unsicheren Gewinn, den ihm die Anlage seiner Kapitalien in der Industrie oder an der Börse verhieß. Belief sich doch beispielsweise die Summe der Guthaben auf Depotkonto (Checkkonto) am 31. Dezember 1877 bei der Bank von Elsaß und Lothringen auf 6 549 311 Frcs. (gegen 4 450 081 Frcs. pro 1876 und 4 568 482 Frcs. pro 1878), eine Höhe, die weder vorher noch nachher je erreicht worden ist [2]). Bei der Bank von Mülhausen stieg die Höhe der Kreditorensalden von 6,346 Millionen M. Ende 1876 auf 11,056 Millionen M. Ende 1877. Das Institut brauchte einen Teil dieser ihm im Kontokurrentverkehr zufließenden Gelder zur Ausdehnung seines Wirkungskreises durch Gründung von zwei neuen Zweiganstalten in Straßburg (1. Juli) und in Epinal (15. Septbr. 1877).

Bei dem Zusammenwirken dieser verschiedenartigen Konjunkturen kann es uns nicht Wunder nehmen, daß die Gesamtsumme der im Jahre 1878 von den elsaß-lothringischen Reichsbankanstalten diskontierten Wechsel (127 Millionen M.) und der ihnen daraus zufließende Gewinn (0,287 Millionen M.) einen tieferen Stand erreichte als in irgend einem vorhergehenden oder nachfolgenden Jahre. Daß auch die

---

[1]) Während der Diskont der Reichsbank pro 1878 im Durchschnitt 4,34 % betrug, war derjenige der Bank von Frankreich nur 2,36 %.

[2]) Die Höhe der Guthaben der Kundschaft betrug bei der Bank von Elsaß und Lothringen am 31. Dezember

1875	Frcs.	5 872 457	1883	Frcs.	6 191 464
1876	„	4 450 081	1884	„	6 033 603
1877	„	6 549 311	1885	„	5 925 916
1878	„	4 568 482	1886	„	5 559 516
1879	„	4 166 344	1887	„	3 321 652
1880	„	4 787 533	1888	„	2 805 481
1881	„	6 082 188	1889	„	3 083 369
1882	„	6 464 046			

größeren Privatbanken nicht unerheblich durch die Zeitverhältnisse beeinflußt wurden, zeigt der Umstand, daß die von den vier größten elsaß-lothringischen Aktienbanken pro 1878 an die Aktionäre verteilte Dividende im Durchschnitt niemals geringer war, als gerade in diesem für Handel und Industrie so unglücklichen Jahre. Von 7% für das Jahr 1875 sank sie auf 6,1% in 1876, um sich im darauf folgenden Jahre wieder auf 6,27% zu erheben. 1878 ging sie bis auf 6% als tiefsten Stand herab und stieg dann wieder 1879 auf 6,75%, 1880 sogar auf 7,6%. Der ungemein flüssige Geldstand jener ersten 1879 endigenden Periode hat besonders auf die Thätigkeit und die Resultate der Bodenkreditgesellschaft einen hemmenden und nachteiligen Einfluß ausgeübt, denn unter den gegebenen Verhältnissen war es für dieses Institut äußerst schwierig, die bedeutenden Summen, die demselben in seiner Eigenschaft als Bankier der Landesregierung zuflossen, und welche der letzteren verhältnismäßig hoch verzinst werden mußten, gut rentierbar und doch jederzeit verfügbar anzulegen. Die Gesellschaft war genötigt, ein starkes Wechselportefeuille zu unterhalten, was natürlich bei dem niedrigen Stande des Geldmarktes keine ergiebigen Resultate abwerfen konnte[1]).

3. Von der Zollreform bis zur französischen Börsenkrisis 1882.

Bereits im Laufe des Jahres 1879 zeigt sich eine langsame Besserung der Verhältnisse, ein stärkeres Kreditbedürfnis tritt mehr und mehr hervor, stetig wachsend bis zum Jahre 1882/83, wo abermals ein Kulminationspunkt erreicht wird. Allerdings sind die erzielten Resultate nicht so glänzend wie im Jahre 1873, dafür sind sie aber auch unter sichereren Verhältnissen gewonnen, dem legitimen Geschäftsverkehr entsprungen. Von hervorragendem Einfluß auf die günstigere Gestaltung der wirtschaftlichen Lage in Elsaß-Lothringen ist ohne Zweifel der gewaltige Umschwung in der Zollpolitik des Deutschen Reiches gewesen, der sich im Laufe des Jahres 1879 vollzog. Die Interessen des Reiches fielen zusammen mit den agrarischen und industriellen Interessen. Der Schutzzoll verhieß Hilfe. Auf der einen Seite wurden durch ihn die Reichseinnahmen vergrößert, die Matrikularbeiträge der Einzelstaaten verringert — dadurch konnte das Reich finanziell unabhängiger von jenen, ja sogar für die Bundesstaaten finanziell nützlich werden —, auf der anderen Seite wurde die aus-

---

1) Vgl. Jahresbericht der Bodenkreditgesellschaft für 1878.

ländische Konkurrenz ausgeschlossen, dem weiteren Sinken der Getreidepreise Einhalt geboten. Auf die Rede des Reichskanzlers im Februar 1879 war das Reichsgesetz vom 15. Juli gefolgt, welches den handelspolitischen Umschwung vollendete. Für den Getreidebau, die Baumwoll- und die Eisenindustrie Elsaß-Lothringens haben sich die Wirkungen sichtbar geäußert. Die veränderte Zollpolitik verwies die Reichslande stärker auf den deutschen Markt, eine größere Menge deutscher bankfähiger Wechsel wurde geschaffen, der Bankkredit stärker in Anspruch genommen. Es ist nicht zu bezweifeln, daß die Schutzzollpolitik für die Verknüpfung der reichsländischen Beziehungen mit den deutschen Handelsinteressen von sehr großer Bedeutung gewesen ist.

Namentlich von den beiden in Elsaß-Lothringen hauptsächlich vertretenen Industriezweigen, der oberelsässischen Baumwollindustrie und der lothringischen Eisenproduktion, war der Schutzzoll mit Sehnsucht herbeigewünscht worden, in der That ein sehr begreiflicher Wunsch, wenn man bedenkt, wie unendlich schwierig sich die Lage der elsaß-lothringischen Industrie durch die Annexion gestaltet hatte. Der elsaß-lothringische Industrielle hatte sich einer auf langjährige Erfahrung gegründeten Kenntnis des Absatzgebietes erfreut. Befriedigende Kreditverhältnisse und solide Handelsusancen, die Annehmlichkeiten eines wohlgeordneten Münzsystems und vor allem ein ziemlich hoher Zollschutz hatten das Ihrige dazu beigetragen, den Betrieb zu erleichtern und zu vereinfachen. Alles das war ihm durch die Annexion verloren gegangen, ohne daß ihm ein ausreichender Ersatz dafür gewährt worden wäre. Mit dem 1. Januar 1873 war die elsässische Baumwollindustrie nach Ablauf jener Uebergangsperiode ein Glied der deutschen Volkswirtschaft geworden. Sie war in eine der altdeutschen Baumwollindustrie gleichartige Lage gekommen. Der Schutz, den der französische Zolltarif den Erzeugnissen der Spinnerei und Weberei gewährt hatte, war nach dem System der Staffelzölle mit der zunehmenden Feinheit der Garne und Gewebe gestiegen, während der deutsche Vereinszolltarif ohne Rücksicht auf die Feinheit der Fabrikate einen gleichmäßigen Satz für die Gewichtseinheit fixierte. Je feiner demnach das Garn oder Gewebe, desto geringer der Zollschutz. Die englische Konkurrenz ließ es jetzt für den elsässischen Spinner und Weber vorteilhafter erscheinen, gleich dem altdeutschen Baumwollindustriellen sich der Fabrikation gröberer Garne und Gewebe zuzuwenden. Das Elsaß war aber früher der Hauptsitz französischer Feinspinnerei und Weberei gewesen, und es hätte sich also für den elsässischen Industriellen die Aufgabe ergeben, in Deutschland an die Stelle der Engländer zu treten und sich den deutschen Markt als Absatzgebiet für die feineren Fabrikate zu erobern. Da dies aber nicht geschehen war, vielmehr die elsässische Industrie größere Vorteile in der Aufnahme des Konkurrenzkampfes mit der altdeutschen Baumwollindustrie erblickte, fand eine partielle Uebersättigung des deutschen Marktes mit gröberen Fabrikaten statt, welche nicht unwesentlich dazu beitrug, die im Jahre 1877 eingetretene allgemeine Wirtschaftskrise zu verschärfen. Demnach war die Einverleibung der Reichslande in den deutschen Zollverein für die Entwicklung der oberelsässischen Spinnerei und Weberei von ungünstigen Folgen gewesen. Im Gegensatze dazu war die Druckerei in eine bessere Lage gekommen. Die zollfreie Einfuhr der Gewebe aus England und der Schweiz im Veredlungsverkehr hatten neben anderen Umständen ihre beherrschende Stellung auf dem Weltmarkte gesichert. Daß trotzdem auch die Druckerei von der Krise in Mitleidenschaft gezogen wurde, erklärt sich daraus, daß die Mode sich namentlich in Deutschland den bedruckten Zeugen mehr und mehr abwandte. Die elsässischen Spinner und Weber, welche den einzigen Grund des Darniederliegens ihrer Industrie in den Folgen der Annexion zu erblicken glaubten, forderten erhöhten Schutzzoll besonders für die feineren Erzeugnisse, obgleich ihre Lage ungleich günstiger war, als die ihrer altdeutschen Konkurrenten. Die Reichsregierung, in der Hoffnung, Elsaß-Lothringen durch Konzessionen auf wirtschaftlichem Gebiete politisch zu gewinnen, gab dem Drängen nach. Von Reichs wegen wurde eine Untersuchung über die gesamte Baumwollindustrie „namentlich in Berücksichtigung der veränderten Sachlage, welche durch den Anschluß von Elsaß-Lothringen an das deutsche Zollgebiet geschaffen worden war", veranstaltet, und am 15. Juli 1879 wurde bereits das neue Gesetz verkündet, welches den erhöhten Schutz auch für die feineren Garne und Gewebe nach dem System des französischen Staffelzolles gewährte. „Durch diesen Tarif hatte man einen Ausgleich zwischen den entgegengesetzten Interessen der deutschen Feingarnkonsumenten und der elsässer Feingarnproduzenten versucht. Letzteren sollte die Versorgung des deutschen Marktes erleichtert werden, während andrerseits den Konsumenten immer noch die Möglichkeit erhalten blieb, maßlosen Preissteigerungen auf seiten der Produzenten durch Bezug aus England einen wirksamen Riegel vorzuschieben"[1]).

[1) H e r k n e r: „Die oberelsässische Baumwollenindustrie und ihre Arbeiter", S. 289. — Auch die vorhergehenden Ausführungen gründen sich auf die eingehende Darstellung bei H e r k n e r.

Noch freudiger als von der oberelsässischen Baumwollindustrie war der Uebergang zum Schutzzollsystem von der Eisenindustrie Lothringens, dem Maschinenbau und der Kleineisenfabrikation des Elsasses begrüßt worden[1]). Im Vergleich zu früher war die Lage dieser Industrie noch schlimmer als diejenige der Baumwollindustrie gewesen, weil das Gesetz vom 3. Juli 1873 den Einfuhrzoll auf Roheisen, seewärts eingehenden Rohstahl, Dampfmaschinen und Kessel für Schiffe ganz beseitigt und für andere Eisenwaren den Tarif bedeutend ermäßigt hatte. Auch diese Abgaben sollten vom 1. Januar 1877 ab wegfallen. Die durch die Krise von 1873 geschaffene Ueberproduktion ließ es dringend wünschenswert erscheinen, wenigstens die ausländische Konkurrenz auszuschließen. Das Gesetz vom 15. Juli 1879 führte den Zoll auf Roheisen und grobe Eisenwaren wieder ein, die Einfuhr von Halbfabrikaten wurde stark belastet, und Ganzfabrikate erhielten bedeutend gesteigerte Zollsätze. Der elsaßlothringischen Eisenindustrie war der deutsche Markt durch den Schutz gegen die ausländische Konkurrenz völlig erschlossen worden.

Bei weitem weniger willkommen als den Vertretern der Industrie war die Zollreform dem Handelsstande in Elsaß-Lothringen. Aber auch hier hat sie zum mindesten die Wirkung gehabt, zahlreiche Interessenverbindungen zwischen den Reichslanden und Alt-Deutschland zu schaffen. Die Artikel des Handels und des kleinen gewerblichen Verkehrs, welche der Elsaß-Lothringer bis dahin mit Vorliebe aus Frankreich bezogen hatte, konnte er jetzt billiger in Deutschland kaufen.

So darf man den großen Einfluß, welchen die veränderten Zollverhältnisse auf die innigere Verschmelzung altdeutscher und elsaßlothringischer Interessen gehabt haben, keineswegs gering schätzen. Für die bereits 1880 sichtlich gesteigerte Leihthätigkeit der Banken kommen indes noch andere Umstände in Betracht. Infolge der schlechten Ernten und des Sinkens der Getreidepreise, dem die Getreidezölle auch nicht sofort Einhalt zu gebieten vermochten, hatte sich das Kreditbedürfnis des ländlichen Grundbesitzes ungewöhnlich stark entwickelt. Die Befriedigung desselben lag meist kleineren Landbankiers ob, soweit nicht die ganz kleinen Verhältnisse der wucherischen Ausbeutung ein ergiebiges Terrain boten. Die Anzahl dieser Bankiers, welche meist unter Anrechnung hoher Zinsen

---

[1] „Votum der Handelskammer zu Strafsburg über die Erneuerung der Handelsverträge" im Deutschen Handelsblatt 1876, S. 327 und 335.

dem ländlichen Kreditbedürfnis dienen oder oft auch nicht dienen, ist eine verhältnismäßig große. Von den 72 Privatbanken, welche überhaupt in Elsaß-Lothringen z. Z. thätig sind, entfallen nur 35 auf die vier größten Städte Straßburg, Mülhausen, Metz und Colmar, während die anderen 37 in kleinen Städten und Ortschaften ihren Sitz haben. Manche von ihnen betreiben neben dem kleinen Inkasso-, Wechsel- oder Bankgeschäft noch eine andere Handelsunternehmung. Die Landbankiers stehen nun entweder mit der Reichsbank direkt oder indirekt durch ein größeres Privatbankgeschäft in Verbindung. Die Bewegungen des kleinen ländlichen wie gewerblichen Kredits vermögen einen mehr oder minder großen Einfluß auf die Umsätze der Reichsbankanstalten in Elsaß-Lothringen auszuüben, eine Thatsache, die an die Stellung der französischen Bank im Rahmen einer streng centralisierten Organisation des Kredits erinnert.

In den Städten, insbesondere in Straßburg war zu Anfang der achtziger Jahre die Bauthätigkeit eine ungewöhnlich rege sowohl von seiten des Staates wie von seiten der Privaten. Die Einwohnerzahl der Stadt, die im Jahre 1871 kaum 85500 betrug, war bis 1882 um rund 20000 Seelen vermehrt worden.

Auf dem Geldmarkte machten sich die Folgen des zollpolitischen Umschwunges in Elsaß-Lothringen wie überall in Deutschland erst langsam bemerkbar. Noch Ende 1880 und zu Anfang des Jahres 1881 war der Geldstand ein flüssiger, obgleich der Diskont der Reichsbank vom 4. September 1880 bis 6. Oktober desselben Jahres die enorme Höhe von $5^{1}/_{2}\,^{0}/_{0}$ erreichte. Diese für den Handelsstand drückende Höhe war durch die vom Präsidenten des Reichsbankdirektoriums begutachtete Sistierung der Silberverkäufe geboten[1]). Selbst die in großer Menge zu Anfang 1881 seitens der elsaß-lothringischen Kapitalisten erfolgten Zeichnungen auf die französische Milliardenanleihe vermochten nur wenig Kapital zu absorbieren, da zum größten Teil die alte französische Rente dazu verwendet werden konnte. Daß Ende 1880 der Geldstand in Elsaß-Lothringen noch ein flüssiger war, erklärt sich einerseits aus der Ansammlung zahlreicher Depositen in den Kassen der großen reichsländischen Privatbanken, andrerseits aus dem Kapitalangebot süd- und norddeutscher Bankhäuser. Für die Ansammlung unbeschäftigter fremder Kapitalien in den Banken bietet uns die Summe der Depositen und Kreditoren vornehmlich bei den-

---

1) Vgl. J. Kahn: „Geschichte des Zinsfußes in Deutschland seit 1815 und die Ursachen seiner Veränderung", S. 203.

jenigen Instituten, welche das Kontokurrentgeschäft pflegen, einen geeigneten Maßstab. Bei der Bank von Elsaß und Lothringen betrug jene Summe der Guthaben in laufender Rechnung und auf Depotkonto am 31. Dezember 1880: 13378948 M. (gegen 12027219 M. im Vorjahre), bei der Bank von Mülhausen 14829200 M. (gegen 11056000 M. im Vorjahre). Bei der Straßburger Bank Ch. Stachling L. Valentin Co. beliefen sich die Eingänge auf Kontokurrentkonto während des Jahres 1880 auf 172970079 M. (gegen 143994217 M. des Vorjahres.) Erst nach Mitte des Jahres 1881 nahm die Geldabundanz, ein Symptom der noch andauernden Geschäftsstille, ab. Wegen Abnahme der Barbestände und Zunahme des Wechselportefeuilles hatte die Reichsbank am 2. September 1881 den Wechseldiskont auf 5 % und am 7. Oktober wegen zunehmender Geldknappheit sowie zum Schutze des Goldes auf $5^1/_2$ % erhöht[1]). Der Durchschnittssatz für 1882 ist wegen der andauernden atrophischen Tendenz des Geldmarktes ein ungewöhnlich hoher, nämlich 4,54 %, der höchste Satz, der überhaupt als Jahresdurchschnitt je von der Reichsbank notiert wurde[2]).

Günstige Konjunkturen, eine gesteigerte Unternehmungslust und eine regere Produktion forderten für Handel und Industrie die Flüssigmachung großer Kapitalien. Der daraus hervorgehende knappe Geldstand führte bei einem entsprechend hohen Zinsfuß den elsaßlothringischen Reichsbankanstalten im Jahre 1882 jene bedeutenden Gewinne zu, wie sie seit 1873 nicht erzielt wurden und auch bis 1889 nicht mehr erreicht worden sind. In regelmäßiger Steigerung haben sich die Wechselankäufe der elsaß-lothringischen Reichsbankanstalten von 127,22 Millionen M. im Jahre 1878 auf 171,97 Millionen M. im Jahre 1882 erhöht, die daraus und aus dem Lombardverkehr resultierenden Gewinne von 278000 M. pro 1878 auf 703000 M. pro 1882. Auch in der Entwicklung der größten reichsländischen Privataktienbanken läßt sich die aufsteigende Konjunktur dieser Periode unschwer erkennen. Sie tritt einerseits in der Ausdehnung des Wir-

1) Vgl. J. Kahn, a. a. O. S. 203.
2) Die durchschnittliche Höhe des Diskontsatzes für die bei der Reichsbank angekauften Wechsel betrug:

1876	4,16 %	1883	4,047 %
1877	4,42 %	1884	4,000 %
1878	4,34 %	1885	4,118 %
1879	3,70 %	1886	3,279 %
1880	4,24 %	1887	3,408 %
1881	4,42 %	1888	3,324 %
1882	4,54 %	1889	3,676 %

kungskreises bei einzelnen Instituten, andrerseits in den von fast allen erzielten materiellen Erfolgen deutlich hervor. Der allgemeine Aufschwung von Handel und Industrie, die friedliche politische Lage und der Geldüberfluß veranlaßten die Bank von Elsaß und Lothringen im November 1880 zur Gründung einer Zweiganstalt in Nancy. Die Beschaffung der Betriebsfonds machte gleichzeitig eine Erhöhung des eingezahlten Aktienkapitales von 6 Millionen Frcs. auf 9 Millionen Frcs. nötig. In demselben Jahre erhöhte die Straßburger Bank Ch. Staehling L. Valentin Co. durch eine Nachgründung ihr Kommanditkapital von 2,4 Millionen M. auf 3,2 Millionen M., im darauf folgenden Jahre auf 4 Millionen M. Zugleich beobachten wir in jener Periode ein stetes Wachsen der erzielten Gewinne und der unter die Aktionäre verteilten Dividende bei allen größeren Privatbanken, wie die nachstehenden Ziffern zeigen:

Tausende Mark.

Jahr	Bodenkredit-Gesellschaft		Bank v. Elsafs u. Lothringen		Bank v. Mülhausen		Strafsburg. Bank Ch. Staehling L. Valentin & Co.	
	Reingewinn	Div %	Reingewinn	Div %	Reingewinn	Div %	Reingewinn	Div %
1878	314,5	6	370,1	5	374,5	6	305,1	7
1879	313,4	6	497,0	6	529,6	7	361,5	8
1880	313,7	6	664,6	8	669,1	8	482,9	$8\frac{1}{2}$
1881	298,9	$5\frac{1}{2}$	742,9	8	810,6	8	570,3	$8\frac{1}{2}$
1882	321,7	6	38,2	3	658,4	8	502,0	8

Der jähe Rückgang des von der Bank von Elsaß und Lothringen erzielten Gewinnes von 742 900 M. pro 1881 auf 38 200 pro 1882 hat seine Ursache in außerordentlichen, in der Geschäftsführung und in den Zeitverhältnissen begründeten Umständen, deren wir weiter unten gedenken werden. Daß die von der Bodenkreditgesellschaft erzielten Resultate eine andere Entwicklung zeigen als diejenige der anderen Privataktienbanken sowie der Reichsbank, ist in der eigenartigen Stellung begründet, welche diese Gesellschaft zur Landesregierung einnahm. In jener ganzen Periode war der Zinsfuß des Geldes ein äußerst niedriger. Das Institut war aber damals noch in weit höherem Maße als jetzt darauf angewiesen, die ihm vom Staate zur Verwaltung übergebenen Gelder zum größten Teil in Wechseln anzulegen, um durch Unterhaltung eines großen Portefeuilles stets flüssige Mittel zu besitzen, die es ihm ermöglichen sollten, die plötzlich an die Regierung herantretenden Kreditbedürfnisse schnell zu befriedigen. Derartige Diskontierungen mußten sich mit dem Sinken des offiziellen Satzes der Reichsbank, noch mehr aber mit dem Weichen des am offenen Markte notierten Privatdiskontes immer unvorteilhafter für die Gesellschaft gestalten, denn die Höhe der an die Landesregierung zu zahlenden Zinsen war zu einer Zeit normiert worden, in welcher die Verhältnisse des Geldmarktes eine ganz andere Tendenz hatten.

4. Von der französischen Börsenkrisis bis zum Jahre 1886.

Leider war die erfreuliche Lage, wie sie das Jahr 1882 zeigte, nicht von allzu langer Dauer. Mitte 1883 bereits beginnt eine Periode des stetig sinkenden Zinsfußes, eine stetig wachsende Ansammlung von Kapital, das nicht mehr im Handel und in der Industrie, sondern in den Banken und an der Börse Anlage sucht. Die wirtschaftlichen Vorgänge in Frankreich sind auch in dieser Periode auf die reichsländischen Verhältnisse nicht ohne Einfluß geblieben. Bereits 1882 war der Zusammenbruch der französischen Union générale erfolgt[1]). Elsaß-lothringisches Kapital war dabei nicht unbeteiligt, und so wurde durch den sogenannten Bontoux-Krach dem einheimischen Kapitalisten wieder ein Wink gegeben, seine Gelder nicht mehr in dem Maße wie früher der französischen Börse zuzuführen. Empfindliche Verluste waren der Bank von Elsaß und Lothringen, welche stets einen unverhältnismäßig großen Teil ihres Aktienkapitales in Spekulationspapieren festgelegt hatte, zugefügt worden[2]). Bei einem Gesellschaftskapital von 9 Millionen Frcs. weist die Bilanz vom 31. Dezember 1881 noch einen Bestand von 3 755 702 Frcs. in Wertpapieren und Syndikatsbeteiligungen nach. Die Herabminderung desselben auf 1 841 875 Frcs. im Laufe des Jahres 1882 mußte bei dem Sinken der Kurse französischer Werte mit den größten Opfern für die Gesellschaft verbunden sein. Ihr eigener Verwaltungsrat berichtet darüber am 19. Mai 1883: „Aux pertes que nous avons subies du fait de suspensions de paiement sont venues s'ajouter celles, malheureusement plus importantes, dues à la dépréciation de nos fonds publics. La

---

1) Vgl. Perrot: „Der Fall Bontoux und der jüngste internationale Börsenkrach", Heidelberg 1882, und M. Wirth: „Geschichte der Handelskrisen", S. 615 ff.

2) Als beim Erscheinen des Geschäftsberichtes der Bank von Elsaß und Lothringen pro 1875, welcher 63 % des eingezahlten Aktienkapitals in Börsenspekulationen angelegt aufwies, die Aktionäre sich hierüber tadelnd geäußert hatten, antwortete der Präsident des Direktionskomitees: „L'unanimité du conseil d'administration a été du même avis que vous et a sérieusement recommandé au directeur de reduire le chiffre de valeurs de bourse." Vgl. Frankfurter Zeitung vom 13 Juni 1877.

baisse qui semblait arrivée à son terme après la crise du mois de janvier 1882 a fait de nouveaux progrès, et la réalisation de plusieurs de nos titres nous a occasionné des mécomptes dépassant nos prévisions. De plus, la liquidation de quelques syndicats, auxquels nous avions pris part, s'est faite dans des conditions défavorables. De cette manière s'est trouvée absorbée la plus grande partie des bénéfices de l'exercice 1882." Und in der That mußten bei einem Bruttogewinn pro 1882 von 1452539,15 Frcs. an Unkosten und Verlusten auf Wertpapiere und Fallissements 1307503,90 Frcs. abgeschrieben werden. Von den bleibenden 145035,25 Frcs. wurden 5% mit 7251,75 Frcs. statutengemäß dem Reservefonds gutgeschrieben. 1% des Aktienkapitales war bereits als Vordividende mit 90000 Frcs. an die Aktionäre verteilt worden. Außer dem verbleibenden Reste von 47783,50 Frcs. mußte die Gesellschaft vom außerordentlichen Reservefonds, welcher bereits auf 835945,83 Frcs. angewachsen war, 257216,50 Frcs. zur Deckung noch bevorstehender Verluste verwenden. Daß diese Verluste auch wirklich eintraten, beweist der Umstand, daß die außerordentlichen Reserven im folgenden Jahre nicht wesentlich erhöht wurden. Der Gesamtverlust belief sich also in jenem für die Gesellschaft so unglücklichen Jahre auf ca. 1 Million Franken. Trotz dieser höchst ungünstigen Lage forderten die Aktionäre in der Generalversammlung noch weitere 2% Dividende, die ebenfalls (mit 180000 Frcs.) dem außerordentlichen Reservefonds entnommen werden mußten, so daß letzterer dadurch auf 398729,33 Frcs. zusammenschmolz. Das Versprechen des Verwaltungsrates, in Zukunft weniger den Gewinn in Börsenoperationen wie im Betriebe des gewöhnlichen Bankgeschäfts suchen zu wollen, scheint bis zum Jahre 1888 gehalten worden zu sein, insofern bis zu diesem Zeitpunkte wenigstens in den Bilanzen der Bestand an Wertpapieren und Konsortialbeteiligungen niemals die Höhe von 2 Millionen Frcs. erreicht hat. Die hochgehende Börsenspekulation der Gegenwart scheint indes die Direktion veranlaßt zu haben, jenen sicheren Pfad wieder zu verlassen. Wenigstens weist die Bilanz vom 31. Dezember 1888 wieder einen Effektenbestand von 3439449,84 Frcs., diejenige vom 31. Dezember 1889 einen solchen von 4145958,49 Frcs. auf.

Es ist klar, daß die Börsenkrisis in Frankreich von 1881/82 ihre Wirkungen in Elsaß-Lothringen nicht nur bei jener einen Privatbank äußerte. Sie machten sich bei der im Publikum verbreiteten Vorliebe für französische Werte in den weitesten Kreisen fühlbar. Allein es sollte noch schlimmer kommen. Die Finanzlage Frankreichs hatte sich hauptsächlich infolge der versuchten Durchführung der großen Freycinet'schen Finanzprojekte im Laufe des Jahres 1883 immer mißlicher gestaltet. Seit der Revolution von 1848 war sie nie so unglücklich gewesen. Bei Jahresschluß belief sich das Defizit auf ca. 65 Millionen Frcs. mit der durch den ordentlichen Etat gegebenen Möglichkeit, bis auf über 100 Millionen Frcs. anzuwachsen [1]). Die elsaß-lothringischen Kapitalisten waren verstimmt durch die 1883 durchgeführte Konversion der 5%-igen französischen Rente in $4^1/_2$%-ige, mißtrauisch durch die unsicheren politischen Verhältnisse in Frankreich. Die Reserven aller französischen Sparkassen waren nach dem vom derzeitigen Finanzminister Léon Say befolgten Prinzip in 3%-ige amortisierbare Rente verwandelt worden [2]). Die Sparkassengläubiger wurden bange für die Sicherheit ihrer Depots, und es entstand ein „run" auf die Sparkassen, der einen förmlichen Krach zur Folge hatte.

Sowohl die starke Beteiligung reichsländischer Interessen an den hochgehenden Spekulationen der Pariser Börse wie der spätere Rückfluß des Kapitals aus Frankreich, welcher mit der wachsenden Unsicherheit der französischen Verhältnisse, hauptsächlich aber erst nach dem Eintritt des Pariser Börsenkrachs Ende 1881 begonnen hatte, spiegeln sich wieder in den grossen Kontokurrentsalden der elsaßlothringischen Bankinstitute. Bei der allgemeinen Bestürzung waren zunächst große Summen als Depots und in laufender Rechnung in die Kassen der vertrauenswürdigen Bankhäuser geströmt, eine vorläufige Anlage, die sich in Anbetracht des damals verhältnismäßig hohen Zinsfußes für den Augenblick als praktisch erwies. Nur so erklärt sich die abnorm große Höhe der Kontokurrentsalden am Ende des Jahres 1881. Bei der Bank von Elsaß und Lothringen betrug die Summe der

	Debitoren	Kreditoren
	(Tausende Mark)	
1880	12 511	9 549
1881	20 043	16 658
1882	10 962	10 829
1883	12 698	10 622

Bei der Straßburger Bank Ch. Staehling L. Valentin & Co. betrugen die Eingänge und Ausgänge in laufender Rechnung während der Jahre

---

[1] „Frankreichs Finanzlage bei der Jahreswende 1881/82", im Finanzarchiv 1884, S. 205 ff, von R. v. Kaufmann.

[2] Vgl. R. v. Kaufmann, a. a. O. S. 212, Anm. 3. Die französischen Sparkassen sind verpflichtet, alle die ihre laufenden Bedürfnisse übersteigenden Summen unter Vermittelung der Depositenkasse dem Staate zur Verfügung zu stellen.

	Tausende Mark	
	Eingang	Ausgang
1880	172 970	173 544
1881	230 874	230 827
1882	202 457	203 046
1883	192 116	192 218

Die Bilanz der Bodenkreditgesellschaft, eines Instituts, das vermöge der ihm zu Gebote stehenden disponiblen Mittel in der Lage ist, den anderen Privatbanken Kredite in laufender Rechnung zu gewähren, weist am 31. Dezember 1881 einen Debitorensaldo von 22 072 000 M. gegen nur 10 462 000 M. des Vorjahres und gegen 19 963 000 M. Ende 1882 sowie 13 300 000 M. Ende 1883 nach. Bei den genannten drei großen Banken hat der Kontokurrentverkehr weder vorher noch nacher jemals die Bestände vom Ende 1881 wieder erreicht.

Das Rückströmen der Kapitalien aus Frankreich erhöhte in Elsaß-Lothringen wesentlich die ohnehin bereits in ganz Deutschland herrschende Geldabundanz, als deren Ursache die allgemeine Geschäftsstille, als Rückschlag der Ueberproduktion des Jahres 1882, und der gänzliche Mangel an Unternehmungslust zu bezeichnen sind. Die Nachwirkungen einer ungünstigen Ernte und zahlreicher Ueberschwemmungen im Jahre 1882, welche den Nationalwohlstand des Unterelsasses schwer geschädigt und die Schuldverhältnisse des ländlichen Besitzes bedeutend verschlechtert hatten, ließen auch im gewerblichen Kleinverkehr eine außerordentliche Geschäftslosigkeit zur Erscheinung gelangen. Auch auf das Hypothekengeschäft der Aktiengesellschaft für Boden- und Kommunalkredit übte die unglückliche Lage der Landwirtschaft im Jahre 1882 insofern einen ungünstigen Einfluß aus, als die Gesellschaft im Laufe des Geschäftsjahres 1883 gezwungen wurde, 12 Zwangsversteigerungen (gegen 8 des Vorjahres), darunter 11 auf ländlichen Grundbesitz entfallend, vorzunehmen, und für ca. 20 000 M. Grundstücke (gegen 4800 M. des Vorjahres) zu übernehmen. Der Ertrag derselben reichte indessen aus, um die Forderungen der Gesellschaft zu tilgen.

Der flüssige Stand des Geldmarktes ist die Signatur des ganzen folgenden Zeitabschnittes und ist es auch bis vor kurzem mit ganz geringen Unterbrechungen geblieben. Nur an den Kuponterminen, am Jahresschluß, Semestral- und Quartalschluß machte sich natürlich stets infolge der großen Inanspruchnahme des Zahlungskredites ein vorübergehendes Anziehen, eine kurze Spannung bemerkbar. Wie fanden die flüssigen Kapitalien in Elsaß-Lothringen Anlage?

Durch weitgehende Erleichterungen, welche der französische Staat auch in den Reichslanden stets und noch heute bei Besorgung und Einlösung seiner Rentenkupons gewährt [1]), war das Publikum gewissermaßen verwöhnt worden, und weil es die Einrichtung der Reichsbank, wonach die Zweiganstalten derselben ebenfalls die Zinsscheine der Preußischen Staats- und Deutschen Reichsanleihe kostenfrei einlösen, als etwas Selbstverständliches betrachtete, bildete dies für den einheimischen Kapitalisten keinen Impuls, sich in den Besitz dieser Papiere zu setzen. Er zog es vor, seine Gelder bei den alten, sicheren Bankinstituten zu deponieren, oder er legte sie in guten Wechseln an. Lieber verzichtete er auf einen höheren Zinsgenuß, nur um jederzeit im Falle des Bedarfes seine Kapitalien flüssig machen zu können, ohne Kursverlusten, wie sie beim Verkaufe von Effekten in solchen Zeiten regelmäßig zu entstehen pflegen, ausgesetzt zu sein.

Im Anfange des Jahres 1884 war der Zusammenbruch des Comptoir d'escompte in Colmar plötzlich erfolgt [2]). Unter dem Druck der Krise von 1848 als Diskontkontor unter Beteiligung der Regierung ins Leben getreten, war ihm auch später als Privataktienbank stets das größte Vertrauen von Handel und Industrie entgegengebracht worden. Unvernünftige, ausschweifende Kreditgewähr wurde die Ursache seines Sturzes. Wenn auch die Wirkungen desselben in Colmar und dessen näherer Umgebung am fühlbarsten waren, so wurden dieselben doch auch außerhalb der oberelsässischen Industriebezirke im Unterelsaß empfunden. Auch elsässische Privatbanken waren nicht unerheblich bei dem Zusammenbruch des Diskontkontors beteiligt. So betrug der der Allgemeinen Elsässischen Bankgesellschaft für ihre Succursale in Mülhausen aus dem Fallissement erwachsene Verlust anfänglich 230000 Frcs., wurde jedoch bis 1886 bis auf 45000 Frcs. herabgemindert [3]). Die größeren Bankinstitute waren aufmerksam geworden. Sie schnürten die vielfach in keinem Verhältnis zu den Umsätzen stehenden Kredite der zahlreichen kleineren Landbankiers, welche sämtlich mehr oder weniger untereinander in Zusammenhang stehen, in engere Grenzen. Hie und da fand die größere Vorsicht sogar in vollständiger Kündigung des Kredites ihren Ausdruck, woraus den Beteiligten ernste Verlegenheiten erwuchsen.

Zu derselben Zeit wurde die haute finance der Reichslande durch ein anderes Ereignis in Spannung gehalten, welches indes in seiner

---

[1] Vgl. oben S. 154.
[2] Vgl. oben S. 121.
[3] Vgl. Jahresberichte der Allgemeinen Elsässischen Bankgesellschaft für 1884, 1885, 1886 und 1887.

Durchführung nicht den günstigen Einfluß auf die allgemeine wirtschaftliche Lage ausüben konnte, den man anfangs erwartet hatte. Die Stadt Straßburg benötigte einen Kredit von 9 Millionen M. Zuerst schien es, als ob die Beschaffung dieser nicht unbedeutenden Summe durch Kontrahierung einer Anleihe stattfinden, und als ob ein unter Führung der Bank von Mülhausen gebildetes Konsortium den Vertrieb der Obligationen übernehmen sollte. Der einheimische Geldmarkt wäre durch eine derartige Operation nicht unerheblich erleichtert worden. Daß die Anleihe in dieser Form nicht aufgenommen und der städtische Kredit nicht durch einheimisches Kapital Befriedigung fand, erklärt sich daraus, daß es der Stadtverwaltung gelang, mit dem Reichsinvalidenfonds zu verhältnismäßig günstigen Bedingungen abzuschließen. Der Invalidenfonds stellte das Kapital bei einer 4%-igen Verzinsung zum Parikurse ohne Abzug irgend welcher Spesen zur Verfügung. Dieser, für die Stadt Straßburg gewiß äußerst günstige Abschluß verhinderte nicht nur die vorläufige Festlegung einheimischer konkurrierender Kapitalien, er schuf sogar neue, indem die Stadtverwaltung ca. 3 bis 4 Millionen M., welche sie allmählich als Darlehen bei einem großen Bankinstitute aufgenommen hatte, nunmehr plötzlich zurückzahlte.

Der herrschende Geldüberfluß in Verbindung mit einer immer mehr zunehmenden Stockung der Industrie, die Erschlaffung in Handel und Wandel dauerten bis über das Ende von 1886 hinaus an. So zeigte sich auf dem Geldmarkte eine bleibende Unlust des Privatmannes, seine Ersparnisse in Industrieaktien oder Bankaktien anzulegen. Zum Teil floß das Kapital in die Kassen der Privatbanken als verzinsliches Depositum, zum Teil klammerte es sich nach wie vor — des höheren Zinsfußes wegen — fest an die auswärtigen Rentenanleihen, jede andere Verwendungsmöglichkeit perhorreszierend. Das gleichzeitige Darniederliegen des französischen Handels reduzierte die Anforderungen, welche der französische Geldmarkt an die flüssigen Kapitalien stellte, auf ein Minimum. Dazu wirkten im Jahre 1884 akut auftretende Erscheinungen wie Choleragerüchte, die Furcht vor Einführung einer Geschäftssteuer mit, um das Kapital scheu zurückzuhalten. Vor allem aber sind es zwei Thatsachen, welche als chronischer Druck auf Handel und Industrie der Reichslande lasten und die wirtschaftliche Lage besonders im Unterelsaß dauernd auf das ungünstigste beeinflussen. Als Hauptfaktoren für den Rückgang des Handels bezeichnet man einerseits den Mangel einer Wasserstraße, die den direkten Bezug der Waren vom Seeplatze ermöglicht, anderseits die Ungleichheit der

Eisenbahntarifsätze anderen Handelsplätzen gegenüber. Obgleich längst erkannt, war die Beseitigung dieser Mißstände mit den größten Schwierigkeiten verknüpft. Schon bald nach dem Kriege hatte die Straßburger Handelskammer das Postulat einer Wasserstraße Straßburg-Ludwigshafen auf die Tagesordnung gesetzt, indes war die Ausführung dieses Projektes ungemein kostspielig. Daß aber die Herstellung einer derartigen direkten Verbindung entschieden zur Hebung der wirtschaftlichen Lage des Landes beitragen würde, ist unzweifelhaft. Solange Mannheim einen großen Einfluß auf den Produktenhandel des Unterelsasses ausübt, solange es beim Transport der Produkte stets berührt werden muß, weil dort die Wasserstraßen nach dem Herzen Deutschlands ihren Ausgang haben, solange wird der Handel des Unterelsasses, insbesondere derjenige Straßburg's durch die mächtige Konkurrenz Mannheims gelähmt sein. Straßburg ist so ein Endpunkt des Handels, während es durch jene Kanalverbindung mit Ludwigshafen zu einem Centralpunkt desselben werden, seine günstige Lage für den Transitverkehr von Ost nach West, von Deutschland nach Frankreich, mit dem es bereits durch Wasserstraßen verbunden ist, nach der Schweiz und Italien ausnützen und seinen Lokalhandel wieder zu der früheren Blüte bringen könnte. Am 27. Februar 1885 bewilligte der Landesausschuß von Elsaß-Lothringen dem Ministerium einen Kredit von 125000 M. für die Studien des Laufes eines Kanals von Straßburg nach Ludwigshafen, und die Landesregierung stellte ihre Befürwortung bei der Reichsregierung in Aussicht, wonach der Kanal aus Reichsmitteln herzustellen sei [1]). Leider ist bis heute die Erbauung des Kanales noch keineswegs gesichert. Um indes die höheren Tarifsätze der Eisenbahnen einigermaßen zu umgehen und dadurch konkurrenzfähig zu werden, benutzt der Handelsstand Straßburgs zur Beförderung der Waren vielfach die direkte Schiffsverbindung mit Antwerpen, wodurch die Transportkosten bedeutend verringert werden. So hatten sich zur Ueberproduktion auf industriellem Gebiete und zur Ueberfüllung der Märkte mit Waren weitere Mißstände gesellt, welche den Handel niederhielten, die Konkurrenzfähigkeit, speziell des elsässischen Handels, dessen Hauptsitz Straßburg ist, schwächten und das Emporblühen dieser Stadt verhinderten.

Die Folgen dieser ungünstigen Umstände äußerten sich ganz wie in der Periode des Niederganges nach dem Jahre 1873 im Untergange verschiedener kleinerer Bankgeschäfte und in der Fusion solcher mit

---

[1]) Vgl. Jahresbericht der Handelskammer zu Strafsburg 1888/89. S. 6, 7.

größeren Aktienunternehmungen. So wurde 1883 von der Bank von Mülhausen in Colmar eine Zweiganstalt durch Uebernahme des alten sehr geachteten Bankhauses Ab. Sée & fils gegründet, und am 1. Juli 1884 ging das seit vielen Jahren in Straßburg bestehende Bankhaus C. E. Ehrmann in die dort bereits thätige Filiale desselben Institutes über. Bereits im Anfang desselben Jahres hatte die Fusion des alten Bankhauses de Zorn & Co. mit der Straßburger Hauptniederlassung der Bank von Elsaß und Lothringen stattgefunden.

Die von den elsaß-lothringischen Filialen der Reichsbank in jenem Zeitraum erzielten Resultate sind bei der geringen Inanspruchnahme des Diskontkredits nur geringe gewesen, und zwar waren die aus dem Wechselankauf und dem Lombardverkehr herrührenden Bruttogewinne successive von 703 200 M. pro 1882 auf 377 500 pro 1886 herabgemindert worden. Darauf influierten zeitweilig noch andere Momente. Am 7. Januar 1885 war der der Reichsbank zugewiesene Betrag ungedeckter Banknoten um 2 615 238 M. überschritten worden [1]). Infolge davon sah sich die Bank genötigt, den Ankauf von Wechseln unter dem offiziellen Satz zu sistieren. Am 10. März erfolgte eine abermalige Einstellung des Ankaufes von Wechseln zum Privatdiskont und zugleich war der offizielle Satz im Diskontverkehr von 4% auf 5% erhöht worden, dieses Mal, um den bei der Höhe des englischen Wechselkurses drohenden Goldexport zu verhüten. Die hohe Bankrate aber entsprach keineswegs dem Stande des elsaß-lothringischen Geldmarktes, auf dem große Kapitalien zu einem weit niedrigeren Satze Anlage suchten und Verwendung fanden. So schob in jener Zeit die erfolgreiche Konkurrenz des Privatkapitals mit den Mitteln der Reichsbank der Entwickelung des Diskontgeschäftes in ihren elsaß-lothringischen Filialen einen Riegel vor. Während der Diskontverkehr im Umsatze und im Gewinn pro 1886 bei der Reichsbank seinen Tiefpunkt erreicht, macht sich im Gegensatze dazu bei allen größeren Privatbanken gerade in diesem Jahre eine Steigerung gegen das Vorjahr bemerkbar, weil die Reichsbank im allgemein wirtschaftlichen Interesse genötigt worden war, ihren Diskontierungen einen höheren Zinsfuß zu Grunde zu legen, als dem damaligen Stande des elsaß-lothringischen Geldmarktes entsprach. Das privatwirtschaftliche Interesse mußte der Erfüllung ihrer volkswirtschaftlichen Mission weichen. Während bei der Reichsbank in Elsaß-Lothringen der Bruttogewinn von 527 300 M. pro 1885 auf 377 500 M. zurückgeht, steigt bei den fünf größten Pri-

---

1) Vgl. Verwaltungsbericht der Reichsbank 1885, S. 4.

vatbanken der erzielte Reingewinn von 387 600 M. pro 1885 auf 447 600 M. pro 1886 im Durchschnitt.

Sehen wir zu, wie in jener ganzen Periode vom Jahre der Ueberproduktion 1882 bis zum Jahre 1886 der Kredit bei den elsaß-lothringischen Privatbanken benutzt worden ist. Ein flüssiger Geldstand und ein niedriger Zinsfuß sind charakteristische Merkmale in jener Zeit des Niederganges. Diese Momente müssen auf die materiellen Erfolge von Bankinstituten, welche das Kontokurrent- und Diskontgeschäft hauptsächlich pflegen, stets eine nachteilige Wirkung äußern Ganz besonders tritt dies wieder bei der Bodenkreditgesellschaft zu Tage, welche der Landesregierung für die ihr von dieser zur Verfügung gestellten Summen einen unverhältnismäßig hohen Preis zahlen mußte. Wenn auch in Anbetracht der sinkenden Tendenz des Zinsfußes bereits im Jahre 1881 eine Erleichterung in den Bedingungen des bestehenden Vertrages gewährt worden war, so mußten doch nach wie vor die sehr bedeutenden Summen der Sparkassen, welche den weitaus größten Teil der von der Gesellschaft verwalteten öffentlichen Gelder bildeten, zu dem enorm hohen Satze von 4% verzinst werden [1]). Zudem bildete von Jahr zu Jahr die Summe der Sparkassengelder einen größeren Prozentsatz sämtlicher von dem Institut verwalteten öffentlichen Gelder. Am Ende des Jahres 1885 waren die Guthaben der Sparkassen bis auf 42,99 Millionen M. (von 55,74 Millionen M. öffentlichen Geldern überhaupt) angewachsen. Der von der Gesellschaft erzielte Reingewinn von 202 300 M. (gegen 314 500 M. des Vorjahres) ist der geringste, der je erreicht wurde. Es war eine Unmöglichkeit, bei dem anhaltend niedrigen Geldstande die Verwaltung der öffentlichen Gelder zu den bisher bestehenden Lasten und Bedingungen fortzuführen. Im Frühjahr 1885 hatte daher die Bodenkreditgesellschaft den Vertrag mit der Landesregierung gekündigt, und am 1. April 1886 trat ein neuer Vertrag in Kraft, welcher sich für die

[1])

Am 31. Dezember	Guthaben der Verwaltung öffentlicher Gelder	Darunter Sparkassengelder
1878	M. 40 317 200	M. 20 940 900
1879	„ 42 230 400	„ 23 306 400
1880	„ 42 507 500	„ 26 324 200
1881	„ 44 492 400	„ 29 469 700
1882	„ 44 991 500	„ 32 583 700
1883	„ 49 811 600	„ 35 891 300
1884	„ 52 507 300	„ 40 109 400
1885	„ 55 739 100	„ 42 994 600

Gesellschaft günstiger stellte, insofern er den bestehenden Verhältnissen des Geldmarktes besser Rechnung trug. Die Folgen traten in dem pro 1886 erzielten Reingewinn, welcher 348 700 M. (gegen 202 300 M. des Vorjahres) betrug, deutlich hervor. An Dividende gelangten $6^1/_2$% (gegen 4% pro 1885) zur Verteilung.

Die Bank von Elsaß und Lothringen konnte sich bei der Ungunst der wirtschaftlichen Verhältnisse jener Periode nur langsam von dem harten Schlage erholen, den die Allianz mit der französischen Börse ihr zugefügt hatte. Ihre außerordentlichen Reserven vermochte sie nicht wieder auf den früheren hohen Stand zurückzuführen. Die von ihr verteilte Dividende belief sich pro 1883 auf 5%, pro 1884 auf 6%, pro 1885 auf 5% und pro 1886 auf $5^1/_2$%. Der frühere hohe Satz von 8% ist bis heute nicht wieder erreicht worden. Die Nachwirkungen der französischen Börsenkrisis, die für Handel und Industrie so nachteilige Konjunktur, der flüssige Geldstand und der niedrige Diskontsatz, all diese Momente wirkten zusammen, um einen nachhaltigen Druck auf die Entwicklung dieses Instituts auszuüben, das jetzt während einer Reihe von Jahren bestrebt war, den schlüpfrigen Boden der Börsenspekulation mehr und mehr zu verlassen und sich auf das Gebiet des Diskont- und Kontokurrentgeschäftes, die eigentliche Domäne einer soliden Provinzialbank, zurückzuziehen.

Im Gegensatz zur Bank von Elsaß und Lothringen war die Bank von Mülhausen gar nicht durch den Pariser Krach betroffen worden. Dieses Institut erzielte 1881 den enormen Reingewinn von 810 649 M. Mit Genugthuung konnte das Institut in seinem Jahresberichte sagen: „Tout d'abord nous sommes heureux de pouvoir vous dire que la crise qui a troublé quelques centres financiers ne nous a pas atteint. Notre compte de valeurs ne se compose en grande partie que de bonnes obligations et de quelques valeurs industrielles d'une réalisation facile." Es ist höchst anerkennenswert, daß jenes Institut trotz des großen Gewinnes pro 1881 nur 8 % an die Aktionäre verteilte „pour consolider l'avenir de la banque et pour agir en bons pères de famille". Der außerordentliche Reservefonds wurde von 272 000 M. auf 480 000 M. erhöht. Nachdem die hohe Konjunktur des Jahres 1882 nochmals einen reichlichen Gewinn gebracht hatte (658 400 M. 8%), ging derselbe infolge der für die Banken überhaupt so ungünstigen Zeitepoche pro 1883 auf 540 500 M. (bezw. 8 % Div.) und pro 1884 auf 509 900 M. (8 %) herab, und die Gewinne würden wohl in den folgenden Jahren noch mehr vermindert worden sein, wenn nicht das Institut durch Gründung einer Filiale in Colmar sowie durch Fusion mit einem in Straßburg thätigen Bankhause seinen Wirkungskreis bedeutend ausgedehnt hätte. Dieser Umstand bewirkte eine Steigerung des Reingewinnes pro 1885 auf 556000 M. (8%) und pro 1886 auf 563500 M. (8%). Der flüssige Geldstand, welcher der Bank viele Kapitalien zuführte, zwang dieselbe, größere Summen in durchaus soliden und sicheren Wertpapieren anzulegen. Während der Bestand des Effektenkonto in früheren Jahren meist am Jahresschluß eine halbe Million Franken nicht erreichte, schwoll dieses Konto am 31. Dezember 1885 auf 1434732 Frcs. (gegen 305362 Frcs. des Vorjahres) an und erreichte am Schluß des Jahres 1886 die Höhe von 2185036 Frcs.

Eine ähnliche Entwickelung wie bei der Bank von Mülhausen ist bei der Straßburger Bank Ch. Stachling L. Valentin & Co. zu bemerken. Hier war im Jahre 1881 der Kulminationspunkt bei einem Reingewinn von 742900 M. (8$^1/_2$% Dividende) erreicht worden. Bis 1883 findet ein Sinken statt pro 1882 auf 502000 M. (8% Div.), pro 1883 auf 477200 M. (7$^1/_2$% Div.). Pro 1884 findet plötzlich eine Steigerung auf 653400 M. (8$^3/_4$% Div.) statt, während gleichzeitig das Aktienkapital von 4 Millionen M. auf 4,8 Millionen M. erhöht wurde. Pro 1885 wurden 511500 M. (7$^1/_4$% Div.) und pro 1886 529500 M. (7% Div.) erzielt.

Das fünfte große Bankinstitut, die Allgemeine Elsässische Bankgesellschaft, kann wohl kaum zum Vergleiche herangezogen werden, weil dieses Institut sich erst 1881 von der großen Pariser Gesellschaft, deren Bestandteil es bis dahin gebildet hatte, loslöste.

5. Vom Jahre 1886 bis zur Gegenwart.

In der Mitte des Jahres 1886 hatte die Geldabundanz ihren Maximalpunkt erreicht. Da machten sich noch vor Jahresschluß die ersten Anzeichen eines allgemeinen Geschäftsaufschwunges bemerkbar, eingeleitet durch eine größere Regsamkeit auf einzelnen industriellen Gebieten [1]). Aber noch herrschten Zweifel darüber, ob diese Belebung nur von vorübergehendem Charakter sei, oder ob sie eine neue Entwickelungsphase reichsländischer Wirtschaftsthätigkeit inauguriere. Wesentlich verstärkt wurden diese Zweifel, als die Ereignisse des Frühjahrs 1887 einen temporären Rückgang bedingten. Jetzt

---

[1]) Zu derselben Zeit beginnt in allen europäischen Ländern eine Periode aufsteigender Richtung. Vgl. Struck: „Der internationale Geldmarkt im Jahre 1886" im Jahrbuch für Gesetzgebung, Verwaltung und Volkswirtschaft. 1887. S. 1027 ff., S. 1036. (Deutschland.)

aber erscheint es gewiß, daß jene ersten Anzeichen die Vorboten einer Wirtschaftsperiode mit aufsteigender Entwickelungstendenz waren. Groß waren die Hoffnungen auf eine Besserung der Verhältnisse zu Anfang 1887, als plötzlich die Furcht vor dem Ausbruch eines Krieges mit Frankreich alle diese Hoffnungen, wenigstens für kurze Zeit, vernichtete und einen eigentümlichen Zustand schuf. Die Truppenansammlungen an der französischen Grenze, das gespannte Verhältnis Deutschlands zu Rußland, der Ausschluß der russischen Werte vom Lombardverkehr der Reichsbank, endlich die Verhandlungen im deutschen Reichstage, insbesondere die Septennatsrede des großen Kanzlers vom 6. Februar, all dies wirkte auf die Gemüter ein, und die Trübung des politischen Horizontes ließ sie den nahen Ausbruch eines europäischen Völkerkrieges prophezeien. Noch waren den Bewohnern der Reichslande die Schrecken des Feldzuges 1870/71 zu lebhaft im Gedächtnis, als daß sich die Kriegsfurcht in diesen Grenzlanden nicht besonders heftig geäußert hätte, noch standen sie zu sehr unter dem Einflusse Frankreichs, als daß andererseits nicht Vielen unter ihnen der Gedanke an eine Wiedervereinigung mit dem früheren Mutterlande lockend erschienen wäre. Bei dem immensen Einfluß, den politisch wie wirtschaftlich Frankreich auf Elsaß-Lothringen ausübt, konnte die Entwickelung dieser Landesteile im Sinne unseres Vaterlandes nur langsam vor sich gehen. Angesteckt durch den Chauvinismus einer hetzenden französischen Presse, bildete sich auch in den Reichslanden eine Partei, die alles that, um den Ausbruch des Krieges als unvermeidlich erscheinen zu lassen. Dazu kam der bald zur Kenntnis der Oeffentlichkeit gelangende Umstand, daß auch die zahlreichen in Elsaß-Lothringen garnisonierenden Truppenteile ihre Magazine füllten, den Dienst intensiver gestalteten und ihre Bereitschaft erhöhten. So kam es, daß auch ein großer Teil der Bürger Straßburgs sich mit Proviant versah. Wähnte man doch den Krieg vor der Thüre! Die Wirkung auf die ökonomischen Verhältnisse konnte nicht ausbleiben.

In den Unternehmungen des Handels und der Industrie schränkte man die Arbeiten ein, neue Verpflichtungen wurden nicht eingegangen, die Ausführung von Aufträgen einstweilen sistiert. Auf dem Geldmarkte, der von verfügbaren Mitteln gestrotzt hatte, machte sich plötzlich eine Spannung bemerkbar. Der Zudrang zu den Sparkassen war so stark, wie man es seit der Kreditnot von 1870/71 nicht gekannt hatte. Sparkassengelder wurden in bedeutenden Summen gekündigt. Unter solchen Verhältnissen mußten die Banken darauf bedacht sein, möglichst viele Mittel flüssig zu machen, stand doch mit Sicherheit zu erwarten, daß ein großer Teil der ihnen im Depositen- und Kontokurrentverkehr anvertrauten Gelder zurückgezogen wurde, nicht sowohl aus Mangel an Vertrauen, als um unvorhergesehenen, plötzlich herantretenden Forderungen durch sofortige Barzahlung gerecht werden zu können und nicht in ihren Dispositionen gestört zu werden. Die Bank von Elsaß und Lothringen hatte zeitweise größere Teile ihres Portefeuilles realisiert und hielt neben ihrem ansehnlichen Guthaben bei der Reichsbank längere Zeit hindurch einen eisernen Bestand von 300 000 M. für ihre Filiale in Metz, bei der sich viele Depositen befanden, in Reserve, um jeder Eventualität schnell begegnen zu können. Naturgemäß mußte sich dieser plötzliche Geldbedarf auch bei den elsaß-lothringischen Filialen der Reichsbank bemerkbar machen. Die Bestände derselben, namentlich an Gold, wurden stärker in Anspruch genommen, was sich noch auffälliger äußern mußte, weil sonst um diese Jahreszeit stets ein Rückfluß an Metall in die Kassen der Bank stattzufinden pflegt.

Eine geraume Zeit mußte verstreichen, bis der Verkehr wieder in den normalen Bahnen wandelte. Erst der Sommer brachte diesen Umschwung. Nach und nach waren die hetzenden Aufreizungen der reichsländischen Bevölkerung durch die französische Presse verstummt, und damit kehrte auch allmählich das Vertrauen in die politische Lage zurück. Aufs neue schien der Friede im Deutschen Reiche, der seit dessen Erstehen nie so ernstlich gefährdet war, gesichert. Mit Lust und Eifer wandte man sich wieder den Geschäften zu, galt es doch zunächst, die Lücken möglichst schnell auszufüllen, welche die Panik in allen Zweigen des Handels und der Industrie erzeugt hatte. Die Zurückhaltung von allen Anschaffungen, deren man sich im Frühjahre beflissen hatte, schlug in ihr Gegenteil um. Zunahme der Produktion und der Konsumtion auf allen Gebieten machte sich bemerkbar, und der eben erst wieder erwachte Unternehmungsgeist schien nach jener kurzen unfreiwilligen Unterbrechung sich doppelt freudig zu bethätigen, gleichsam als wenn er das Versäumte durch eine lebhaftere Entfaltung nachzuholen gedächte. Dieser Aufschwung konnte nicht gehemmt werden durch eine politischen Erwägungen entsprungene Maßnahme. Wenn auch der Paßzwang vom 22. Mai 1888 den Personenverkehr zwischen Deutschland und Frankreich beschränkte, den Fremdenverkehr in den Reichslanden bedeutend verringerte[1]) und

---

[1]) Die Frankfurter Zeitung vom 15 Oktober 1889 bemerkt bei Besprechung des Berichtes der Reichseisenbahnen pro 1888/89 über den Paßzwang: „Einen gewissen rück-

dadurch neben den wirtschaftlichen Ergebnissen der Eisenbahnbetriebsverwaltung einzelne Erwerbszweige wie Klein- und Luxusgeschäfte, Hotelwirte u. s. w. nicht unerheblich schädigte, so kann doch von einem allgemeinen, wirtschaftlichen Rückgang, wie ihn die Straßburger Handelskammer in ihrer Petition an den Kaiser vom 1. Juli 1888 prophezeite[1]), infolge des Paßzwanges nicht die Rede sein.

Noch vor Ablauf desselben Jahres war der längst vorhergesehene Zusammenbruch der Panama-Kanalgesellschaft erfolgt. Das Riesenunternehmen, welches den Stillen Ocean durch eine Wasserstraße mit dem Atlantischen Meere verbinden sollte, war aus Mangel an Kapital gescheitert. Frankreich hatte 1500 Millionen M. eingebüßt, seine nationale Kaufkraft dadurch gleichzeitig um ca. 65 Millionen M. abgenommen. Schon Ende August suchte sich die Gesellschaft ihrer Werte unter der Hand um jeden Preis zu entäußern, und dadurch war es möglich geworden, die Katastrophe noch um einige Monate hinauszuschieben. Während das Großkapital, die haute finance dem Unternehmen des Herrn Lesseps auch in früheren Zeiten nur wenig Vertrauen entgegengebracht hatte, befand sich der größte Teil der Obligationen im Besitze von „kleinen Leuten", welche durch den Sturz

---

gängigen Einfluss auf die Verkehrsentwicklung hat sodann die mit Ende Mai 1888 gegen Frankreich eingeführte Pafsmafsregel zur Folge gehabt. Dies mögen hier einige Zahlen des näheren zeigen. Im Verkehr mit der französischen Ostbahn wurden befördert 1888—1889: 379 489 (im Vorjahre 561 162) Personen, und die Einnahme fiel von 966 000 auf 623 000 M. Im österreichisch-deutsch-französischen Verkehr fiel die Zahl der Reisenden von 27 542 auf 22 750 und die daherige Einnahme von 266 000 auf 225 000 M. Der Verkehr zwischen Frankreich und der Schweiz über Altmünsterol und Mülhausen fiel von 17 984 Reisenden auf 2979 und die daherige Einnahme von 114 000 auf 18 000 M. Ebenso sind gefallen der Verkehr mit London über Bettingen, Deutsch-Avricourt und Altmünsterol, der badische Verkehr, der Verkehr mit Belgien, der Verkehr mit den schweizerischen Bahnen, der Rundreiseverkehr Paris-Paris, Paris und sehr bedeutend der Verkehr zwischen Belgien und Italien, sowie der Rundreiseverkehr mit Italien. Es haben also nicht nur der direkte Zufluss und die direkte Durchreise von Personen aus und nach Frankreich gelitten, sondern es hat überhaupt, mit Ausnahme des internen deutschen Verkehrs, die Zahl der Reisenden sich vermindert. Es sind viel weniger Personen nach dem Elsafs gekommen, um von dort ihre Reise nach Süd, Nord, West und sogar Ost fortzusetzen, und unter den Weggebliebenen dürfte es nicht wenige geben, welche sich einbildeten, der Pafs werde nicht nur an der französischen Grenze, sondern überhaupt beim Bescheiten des Reichslandes abverlangt. Im Jahre 1888—1889 sind in Strafsburg zu- und abgereist 2 211 161 (im Vorjahre 2 292 912) Personen, in Mülhausen 1 753 738 (1 771 271), in Metz 1 162 309 (1 253 330) Personen. Diese Zahlen weisen sprechend die materielle Schädigung nach. An die Reichshauptkasse wurde der volle Ueberschufs mit 20 415 469 M. abgeliefert. Ohne die Pafsmafsregel wären wohl noch gegen drei Millionen hinzugekommen. Dafs die Zahl der beförderten Personen gegen das Vorjahr um 19 883 abgenommen und die Einnahme aus dem direkten Verkehr nur noch 26,18 % des gesamten Personalverkehrs statt 30,56 % wie im Vorjahre betragen hat, das sind abnorme Erscheinungen, die sich nicht allein durch das schlechte Sommerwetter 1888 erklären lassen."

1) Handelskammerbericht Strafsburg, 1887/88, S. 12.

der Gesellschaft mit einem Schlage um ihre Ersparnisse gebracht wurden. Die Wirkung auf die Pariser Börse ist daher auch nicht zu vergleichen mit derjenigen, welche der Bontoux-Krach im Jahre 1882 auf dieselbe ausübte. Jener hatte der Börse einen nicht mehr zu verwindenden Stoß versetzt, — jetzt war sie allerdings auch in Mitleidenschaft gezogen, aber die Hauptwucht des Stoßes richtete sich nicht gegen sie, sondern direkt gegen die unteren Klassen der Bevölkerung. Der sparsame Arbeiter, der Landmann, der „épicier" und der kleine Rentner sahen sich plötzlich der Frucht einer jahrelangen Sparthätigkeit beraubt.

Hatte der Zusammenbruch der Union générale zahlreiche andere große und kleine Unternehmungen mit in seinen Sturz hineingezogen, so war die Existenz der durch den Panamakrach Betroffenen nicht ernstlich bedroht, ihre Konsumtionsfähigkeit wurde indes auf Jahre hinaus eingeschränkt. Wie Frankreich, genau so war Elsaß-Lothringen an der Katastrophe beteiligt, genau so wie dort machten sich hier die Wirkungen in den kleinsten Kreisen fühlbar und erfüllten die Bevölkerung mit Schrecken. Anhaltspunkte sind nicht gegeben, welche nur annähernd einen Rückschluß auf den die Reichslande treffenden Anteil am Verluste gestatten, jedenfalls ist derselbe — nach den durch alle Zeitungen gegangenen Mitteilungen zu urteilen — recht bedeutend gewesen [1]). Beim Vertriebe der Panamaobligationen hatte sich in Elsaß-Lothringen seit 1882 bis zum Zusammenbruch des Unternehmens eines der größten einheimischen Bankinstitute, die Allgemeine Elsässische Bankgesellschaft, mit Erfolg beteiligt [2]). Wieder war der elsaß-lothringischen Bevölkerung eine empfindliche Mahnung zu Teil geworden, ihre Ersparnisse nicht mehr der französischen, sondern der deutschen Börse zuzuführen.

Weder der Paßzwang noch der Panamakrach vermochten den erfreulichen wirtschaftlichen Aufschwung, den Handel und Industrie seit 1887 genommen hatten, aufzuhalten. Noch zuversichtlicher und hoffnungsfreudiger wurde aber in Elsaß-Lothringen wie in Altdeutschland die Stimmung der Geschäftswelt, als Kaiser Wilhelm II. gleich

---

1) Wer sich der ungeheueren Reklamen erinnert, die zur Zeit der Gründung des Unternehmens die Spalten der Zeitungen füllten, wer die grofse Vorliebe kennt, mit welcher sich der Elsafs-Lothringer an französischen Handelsunternehmungen beteiligt, wird an der Glaubwürdigkeit der oben erwähnten Zeitungsmitteilungen keinen Zweifel hegen.

2) Vorübergehend hatte auch die Bank von Elsafs und Lothringen 50 Aktien der Panamagesellschaft, damals im Werte von 11 750 Frcs. (à 485) in ihrem Portefeuille Vgl. Jahresbericht der Bank von Elsafs und Lothringen 1883.

nach seinem Regierungsantritte die Fortdauer der deutschen Friedenspolitik energisch bekundete[1]). Der flottere Geschäftsgang bedingte eine stärkere Inanspruchnahme des Bankkredits, und so konnte endlich vom Reichsbankdirektorium in Berlin dem längst ausgesprochenen Wunsche des Colmarer Handelsstandes um Errichtung einer Reichsbanknebenstelle daselbst Folge gegeben werden[2]). Zuerst im Jahre 1881 und später wiederholt hatte die Handelskammer in Colmar Schritte gethan, um dieser Stadt die Erleichterungen und Annehmlichkeiten eines „Bankplatzes" zu verschaffen, indes hatte das andauernde Darniederliegen der wirtschaftlichen Verhältnisse die Ausführung dieses Projektes als zwecklos erscheinen lassen. Jetzt hingegen, inmitten einer aufsteigenden Wirtschaftsperiode schien der geeignete Moment gekommen. Mitte Januar 1889 konnte die Nebenstelle in Colmar, welche von der Reichsbankstelle in Mülhausen ressortiert, in Thätigkeit treten. Der Großindustrie des Oberelsasses war eine neue bequeme Stütze gegeben, zugleich aber ein weiterer Schritt für die wirtschaftliche Vereinigung der Reichslande mit Altdeutschland gethan worden.

Die Hebung der wirtschaftlichen Verhältnisse in Elsaß-Lothringen, welche wie in ganz Europa in der zweiten Hälfte des Jahres 1886 einsetzte, kommt in einer bedeutenden Vermehrung der Leihthätigkeit der Banken zum Ausdruck. Die Gesamtsumme der von den drei elsaß-lothringischen Zweiganstalten der Reichsbank angekauften Wechsel, welche nach dem wirtschaftlichen Notstande des Jahres 1885 und der ersten Hälfte des Jahres 1886 am Ende desselben Jahres mit 143,9 Millionen M. den Tiefpunkt erreicht hatte, steigt in stetigem Wachstum bis Ende 1889 auf 175,36 Millionen M., die der erzielten Bruttogewinne von 378000 M. auf 501000 M. Einen ähnlichen Aufschwung erkennen wir in den von den größeren Privataktienbanken der Reichslande erzielten Resultaten. In regelmäßigem Fortschritt erhöht sich der von der Bodenkreditgesellschaft erzielte Reingewinn von 348700 M. im Jahre 1886 auf 390800 M. pro 1889, die Dividende von $6^1/_2$ % auf 7 %. Zugleich erfährt der Reservefonds, der sich Ende 1886 auf 489000 M. belaufen hatte, bis Ende 1889 die nennenswerte Erhöhung auf 677000 M. — Bei der Bank von Mülhausen wächst der Reingewinn von 563000 M. im Jahre 1886 auf 644600 M. im Jahre 1889, der Reservefonds von 1199000 M. auf 1512000 M.,

---

1) Vgl. Struck: „Der internationale Geldmarkt im Jahre 1888", in Schmoller's Jahrbuch für Gesetzgebung, Verwaltung und Volkswirtschaft, 1889, S. 1121 ff.
2) Handelskammerbericht von Colmar, 1881, S. 11, 1888, S. 15.

und die Dividende von 8% auf 9%. — Die Allgemeine Elsässische Bankgesellschaft steigert ihren Reingewinn von 288000 M. pro 1885 auf 364000 M. pro 1889, ihre Dividende von 5 % auf 7 %. — Bei der Straßburger Bank Ch. Stachling L. Valentin & Co. war erst 1887 der Tiefpunkt mit einer Dividende von 6% erreicht worden, von da ab erfolgt die Entwicklung auch dieser Bank der aufsteigenden wirtschaftlichen Konjunktur entsprechend, indem pro 1888 die Reserve sich von 583000 M. Ende 1887 bis 651000 M. Ende 1888 und 724000 M. Ende 1889 vermehrt, bei gleichzeitigem Wachsen der Dividende von 6% auf $6^1/_2$ % und $6^3/_4$ %. Nur die Leitung der Bank von Elsaß und Lothringen vermochte es nicht, in gleicher Weise wie die anderen reichsländischen Privatbanken aus der Gunst der Zeitverhältnisse Nutzen zu ziehen. Die Dividende von $5^1/_2$ % und der Reingewinn von 467700 M im Jahre 1886 sinken auf 5% bezw. 392000 M. pro 1887 und auf 5% bezw. 401300 M. pro 1888. Für 1889 wäre das Resultat ein erheblich besseres gewesen, und die Verteilung einer 7%igen Dividende wäre auch erfolgt, wenn nicht das Institut durch Diebstahl von seiten eines Angestellten einen Verlust von ca 380000 M. erlitten hätte, wodurch der Reingewinn von 497000 M. auf 116000 M. (111000 M. nach Abzug von 5% für den gesetzlichen Reservefonds) zusammenschmolz. Die 3% Dividende, welche trotzdem zur Verteilung gelangten, mußten zum Teil dem Reservefonds entnommen werden, der dadurch von 767000 M. Ende 1888 auf 679000 M. Ende 1889 herabgemindert wurde.

Im allgemeinen spiegelt sich die Signatur der neuesten aufsteigenden Wirtschaftsepoche mit großer Treue in der Entwicklung der elsaß-lothringischen Banken wieder, deren Thätigkeit durch die gesteigerte Unternehmungslust der letzten Jahre wesentlich gefördert wurde.

Anhangstafeln
I—IV:

Statistische Mitteilungen über den Geschäftsverkehr der elsaſs-lothringischen Zweiganstalten der Preuſsischen Bank und der Reichsbank.

V—X:

Auszüge aus den Bilanzen der fünf gröſsten Privataktienbanken in Elsaſs-Lothringen.

— 210 —

Erläuterungen zu den Anhangstafeln I—IV.

Bei den unter dem Rubrum „Angekaufte Wechsel auf das Ausland" angegebenen Zahlen sind bei der Preußischen Bank (1871—1875) die Wechsel auf außerpreußische deutsche Plätze einbegriffen, ebenso die Devisen, welche indes den kleineren Teil bilden. Dagegen sind unter dem gleichen Titel bei den Angaben über die Reichsbank nur die Devisen d. h. die Wechsel auf außerdeutsche Plätze aufgeführt.

Der „Anweisungsverkehr", der bei der Preußischen Bank sehr bedeutend war, wurde bei der Reichsbank durch den Giroverkehr absorbiert.

Die „Bruttogewinne" enthalten die erzielten Zinsgewinne auf angekaufte Platzwechsel, auf angekaufte

Tafel I. Straßburg.

im Jahre	Angekaufte Wechsel						Ueberhaupt		Erteilte Lombarddarlehne		Zahlungsanweisungen			
	auf Straßburg		auf Preußische bezw. Reichsbankplätze		auf das Ausland						Erteilte		Eingelöste	
	Stück	Mark	Stück	Mark	Stück	Mark	Stück	Mark	Stück	Mark	Stück	Mark	Stück	Mark
1871	8970	12 388 200	2 648	3 083 400	12	17 100	11 630	15 488 700	10	34 500	378	11 319 300		326 200
1872	21 539	35 727 100	11 308	32 815 400	201	622 600	33 048	69 165 100	32	1 814 200	455	35 985 800		8 281 700
1873	18 270	31 149 800	14 664	45 636 700	551	1 131 600	33 505	77 918 100	16	352 800	637	20 391 400		7 262 300
1874	20 838	33 355 000	16 824	43 029 300	1716	2 146 700	39 378	78 531 000	17	102 900	224	15 081 500		14 596 200
1875	16 838	22 876 600	19 314	38 822 200	786	827 200	36 938	62 526 000	11	165 200	297	19 706 300		3 728 700
1876	11 890	16 718 400	23 229	48 561 400	5	26 400	35 124	65 306 200	15	66 700	258	8 556 400		1 771 300
1877	9 570	13 295 300	24 111	48 743 100	7	54 700	33 688	62 093 100	17	92 500	51	348 800		627 600
1878	14 347	19 294 000	21 951	37 576 200	21	121 500	36 319	56 991 700	14	42 200	70	280 800		367 600
1879	18 194	25 479 100	24 040	46 850 300	19	233 100	42 253	72 562 500	19	80 600	48	359 800		555 200
1880	16 023	27 813 600	23 244	37 862 300	23	231 200	39 290	65 907 100	21	1 484 200	72	849 500		1 086 700
1881	19 713	38 794 300	22 482	30 741 000	38	399 200	42 233	69 934 500	23	13 818 500	55	326 900		991 200
1882	22 763	42 379 600	23 002	29 702 000	53	843 700	45 818	72 925 300	8	14 238 100	52	286 100		198 200
1883	19 372	41 271 300	20 665	34 514 200	15	127 400	40 052	75 912 900	11	11 105 400	47	164 500		190 000
1884	13 612	33 237 400	21 272	42 823 600	38	413 800	34 922	76 474 800	22	5 936 700	38	158 900		316 000
1885	12 425	35 108 800	22 187	54 094 100	25	320 500	34 637	89 523 400	19	8 019 200	42	349 700		374 100
1886	13 421	34 307 600	20 590	38 245 800	35	525 900	34 046	73 079 500	13	3 216 500	37	178 600		365 500
1887	16 186	43 694 600	20 136	31 609 800			36 322	75 304 400	25	15 195 100	37	235 000		262 500
1888	19 781	53 884 100	22 756	30 966 800	1	9 100	42 538	84 860 000	17	16 511 200	44	317 900		310 300
1889	16 830	45 826 000	25 401	33 435 500	1	4 000	42 232	79 265 500	24	20 330 000	35	152 300		411 900

— 211 —

| | | Giro-Verkehr | | | | Giro-Uebertragungen | | | Gesamtumsatz | Brutto-gewinn |
| | | Einnahme | | Ausgabe | | auf andere Bankanstalten | | von anderen Bankanstalten | | |
im Jahre	Stück	Mark	Stück	Mark	Stück	Mark	Stück	Mark	Mark	Mark
1871		89 927 500		89 492 500					61 303 800	55 700
1872		150 325 400		149 421 500					262 066 500	305 600
1873		142 514 400		141 814 200					285 265 800	320 900
1874		167 908 300		167 187 700					264 776 100	244 100
1875		166 815 500		166 437 200					217 563 800	185 900
1876	11 432	209 191 500	11 432	209 507 000	6 973	47 315 500		18 074 600	408 499 900	158 700
1877	13 336	215 099 900	13 336	215 433 500	6 380	74 428 800		39 583 700	506 136 700	142 000
1878	13 392	218 656 600	13 392	218 366 600	6 926	66 458 400		37 211 300	491 471 000	133 600
1879	17 528	221 591 100	17 528	221 273 400	7 413	85 208 900	4 690	48 372 800	580 064 200	172 100
1880	10 552		19 629	237 550 500	7 987	78 101 200	5 401	56 546 800	570 292 400	196 300
1881	12 420		19 793	222 334 800	9 237	81 140 200	6 774	66 692 000	696 667 900	321 900
1882	12 806	237 325 400	20 945	232 477 800	9 392	64 049 000	7 235	61 264 900	712 703 200	376 400
1883	15 300	222 650 900	22 608		10 298	61 595 100	8 552	64 199 700	719 145 200	297 500
1884	16 582	232 289 600		232 477 800	11 004	83 939 300	9 151	67 883 400	608 534 400	283 800
1885	18 104		22 608			91 486 700	10 091	62 510 900	759 304 700	273 300
1886	20 410		20 945			75 839 100	10 934	63 645 100	694 908 700	211 600
1887	22 548		25 042		11 877	71 779 000	10 642	55 295 800	754 388 900	316 500
1888	28 031	276 520 300	25 042	276 223 400	11 877	84 839 200	12 280	66 552 100	868 485 100	329 400
1889	30 634	295 311 400	26 333	295 042 800	12 498	93 696 700	13 204	76 655 200	935 983 700	342 800

Versandtwechsel und auf Lombarddarlehne. Nicht ersichtlich waren aus den Verwaltungsberichten der Kursgewinn bei Wechseln auf das Ausland und die erzielten Provisionen. Diese Gewinne bilden indessen nur einen
verschwindend kleinen Teil des Gesamtgewinnes und können daher füglich weggelassen werden.

Der Uebersichtlichkeit wegen ist die Thalerwährung der Preußischen Bank in die Markwährung umgerechnet worden.

Bei der Statistik der Bankstelle in Metz (Anhangstafel III) sind die in Saarbrücken und Trier erzielten
Resultate mitenthalten, außer in den Angaben über Lombardverkehr und Zahlungsanweisungsverkehr, da in den
veröffentlichten Berichten nur in diesen Zweigen eine Scheidung ersichtlich gemacht worden ist.

14*

15*

— 212 —

Tafel II. Mülhausen.

			Angekaufte Wechsel							Erteilte Lombarddarlehne		Zahlungsanweisungen			
	auf Mülhausen		auf preufsische bezw. Reichsbankplätze		auf das Ausland		Ueberhaupt					Erteilte		Eingelöste	
im Jahre	Stück	Mark	Stück	Mark	Stück	Mark	Stück	Mark	Stück	Mark	Stück	Mark	Stück	Mark
1871	1311	3 800 300	1 310	1 632 200	87	155 300	2 708	5 587 800			84	1 798 200		403 800
1872	5494	19 393 300	11 294	30 872 800	1268	5 578 300	18 056	55 844 400			137	3 559 300		6 493 400
1873	6113	24 329 900	16 236	31 390 800	1882	6 136 600	24 231	61 857 300			131	5 770 000		6 640 100
1874	2714	9 879 800	21 462	33 507 300	2973	7 131 600	27 149	50 518 700			120	4 719 200		4 985 900
1875	2202	10 338 600	21 646	29 088 200	2134	2 914 400	25 982	42 341 200			140	3 194 100		4 686 700
1876	1140	8 523 500	23 463	31 748 800	17	260 100	24 620	40 532 400	13	2 436 500	99	1 240 900		2 670 600
1877	1144	9 370 900	20 141	27 550 500	3	60 800	21 288	36 981 300	14	6 991 400	52	632 800		369 200
1878	1829	12 776 800	20 519	27 387 500	5	61 100	22 353	40 225 400	26	9 205 900	59	374 500		132 200
1879	1966	12 284 300	21 263	25 466 600	1	16 800	23 230	37 767 700	8	817 200	71	392 600		146 300
1880	2628	17 459 000	21 430	28 064 300	5	66 100	24 063	45 589 400	4	1 624 500	108	1 151 800		150 100
1881	3004	19 530 700	23 216	29 262 800	—	—	26 220	48 793 500	2	1 951 900	103	458 200		287 000
1882	3256	28 912 700	24 652	29 961 300	—	—	27 908	58 874 000	5	682 500	31	193 700		117 300
1883	2615	24 968 300	22 362	29 733 700	—	—	24 977	54 702 000	2	399 900	19	143 700		205 400
1884	2647	20 888 500	18 560	24 603 400	—	—	21 207	45 491 900	3	10 200	31	274 300		90 800
1885	2911	16 512 900	18 083	23 586 500	37	172 000	21 031	40 271 400	8	317 700	30	240 600		45 500
1886	2088	13 970 900	16 559	21 344 900	7	55 500	18 654	35 371 300	11	542 100	25	236 500		191 800
1887	1980	17 262 600	18 048	29 705 300	13	82 600	20 041	47 050 500	4	275 100	26	476 400		152 000
1888	1945	18 174 000	17 848	26 687 700	9	27 100	19 802	44 888 800	3	7 900	31	154 300		221 700
1889	2624	20 449 600	21 713	27 220 100	—	—	24 337	47 669 700	4	7 700	31	137 800		338 900

Preufs. Bank / Reichsbank

— 213 —

		Giro-Verkehr			Giro-Uebertragungen				Gesamtumsatz	Brutto-gewinn
		Einnahme		Ausgabe		auf andere Bankanstalten		von anderen Bankanstalten		
im Jahre	Stück	Mark	Stück	Mark	Stück	Mark	Stück	Mark	Mark	Mark
1871		442 300		436 800					22 622 100	27 000
1872		269 400		274 900					166 980 000	225 900
1873		2 442 200		2 442 200					228 336 900	296 300
1874									153 160 200	112 700
1875									136 026 600	91 500
1876		45 040 000		44 831 400		10 686 300		12 309 300	211 129 400	68 500
1877		82 639 400		82 228 200		26 447 200		29 267 300	272 963 200	56 300
1878		94 169 200		93 718 300		29 993 000		34 669 100	307 742 600	69 800
1879		93 483 100		92 971 900	3352	32 691 700		38 723 200	310 457 800	64 100
1880	13 640	118 253 900	7 475	118 257 900	4073	42 137 700		51 987 700	388 117 900	86 100
1881	14 249	121 030 700	7 749	121 025 800	4338	39 380 700	8 493	51 354 700	410 198 700	157 500
1882	15 574	133 190 700	8 436	133 394 800	5126	48 101 700	10 031	51 372 400	452 488 000	206 300
1883	17 345	132 228 800	8 781	132 091 200	5448	45 914 000	10 677	56 098 700	442 696 400	193 400
1884	19 356	132 600 200	9 559	132 015 200	6098	54 598 100	11 744	57 561 000	406 001 000	115 300
1885	21 000	132 146 400	10 001	132 166 200	6054	54 593 900	13 391	61 231 800	399 740 300	134 600
1886	24 780	133 077 500	10 297	133 002 900	6283	60 350 600	15 060	64 346 400	381 286 700	88 700
1887	26 928	158 349 500	11 660	158 188 800	6848	80 704 100	16 434	70 411 100	452 693 800	118 000
1888	30 848	162 442 200	12 752	162 351 100	7649	78 503 700	18 106	76 368 900	461 675 400	111 500
1889	38 777	213 266 300	15 757	213 195 100	8493	86 785 000	20 755	93 596 100	577 977 000	143 000

Preuß. Bank: 1871–1875
Reichsbank: 1876–1889

Tafel III. Metz.

	im Jahre	Angekaufte Wechsel: auf Metz		auf Preufs. bezw. Reichsbankplätze		auf das Ausland		Ueberhaupt		Erteilte Lombarddarlehne		Zahlungsanweisungen: Erteilte		Eingelöste
		Stück	Mark	Stück	Mark	Stück	Mark	Stück	Mark	Stück	Mark	Stück	Mark	Mark
Preufs. Bank	1871	1392	2 026 800	3 083	7 277 700	107	252 800	4 582	9 557 300	8	250 200	220	6 087 900	110 400
	1872	3811	7 053 900	13 217	37 319 400	580	1 595 500	17 608	45 968 800	19	313 500	550	12 804 900	8 217 100
	1873	4890	8 496 900	17 998	49 944 300	845	2 467 200	23 733	60 908 400	15	193 200	580	12 877 800	2 036 700
	1874	5337	8 441 300	20 907	46 706 100	2495	4 880 400	28 739	60 027 800	12	46 500	311	4 806 900	4 362 600
	1875	5016	8 672 100	19 637	36 860 200	1912	3 088 300	26 565	48 620 600	4	45 000	342	7 570 500	2 224 100
Reichsbank	1876	3089	5 662 300	21 592	32 019 200	18	37 300	24 699	37 718 800	14	48 500	364	4 710 700	185 600
	1877	2726	4 921 900	18 269	29 156 000	23	119 600	21 018	34 197 500	13	47 200	214	930 100	317 700
	1878	3399	4 902 300	16 284	24 942 100	58	164 000	19 741	30 008 400	12	56 800	211	1 150 100	85 600
	1879	3939	5 428 400	16 707	23 799 300	16	80 200	20 662	29 307 900	10	16 700	220	1 039 800	23 000
	1880	3599	5 679 800	16 578	27 910 600	23	97 000	20 200	33 687 400	17	366 300	207	718 900	67 000
	1881	4335	6 547 300	17 302	27 384 100	29	290 300	21 666	34 221 700	16	1 101 700	157	503 100	66 000
	1882	4067	6 632 400	19 012	32 616 100	33	105 400	23 112	39 353 900	10	1 396 300	118	361 800	87 900
	1883	3667	6 405 600	18 377	34 786 700	49	169 600	22 093	41 361 900	17	1 296 800	150	478 400	61 900
	1884	3171	6 176 500	18 778	35 738 000	31	154 400	21 980	42 068 900	10	698 200	139	546 400	169 100
	1885	3861	6 733 500	20 101	34 374 600	34	173 600	23 996	41 281 700	23	730 200	171	810 700	313 800
	1886	2908	4 552 600	19 089	30 841 900	21	59 700	22 018	35 454 200	19	1 028 800	183	559 800	141 200
	1887	3173	4 126 900	18 618	30 604 800	37	130 400	21 828	34 862 100	27	3 391 200	144	706 300	128 900
	1888	3033	3 987 300	21 572	34 662 300	14	32 100	24 619	38 681 700	17	3 298 700	125	533 700	419 900
	1889	2778	4 233 900	21 615	44 180 300	5	8 800	24 398	48 423 000	17	1 998 600	90	505 000	366 100

— 215 —

im Jahre		Giro-Verkehr				Giro-Uebertragungen				Gesamtumsatz	Brutto-gewinn
		Einnahme		Ausgabe		auf andere Bankanstalten		von anderen Bankanstalten			
		Stück	Mark	Stück	Mark	Stück	Mark	Stück	Mark	Mark	Mark
1871	Preuß. Bank									52 678 500	24 000
1872										178 847 400	137 100
1873										225 987 300	203 800
1874										204 657 900	148 800
1875										180 104 900	126 500
1876	Reichsbank		24 734 300		24 357 800		11 206 700		7 678 700	221 833 900	96 400
1877			55 251 900		54 968 300		24 848 800		18 522 900	281 173 600	88 900
1878			59 865 100		59 510 200		25 600 900		20 450 500	291 972 200	74 700
1879			73 929 800		73 249 800		26 122 600		33 776 800	314 000 600	62 900
1880		8 262	80 857 600	5 519	81 149 100	4 657	29 332 700	3 550	42 431 600	350 998 200	73 500
1881		9 183	93 039 700	6 820	92 743 700	4 687	33 686 700	4 860	47 842 500	368 332 200	103 300
1882		9 937	102 540 900	8 634	102 807 100	5 481	47 653 400	5 167	42 883 900	405 645 200	120 500
1883		12 766	117 330 400	10 726	116 743 800	7 276	55 488 300	5 791	46 881 400	440 648 700	111 600
1884		14 994	139 356 600	12 090	139 170 600	8 885	68 546 500	7 618	57 760 400	480 821 600	101 300
1885		17 113	144 933 100	14 011	145 066 400	10 803	92 190 800	9 439	59 243 700	500 668 600	119 400
1886		17 656	145 388 700	14 442	144 981 000	12 941	96 563 900	11 063	66 749 600	482 574 900	77 200
1887		20 548	171 190 200	15 774	171 539 600	13 396	107 483 000	11 324	74 638 100	535 985 400	74 700
1888		29 984	199 576 800	18 770	198 841 200	14 317	118 543 300	13 039	87 378 400	603 202 600	78 300
1889		39 400	225 126 800	19 649	225 650 500	18 335	131 883 400	20 789	106 886 600	660 991 300	105 500

Tafel IV. Elsafs-Lothringen.

	Im Jahre	Angekaufte Wechsel auf Elsafs-Lothringen		auf Preufsische bezw. Reichsbankplätze		auf das Ausland		Ueberhaupt		Erteilte Lombarddarlehne		Zahlungsanweisungen Erteilte		Eingelöste
		Stück	Mark	Stück	Mark	Stück	Mark	Stück	Mark	Stück	Mark	Stück	Mark	Mark
Preufs. Bank	1871	11 673	18 215 300	7 041	11 993 300	206	425 200	18 920	30 633 800	31	2 721 200	682	19 205 400	840 400
	1872	30 844	62 174 300	35 819	101 007 600	2049	7 796 400	68 712	170 978 300	65	9 119 100	1142	52 350 000	22 992 200
	1873	29 273	63 976 600	48 918	126 971 800	3278	9 735 400	81 469	200 683 800	57	9 751 900	1348	39 039 200	15 939 100
	1874	28 889	51 676 100	59 193	123 242 700	7184	14 158 700	95 266	189 077 500	33	735 200	655	24 607 400	23 944 700
	1875	24 056	41 887 300	60 597	104 770 600	4832	6 829 900	89 485	153 487 800	27	3 100 300	779	30 470 900	10 639 500
Reichsbank	1876	16 119	30 904 200	68 284	112 329 400	40	323 800	84 443	143 557 400	34	134 100	721	14 508 000	4 627 500
	1877	13 440	27 587 200	62 521	105 449 600	33	235 100	75 994	133 271 900	34	145 300	317	1 911 700	1 313 900
	1878	19 575	36 973 100	58 754	89 905 800	84	346 600	78 413	127 225 500	27	101 100	340	1 805 400	585 400
	1879	24 099	43 191 800	62 010	96 116 200	36	330 100	86 145	139 638 100	37	914 500	339	1 792 200	724 500
	1880	22 250	50 952 400	61 252	93 837 200	51	394 300	83 553	145 183 900	42	3 475 000	387	2 720 200	1 303 800
	1881	27 052	64 872 300	63 000	87 387 900	67	689 500	90 119	152 949 700	41	16 872 100	315	1 288 200	1 344 200
	1882	30 086	77 924 700	66 666	92 279 400	86	949 100	96 838	171 153 200	23	16 316 900	201	841 600	493 400
	1883	25 654	72 645 200	61 404	99 034 600	64	297 000	87 122	171 976 800	30	12 802 100	216	786 600	457 300
	1884	19 430	60 302 400	58 610	103 105 000	69	568 200	78 109	164 035 500	35	6 645 100	208	979 600	575 900
	1885	19 197	58 355 200	60 371	112 055 200	96	666 100	79 664	171 076 500	50	9 067 100	243	1 401 000	733 400
	1886	18 417	52 831 300	56 238	90 432 600	63	641 100	74 718	143 905 000	43	4 787 400	245	974 900	608 500
	1887	21 339	65 084 100	56 802	91 919 900	50	213 000	78 191	157 217 000	56	18 861 400	207	1 417 700	543 400
	1888	24 759	76 045 400	62 176	92 316 800	24	68 300	86 959	168 430 500	47	19 817 800	200	1 005 900	951 900
	1889	22 232	70 509 500	68 729	104 835 900	6	12 800	90 967	175 358 200	45	22 336 300	156	795 100	1 116 900

— 217 —

| | | Giro-Verkehr | | | Giro-Uebertragungen | | | | Gesamtumsatz | Brutto-gewinn |
| | | Einnahme | | Ausgabe | auf andere Bankanstalten | | von anderen Bankanstalten | | | |
im Jahre	Stück	Mark	Stück	Mark	Stück	Mark	Stück	Mark	Mark	Mark
1871		442 300		436 800					136 604 400	106 700
1872		269 400		274 900					607 893 900	668 600
1873	in Mühlhausen	2 442 200		2 442 200					739 590 000	821 000
1874									622 594 200	505 600
1875									533 695 300	403 900
1876		159 701 800		158 681 700					841 403 200	323 600
1877		288 216 700		286 618 000					1 060 273 500	287 200
1878		296 548 700		295 042 700					1 091 185 800	278 100
1879		335 421 200		333 410 400	14 982	69 208 500	16 733	38 062 600	1 204 522 600	299 100
1880	32 454	365 927 000	24 426	365 844 200	15 140	125 724 800	20 292	87 373 900	1 309 408 500	355 900
1881	35 852	423 261 900	27 905	423 276 500	16 745	122 052 300	22 618	92 330 900	1 475 198 800	582 700
1882	38 317	450 831 500	30 462	451 635 400	19 814	144 023 200	24 717	120 872 800	1 570 836 400	703 200
1883	47 411	468 315 800	37 035	467 201 600	22 320	149 571 400	29 561	150 966 100	1 602 490 300	602 500
1884	50 932	493 547 900	41 278	492 459 200	26 138	154 207 600	33 650	165 889 200	1 585 357 000	500 400
1885	56 217	514 504 900	43 805	514 783 100	28 387	159 804 100	37 588	155 521 200	1 659 713 600	527 300
1886	62 836	501 117 100	45 684	500 308 700	29 977	162 997 400	40 364	167 179 800	1 558 770 300	377 500
1887	70 024	561 829 300	50 042	562 206 200	32 169	207 083 900	44 436	183 204 806	1 743 068 100	509 200
1888	88 863	638 539 300	56 564	637 415 700	36 545	232 753 600	55 728	182 986 400	1 933 363 100	519 200
1889	108 811	733 704 500	61 739	733 888 400	39 326	238 271 400	64 437	194 741 100	2 164 951 000	591 300

Preuß. Bank / Reichsbank

— 218 —

Tafel V. Auszug aus den Bilanzen der Aktiengesellschaft für Boden- und Kommunalkredit in Elsafs-Lothringen.

Tausende Mark.

Jahr	Kasse einschl. Guthaben bei d. Reichsbank	Wechsel	Effekten einschl. Reservefonds	Hypotheken	Forderungen an Gemeinden und Bezirke	Lombard-Konto	Korrespondenten, Debitoren, rückständ. Hypotheken, Annuitäten und Gemeindedarlehen	Bankgebäude und Mobilien	Uebernommene Immobilien	Summe der Aktiva resp. Passiva	Eingezahltes Aktienkapital (nom. Kapital M. 9 600 000)	Reserven	Im Umlauf befindliche Pfandbriefe einschl. gelöste	Im Umlauf befindliche Kommunalobligationen einschl. gelöste	Kreditoren	Guthaben der Verwaltung öffentlicher Gelder (ohne Zinsen)
1872	316	11 366	9 231	1 618	3 298	1 040	5 645	375	—	67 705	4 800	5	—	—	—	13 651
1873	437	26 576	12 139	5 784	2 745	322	14 411	521	—	54 595	4 800	55	—	—	—	54 364
1874	316	18 284	10 050	8 936	2 041	327	6 038	753	—	57 693	4 800	108	—	—	—	42 688
1875	399	20 723	9 930	9 450	2 299	303	8 137	935	—	57 425	4 800	143	5 000	—	46	40 531
1876	567	19 778	9 771	10 154	2 929	363	8 060	939	11	56 612	4 800	173	5 892	—	243	39 324
1877	662	17 928	13 809	9 921	4 025	265	8 049	937	11	64 119	4 800	206	7 981	—	625	36 275
1878	332	18 940	14 831	9 451	6 011	505	7 517	901	20	65 621	4 800	236	7 914	—	360	40 317
1879	485	18 584	17 245	9 946	9 196	411	10 462	860	20	71 573	4 800	268	7 838	—	285	42 230
1880	418	15 930	12 660	10 219	11 833	354	22 072	824	20	81 036	4 800	302	7 738	3 200	1 712	42 507
1881	333	12 230	16 886	14 427	11 650	315	19 963	783	15	83 407	4 800	333	11 394	3 200	1 032	44 492
1882	172	11 150	21 532	16 219	12 050	247	13 100	742	15	89 679	4 800	370	13 149	7 174	1 406	44 991
1883	221	16 140	15 714	19 126	12 389	292	12 431	701	197	95 122	4 800	407	15 078	11 150	1 019	49 610
1884	281	26 738	24 325	20 483	12 613	330	11 831	665	189	102 900	4 800	453	18 125	11 068	551	52 507
1885	628	22 450	2 952	23 976	11 661	254	9 002	626	189	69 187	4 800	489	22 327	10 977	738	55 739
1886	420	11 108	3 663	26 830	11 025	231	9 151	601	184	73 110	4 800	533	25 434	10 883	2 866	16 805
1887	190	9 900	4 466	31 059	10 850	202	7 301	591	184	75 830	4 800	597	29 875	10 786	3 940	16 634
1888	433	9 586	4 557	35 584	10 663	188	7 806	591	184	76 253	4 800	677	33 583	10 981	4 211	14 933
1889	229	8 054		37 562									35 042	10 118	6 449	11 808

— 219 —

Tafel VI. Auszug aus den Bilanzen der Aktiengesellschaft für Boden- und Kommunalkredit in Elsaſs-Lothringen.

Tausende Mark.

Jahr	Guthaben der Sparkassen am Ende des Jahres¹)	Reingewinn²)	Zinsen aus den Hypothekengesch. und Komm.-Darlehnsverk.	Erhaltene Zinsen überhaupt (brutto)	Betrag der an die Verwaltung d. öffentl. Gelder gezahlt. Zinsen während des Jahres	Für Pfandbriefe und Kommunalobligationen gezahlte Zinsen während des Jahres	Gezahlte Zinsen für Verwaltung öffentl. Gelder, Pfandbriefe und Kommunalobligationen überhaupt	Nettoertrag d. Zinsen	Provision (netto)	Kursgewinn (-verlust) auf Wechsel, Effekten, Pfandbriefe, Coupons u. divers.	Bruttogewinn	Unkosten (Verwaltungsspesen)	Abschreibungen	Dividende %	Bestände der zu verwaltenden Wertpapiere (Staatsdepositen) am 31. Dezember¹)	Anzahl der im Laufe des Jahres nötig gewordenen Zwangsvollstreckungen
1872	8 428	104	18	115	1 088	—	1 088	697	—	7	748	42	—	6	—	—
1873	10 994	500	268	1 785	1 340	—	1 340	698	—	51	822	175	27	8	—	—
1874	13 915	499	476	2 172	1 497	121	1 479	564	5	78	684	225	61	8	—	—
1875	18 328	423	548	2 182	1 380	228	1 618	307	50	115	544	208	100	8	14 810	—
1876	19 865	315	587	1 916	1 480	331	1 609	239	43	187	598	229	50	6	20 100	9
1877	20 941	316	621	2 053	1 460	419	1 814	182	81	316	635	232	91	6	24 362	
1878	23 306	315	659	2 096	1 569	497	1 994	175	111	372	613	228	38	6	26 771	
1879	26 324	313	738	2 241	1 586	693	2 066	230	93	327	630	262	46	6	31 550	
1880	29 470	314	851	2 510	1 665	759	2 280	341	148	306	623	270	56	5½	34 896	
1881	32 584	299	1 141	2 765	1 641	973	2 424	623	94	134	728	268	70	6	36 224	12
1882	35 891	322	1 272	3 236	1 791	1 063	2 613	452	72	38	694	299	91	6	37 368	6
1883	40 109	314	1 376	3 306	1 960	1 200	2 854	393	93	164	693	289	79	6	37 962	9
1884	42 995	315	1 512	3 554	2 081	1 254	3 161	320	79	207	546	299	62	6	38 420	7
1885		202	1 621	3 655	2 012	1 419	3 335	369	120	147	767	282	105	6¼	40 218	
1886		349	1 755	2 800	1 012	1 602	2 431	403	140	278	708	313	51	6¾		13
1887		366	1 817	2 481	477	—	2 078	—	—	164	715	291	33	7		16
1888		384	1 970	2 587	451	1 703	2 155	432	124	158	—	298	—	7		17
1889		391	2 049	2 614	385	1 782	2 167	447	137	159	747	310	46	7		

1) Seit 1886 fehlen Angaben über die Höhe der Guthaben der Sparkassen, sowie der Bestände der für Rechnung des Staates verwalteten Wertpapiere.
2) Im Reingewinn (Spalte 2) ist die Dotierung des Reservefonds noch enthalten.

Tafel VII. Auszug aus den Bilanzen der Allgemeinen Elsässischen Bankgesellschaft.

Tausende Mark.

Jahr	Kassa	Wechsel	Effekten und Konsortialbeteiligungen	Lombard	Debitoren und Diversi	Apports[1]	Dispositionsfonds	Immobilien	Kapital (nom. 12 Mill. Mark)	Kreditoren	Check-Konto	Statutarische Reserve	Spezialreserve	Reingewinn[7]	Dividende %
1882	166	1 970	—	493	7 077	—	1 636	—	4 800	3 793	2 506	—	—	377	6
1883	268	2 567	20	529	8 912	—	874	—	4 800	5 794	2 293	18	13	254	5
1884	238	2 239	49	992	9 706	—	600	—	4 800	7 027	2 180	31	13	268	5
1885	416	2 113	56	1 524	8 650	1 600	498	—	4 800	7 185	2 612	59	59	288	5
1886	411	4 166	474	1 450	12 698	1 600	710	—	4 800	12 778[3]	2 694	75	92	329	5½
1887	483	2 799[2]	2 222	879	16 574[3]	1 600	—	—	4 800	15 524[3]	2 686	93	126	345	6
1888	598	3 573	1 394	1 020	14 619	—	—	38	4 800	12 782	3 452	120	345	549	6
1889	684	3 689	1 841	4 453[4]	16 742	—	—	144[5]	4 800	17 187	3 736	137	—[6]	364	7

1) Die Apports M. 1 600 000 (Bewertung der früheren Zweiganstalten des Pariser Mutterinstitutes und deren Kundschaft) sind von Anfang an vorhanden, figurieren jedoch bis 1884 unter der Rubrik „Debitoren und Diversi". 1889 verschwindet das Apportkonto. Vgl. S. 149.
2) Die Reduktion des Wechselbestandes im Vergleich zum Vorjahre erklärt sich aus der notwendig gewesenen Erhöhung der Tarifsätze für die Einziehung von Wechseln.
3) Die Vermehrung des Konto-Korrent in Aktivis und Passivis ist Folge eines neuen Buchungsmodus, demzufolge unter diesem Rubrum jetzt neben „Disponibler Bankfonds" gelöscht wurde.
4) Die Vermehrung des Lombard-Konto resultiert aus einem andern Buchungsmodus, nach welchem das Konto allen durch Sicherheiten gedeckten Darlehen die durch Bürgschaften etc. garantierten figurieren. Letztere erschienen früher im Konto-Korrent.
5) Bewertung des Grundstückes und der Gebäulichkeit in Frankfurt a. M.
6) Die Spezialreserve wurde zur teilweisen Amortisation des Apportkonto benutzt. Vgl. S. 149.
7) Der Reingewinn versteht sich nach Abzug der Verluste, der zweifelhaften Forderungen und der Unkosten; die Dotierungen der gesetzmäßigen und Spezialreserve, die statutenmäßigen Gratifikationen für den Vorstand und den Aufsichtsrat sind von obigen Zahlen noch nicht gekürzt.

— 221 —

Tafel VIII. Auszug aus den Bilanzen der Bank von Elsaß und Lothringen.

Tausende Mark.

Jahr	Kasse	Wechsel	Effekten, Konsortial-beteiligungen und Reports	Konsortial-beteiligungen (in vorig. Spalte mitenthalten)	Debitoren und Diversi [1])	Immobilien u. Mobilien	Eingezahltes Aktienkapital (nom. Kap. 9 600 000)	Statutarische Reserve	Spezial-Reserve	Aufserordentlicher Vorsichtsfonds	Kreditoren und Depôtkonto [2])	Accepte	Reingewinn (— Verlust) [5])	Dividende %
1872	449	5 534	4 145	—		265	4 800	17	—	—		2 176	341	8,84
1873[4])							4 800							9
1874	318	3 474	2 513	—		263	4 800	81	199	—		1 216	316	8
1875	426	5 904	3 030	306		556	4 800	106	280	—		2 251	509	7
1876	476	7 182	2 844	390		561	4 800	127	347	—		1 602	415	6
1877	463	8 339	2 347	82		538	4 800	147	412	—		2 178	408	6,06
1878	487	6 578	1 653	297		514	4 800	168	425	—		1 743	370	5
1879	459	6 846	815	52	11 242	502	4 800	193	438	343	8 694	1 926	497	6
1880	544	8 103	2 082	426	12 511	502	6 800	226	598	46	9 549	2 658	665	8
1881	498	8 945	3 005	394	20 043	499	7 200	263	654	—	16 658	2 886	743	8
1882	394	9 494	1 474	314	10 962	534	7 200	260	319	—	10 829	1 926	383[3])	3
1883	609	10 398	926	94	12 698	596	7 200	288	324	—	10 622	1 795	383	3
1884	511	10 116	1 397	92	13 854	598	7 200	313	334	—	10 871	2 565	486	6
1885	496	8 717	1 487	191	16 597	568	7 200	331	343	—	13 050	2 237	380	5
1886	710	7 674	1 525	48	15 758	560	7 200	354	354	—	11 206	2 610	468	5,5
1887	872	7 607	1 464	87	15 846	555	7 200	373	364	—	12 938	2 670	392	5
1888	918	7 180	2 751	50	17 081	613	7 200	392	375	—	15 758	1 846	401	5
1889	823	6 456	3 317	325	17 112	556	7 200	397	282	—	17 475	2 921	111[6])	3

1) und 2) Die Summe der Debitoren- und Kreditorensalden sind von 1872—1878 aus den Bilanzen nicht ersichtlich.
3) Diese M. 38 000, sowie M. 349 800 Abschreibungen vom Spezialreservefonds wurden verwendet zur Deckung der Verluste und zur Auszahlung einer Dividende von 3%.
4) Der Geschäftsbericht pro 1873 war nicht erhältlich.
5) Der Reingewinn versteht sich nach Abzug der Verluste und Unkosten, sowie von 5% für den gesetzlichen Reservefonds
6) Diese M. 111 000, sowie M. 105 000 Abschreibung des Spezialreservefonds, welcher auf M. 282 000 herabgemindert wurde, gelangten als 3% Dividende mit M. 216 000 zur Auszahlung an die Aktionäre.

Tafel IX. Auszug aus den Bilanzen der Bank von Mülhausen.

Tausende Mark.

Jahr	Kasse	Wechsel	Effekten und Konsortialbeteiligungen	Konsortialbeteiligungen (in voriger Spalte mitenthalten)	Debitoren und Diversi	Immobilien u. Mobilien	Eingezahltes Aktienkapital (Nominalkap. M. 9 600 000)	Kreditoren	Kautionen (deponierte)	Accepta	Statutarische Reserve	Spezial-Reserve	Reingewinn [4]	Dividende %
1872	359	3 654	1 866	910	1 774	136	4 800	754	—	2 336	16	—	320	8
1873	157	3 886	2 082	724	2 380	134	4 800	2 284	—	1 527	22	—	121	2
1874	156	4 686	1 380	78	4 110	134	4 800	4 215	—	1 359	38	—	81	—
1875	172	5 948	882	56	4 323	149	4 800	4 804	—	1 532	40	—	341	5
1876	38	7 285	821	118	3 841	146	4 800	6 346	—	631	53	9	301	5
1877 [1]	455	10 390	889	241	5 962	140	4 800	11 056	160	1 392	82	—	347	5½
1878	746	12 233	237	81	7 702	138	4 800	14 288	144	1 330	101	64	374	6
1879	426	8 882	519	—	8 077	146	4 800	11 334	150	1 146	127	136	530	7
1880	371	9 719	584	248	12 504	222	4 800	14 829	356	2 426	161	272	669	8
1881	755	10 357	352	90	12 732	218	4 800	15 168	616	2 666	202	480	811	8
1882	376	10 947	326	22	13 504	327	4 800	16 538	645	2 022	234	600	658	8
1883 [2]	806	16 664	294	104	16 023	413	4 800	24 454	581	3 151	262	660	540	8
1884 [3]	942	13 044	256	12	19 702	393	4 800	24 292	740	3 298	287	704	510	8
1885	894	17 814	1 439	292	21 012	380	4 800	31 378	987	2 928	314	776	556	8
1886	1 140	18 448	1 944	196	20 257	360	4 800	31 215	1 004	3 357	343	856	564	8
1887	926	19 312	3 158	52	20 556	339	4 800	31 230	1 112	5 298	372	936	576	8
1888	981	16 158	2 650	163	22 751	406	4 800	30 205	1 298	4 840	400	1 016	561	8
1889	952	23 451	1 474	89	21 834	409	4 800	32 720	1 375	7 128	432	1 080	645	9

1) Die Steigerung der Umsätze im Jahre 1877, die Erhöhung des Wechselbestandes, sowie der Kontokorrentsalden am Jahresschluß sind zum Teil als die Folge der im gleichen Jahre erfolgten Gründung der Filialen in Straßburg und Epinal anzusehen.
2) und 3) Die Steigerung der Bestände am Ende 1883 und 1884 muß teilweise auf Errichtung der Filiale in Colmar, sowie auf Fusion der Straßburger Zweiganstalt mit dem Bankhause C. E. Ehrmann zurückgeführt werden.
4) Der Reingewinn versteht sich nach Abzug der Verluste und zweifelhaften Forderungen. Dotierung der Reserven, Tantièmen sind in den angegebenen Zahlen noch enthalten.

Tafel X. Auszug aus den Bilanzen der Straßburger Bank C. Staehling L. Valentin & Cᵒ in Straßburg.

Tausende Mark

Jahr	Kasse-Bestand am 31. Dezbr.	Wechsel-Bestand am 31. Dezember	Kontokorrent-Konto Debet während d. Jahres¹)	Immobil.-Bestand am 31. Dezember	Eingezahlt. Gesellsch.-Kapital (nom. 4 800 000)	Reserven an 31. Dezember	Kontokorrent-Konto Kredit während d. Jahres¹)	Reingewinn für das Jahr²)	Bruttogewinn für das Jahr	Unkosten, Tantième, Gratifikationen etc. im Jahre	Betrag der Dividende für das Jahr	Dividende %	Für die persönlich haftenden Gesellschafter
1874	311	3 025	150 727	—	2 400	87	151 297	376	1 027	99	192	10	72
1875	94	4 387	160 914	—	2 400	187	162 581	315	1 002	90	180	8	60
1876	104	3 622	153 959	—	2 400	248	154 798	325	921	90	180	7½	60
1877	170	3 326	147 313	—	2 400	322	147 880	305	849	89	168	7	48
1878	152	4 035	143 994	—	2 400	401	145 106	362	878	94	192	8	72
1879	223	4 480	172 970	—	3 200	481	173 544	483	955	121	272	8½	112
1880	237	4 798	230 874	141	4 000	668	230 827	570	1 217	128	340	8½	140
1881	232	5 455	202 457	140	4 000	907	203 046	502	1 017	128	320	8	120
1882	145	5 083	192 116	140	4 000	967	192 218	477	883	125	300	7½	100
1883	126	5 299	190 415	140	4 800	1 040	190 459	693	1 035	154	420	7¾	180
1884	155	4 908	175 659	140	4 800	330	175 424	512	758	126	348	7¼	108
1885	133	4 070	174 176	130	4 800	398	172 987	530	796	121	336	7	96
1886	89	4 162	171 396	120	4 800	468	170 228	434	848	105	288	6	48
1887	149	4 624	194 535	120	4 800	583	193 767	432	846	120	312	6½	72
1888	77	4 197	202 712	120	4 800	651	201 341	460	608	125	324	6¾	84

¹) Diese Spalten enthalten die Eingänge und Ausgänge während des Jahres. Die Debet- und Kreditsalden am Jahresschluß sind in den höchst unausführlichen Uebersichten der Gesellschaft nicht enthalten.

²) Der Reingewinn versteht sich nach Abzug der Verluste und aller Unkosten, sowie der Tantièmen und Gratifikationen für Prokuristen und Angestellte. Dotierung der Reserven und die Anteile der persönlich haftenden Gesellschafter sind in obigen Zahlen noch enthalten.

www.ingramcontent.com/pod-product-compliance
Lightning Source LLC
Chambersburg PA
CBHW021827230426
43669CB00008B/892